백범 김구와 치하포사건

백범 김구와 치하포사건

초판 1쇄 인쇄 2022년 7월 15일
초판 1쇄 발행 2022년 7월 27일

저 자 이봉재

발행인 윤관백
발행처 선인

디자인 박애리
편 집 이경남 · 박애리 · 이진호 · 임현지 · 김민정 · 주상미
영 업 김현주

등 록 제5-77호(1998. 11. 4)
주 소 서울시 양천구 남부순환로48길 1, 1-2층
전 화 02)718-6252/6257
팩 스 02)718-6253
E-mail sunin72@chol.com

정 가 25,000원
ISBN 979-11-6068-724-8 93900

백범 김구와
치하포사건

이봉재

조선인

서문

본 저서에서 다루고자 하는 주제는 '치하포사건'이다.

'치하포사건'은 김구선생이 1896년 3월 9일 새벽 황해도 안악군 치하포의 한 여점에서 칼을 차고 변복들 한 채 조선사람 행세를 하는 일본인 쓰치다 조스케를 "국가와 민족에 해를 끼치는 독균 같은 존재가 명백하다."고 판단하고, '국모보수'란 대의명분으로 살해한 사건이다.

김구선생은 극한의 어려움 속에서도 임시정부를 유지하여 국가의 정기를 이어나감으로써 암흑기에 국민들에게 자존감과 희망을 주었으며, 독립과 통일된 조국을 위해 일평생 헌신했던 인물이다.

간디의 '비폭력 불복종운동'이나 3·1운동 당시 '무저항·무폭력'을 지향하던 방식과는 다른 일제의 침탈에 힘으로 맞섰고, 일제를 이 땅에서 물리치고자 '물리적 방법' 등 모든 수단을 강구하였다.

이러한 김구선생이 21세란 어린 나이에 실행한 '치하포사건' 하나로 김구선생의 모든 것을 평가할 수는 없다. 그럼에도 '치하포사건'에 대하여 대중들은 많은 관심들을 갖고 있고, 정작 김구선생도 이에 대하여 특별한 의미를 부여했었다. 특히 2017년 '치하포사건'을 주제로 한 영화 '대장 김창수'가 방영됨으로써 더욱 대중들의 관심을 끌게 되었다.

'치하포사건'에 대하여는 여러 평가가 있다. 그러나 어떠한 평가를 하든 이에 앞서 꼭 필요한 것이 있다. 그것은 '치하포 사건'이 발생하게 된 시대적 배경과 이 사건을 처리하는 과정에서의 조선정부와 일본정부 각 인물들의 역할과 영향력 등에 대한 이해가 필요하다는 점이다.

또한 '치하포'라는 일개 시골에서 발생한 일본인 살해사건이 조선과 일본의 핵심 수뇌부들이 모두 나서는 등 조선과 일본을 뒤흔든 사건이 되었는지 실상을 보아야 한다. 단순히 겉으로 드러난 사실들에만 주목하여서는 '치하포사건'의 진실을 알기 어렵다.

아울러 김구선생이 인천 등 각지의 수많은 대중들로부터 응원을 받았음에도 끝내 '강도범'이 될 수밖에 없었는지와 '강도범'으로 몰아갔던 자들이 누구인지도 살펴보아야 한다.

'치하포사건' 발생 후 일백이십여 년이 흐른 현재, 당시 고무라공사와 매국노 이완용이 주장한 그대로 김구선생을 파렴치한 강도범으로 몰아가기 위하여 애쓰는 사람들이 있다는 사실이 안타깝다.

부디 이 저서가 '치하포사건'을 이해하는데 도움이 되길 바란다.

한 가지 잊지 말아야 할 것은 독립을 위해 모든 것을 희생하신 애국지사들이 백범 김구뿐만 아니라 수 없이 존재한다는 점이다. 독립을 이루고자 했던 그 간절함에 경중이 있을 수 없다. 그 분들의 독립을 이루기 위한 '고행의 길'을 『백범일지』와 같은 관련자료, 독립운동사 등 저서 등을 통하여 반추(反芻)함으로써, 이름을 남겼거나 또는 이름 없이 사라져간 애국지사들이 겪었을 험로를 되새겨 보아야 한다.

수많은 독립운동가, 의병들이 독립을 이루겠다는 신념에 따라 투쟁하였고 때론 목숨을 바치기도 했다. 그 분들의 숭고한 정신을 되돌아 볼 수 있는 계기로도 삼을 수 있는 저서가 되길 기대해 본다.

6.25전쟁은 1953년에 끝났지만 전국은 폐허로 변했고, 소중한 인적자산들도 잃는 많은 피해를 보았다. 그러나 이때로부터 불과 35년이 흐른 1988년에 개최된 '88서울올림픽'은 한국이 다시 일어섰음을 세계만방에 알리는 계기가 되었다. 특히 이 무렵 세계 각국으로부터 한국의 발전에 대하여 '한강의 기적'이라는 칭송을 받기도 했다. 그리고 앞으로 5년 후인 2027년에는 GDP(1인당 국내총생산)가 일본을 앞지를 것이라는 일본측(일본경제연구센터) 전망도 나오는 시대를 살고 있다.

이전 일제강점기간이 35년이었다. 이 기간 동안 국민들이 겪었을 경제적, 육체적 피해도 컸지만 무엇보다 침탈에 따른 박탈감, 좌절감, 수치심 등 정신적 피해는 이루 말할 수 없었다. 그런데도 일제강점기 35년이 국가발전에 큰 수혜가 되었던 시기인 것처럼 설명하는 사람들의 주장에는 동의할 수 없다. 일제강점이 없었더라면 국민이 자력으로 일어설 수 없었을 것이라는 패배주의자적 주장으로 자신들의 선대(先代)를 비하하는 것이기도 하다.

필자는 '반일주의자'가 아니다. 아픈 과거를 딛고 한일관계가 긍정적으로 개선되기를 바라고 있다. 그러나 과거를 한일이 함께 냉철히 돌아보아야 한다. 역사를 왜곡하거나 독립운동과 독립운동가들을 폄훼하는 행태는 한일관계 개선에 아무런 도움이 되지 않는다고 믿는다.

끝으로 집필에 조언을 해 주신 황소연교수님, 허남욱교수님께 감사드리며, 졸필에 대하여 출간을 결정하신 선인출판사 사장님 그리고 편집팀에게도 감사의 마음을 전한다.

2022. 7. 이봉재

『백범일지(상권)』집필 배경

김구는 『백범일지(상권)』집필을 끝내고 두 건의 편지를 남겼다.

하나는 '여인신양아서(與仁信兩兒書)'로 1929년 5월 4일 인(仁)과 신(信) 두 아들에게 『백범일지(상권)』를 집필한 이유를 밝히고 있고, 다른 하나는 동년 7월 7일 외국의 교포 누군가에게 『백범일지(상권)』를 잘 보관하고 있다가 인과 신이 장성한 다음 전달하여 줄 것을 부탁하는 편지형식의 글이다.

이 편지들의 핵심내용은 일제의 암살과 체포시도 등이 점점 거세짐에 따라 내일을 기약하기 어려운 현실 속에서 어린 아이들이 근본 없이 자랄까 걱정하는 애틋한 마음으로 자식들이 장성한 후에 읽어볼 수 있도록 하기 위해 『백범일지(상권)』를 집필하였다는 것이다. 즉 『백범일지(상권)』는 자식들에게 남기는 유서와 같은 글이다.

'치하포사건'이 포함된 백범일지(상권)는 이러한 집필 배경을 이해하고 읽을 때, 깊이읽기가 가능하다고 믿는다.

與仁信兩兒書(여인신양아서: 인과 신, 두 아이에게 주는 글)

너희들은 아직 어리고 또 반만 리 먼 곳에 있어 수시로 내 이야기를 해 줄 수 없구나. 그래서 그동안 나의 경력(經歷)을 간략히 적어 몇몇 동지에게 맡겨 너희들이 장성하여 아비의 경력을 알고 싶어 할 때가 되거든 보여주라고 부탁하였다.

너희 형제가 장성하였으면 부자간의 따뜻한 대화 한마디로 족할 것을, 세상일이 뜻대로 되지 않는구나. 내 나이 벌써 쉰셋이지만 너희는 이제 겨우 열 살과 일곱 살이니, 너희의 나이와 지식이 더할수록 나의 정신과 기력은 쇠퇴할 뿐이다. 더구나 나는 이미 왜구에게 선전포고를 하여 언제 죽을지 모르는 사선(死線)에 서 있는 몸이다.

지금 이 글을 쓰는 것은 결코 너희 형제로 하여금 나를 본받으라는 것이 아니다. 내가 진심으로 바라는 것은 너희 또한 대한민국의 한 사람이니, 동서고금의 수많은 위인 중에서 가장 숭배(崇拜) 할만한 이를 선택해서 스승으로 섬기라는 것이다.

그러나 너희가 장차 장성하더라고 아비의 일생 경력을 알 곳이 없을 것 같아 내가 약술(略述)한 것이다. 다만 유감(遺憾)스러운 것은 이미 오래된 일들이라 잊어버린 것이 많다는 것이다. 날허(捏虛: 거짓으로 꾸밈, 날조)가 없는 것은 사실인즉 믿어주기 바란다.

대한민국 11년(1929년) 5월 3일 부서(父書)

귀 사원 전체 동지에게 간절히 부탁합니다.

김구는 본래 글을 잘 알지 못하나 장편으로 기록한 문서는 이번이 처음이 자 마지막입니다.

여러해 전부터 점점 풍전등화의 생명을 근근이 보전하고 있으나 왜놈의 극 단적 활동으로 어느 날에 무슨 일을 당할지 알 수 없으나, 김구 또한 원수 손에 목숨이 끊어짐은 지극히 바라는 것으로 시간문제일 것입니다.

그러므로 어린 자식들에게 한 자의 유서도 남기지 않고 죽으면 너무도 무 정할 듯하여 일생동안 겪어온 일들을 개술하여, 이에 우러러 부탁하니 보 잘 것 없는 몸이 무덤의 흙이 된 후, 곧 자식이 성장한 후에 이를 찾아서 전달하여 주시면 영원히 감사하겠습니다. 그 이전에는 회사 서고에 봉해 두시고 공개하지 말아 주옵소서.

민국 11년(1929년) 7월 7일 김구 정례

원문

貴社員 全體 同志에게 懇托하나이다.

九는 本以不文으로 長篇記文이 처음이오 또한 막음입니다. 年來로 漸漸 風前燈火의 生命을 僅保하나 倭놈의 極端活動으로는 어느 날에 무슨 일을 當할지 알 수 없으며, 九 亦 원수 손에 命脉을 斷送함이 至願인즉 時間問題일 것이외다. 그러므로 幼穉한 子息들에게 一字의 遺書도 없이 죽으면 너무도 無情할 듯하여 一生經歷을 槪述하여 玆에 仰託하오니 微軀가 墳土化한 後, 則 子息들이 長成한 후에 探傳하여 주시면 永遠 感謝하겠나이다. 그 以前에는 社庫에 封置하시고 公布치 말아 주옵소서.

民國 十一년 七月 七日 金九 頂禮

차례

북한지도

황해도 치하포

치하포 위치

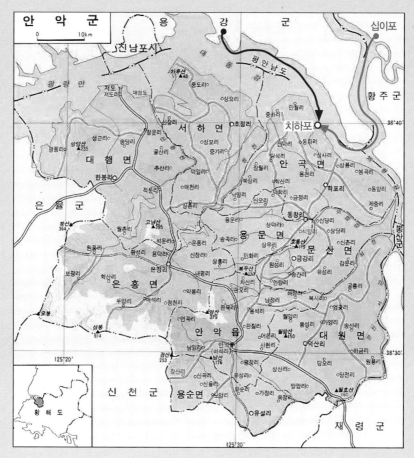

김구와 쓰치다의 이동로 및 행적

━━━ 김구 이동로: 평안남도 용강군(龍岡郡)에서 배를 타고 해주부 안악군 치하포 도착(3월 9일 자정이 넘은 시각), 이화보 여점에서 숙박 후 아침식사

━━━ 쓰치다 조스케(土田讓亮) 이동로: 황해북도 황주 십이포(黃州 十二浦)에서 조응두의 배를 대여하여 출발(조선측 3월 초, 일본측 3월 7일) 대동강을 따라 3월 8일 밤 치하포에 도착, 배에서 일박 후 3월 9일 이화보 여점에서 아침식사

일러두기

김구의 아명은 창암(昌巖)으로, 1894년에 창수(昌洙)로 개명[1898년 법명 원종(圓宗), 환속명 두래(斗來)], 1900년에 구(龜)로 개명. 1912년에 구(九)로 개명하고 호를 백범(白凡)으로 하였다. 본서에서는 김구(金九)의 '치하포사건' 관련 문서기록 등 상황에 따라 당시의 이름 '김창수(金昌洙)'를 '김구(金九)'와 혼용하여 작성하였다.

제1장

『백범일지(치하포 사건관련 부분)』

백범 김구의 『백범일지(친필본)』는 문체가 중후하고 담백하면서도 뛰어난 기억력을 바탕으로 한 세밀한 상황묘사가 잘 되어있다. 여기에 해석을 잘못하거나, 미사여구 첨가와 윤문(潤文)이 과도하면 김구의 본의(本意)는 왜곡되고, 그 글이 주는 느낌은 퇴색된다. 그런 면에서도 이광수가 윤문했다는 1947년 국사원판 『백범일지』는 문제가 있다.

다행스럽게도 그 동안 『백범일지(친필본)』를 그대로 보려고 하는 많은 분들의 노력이 이어졌고, 특히 근래 들어 『정본 백범일지(도진순, 돌베개, 2016.)』나 『白凡逸志(열화당, 한문 정본, 2019)』 등과 같이 『백범일지(친필본)』를 오탈자 정도만 정리하여 그대로 옮긴 '정본' 『백범일지』들도 출간되었다. 이로써 국사원판 『백범일지』 등을 언급하며 백범이 쓴 글이 맞느냐고 하는 의문에 종지부를 찍는 계기가 되었다.

이제는 이러한 '정본'들을 바탕으로 정확히 해석을 하고, 교열을 하여 '현대문'으로 옮겨야 한다. 이 일은 생각처럼 간단하지 않다. 해석과 교열에 대한 의견이 일치하지 않는 부분들이 존재하기 때문이다. 이러한 부분들에 대한 활발한 토론과 연구가 이뤄져 정리가 되길 기대해 본다.

여기에 '치하포사건' 관련 『백범일지』 기록을 옮긴 것은 본문의 설명을 돕기 위한 점도 있지만, 이러한 노력들에 조금이나마 도움이 되길 바라는 마음에서이다.

옮긴 부분은 『백범일지』의 '치하포사건' 관련 부분(친필본 53쪽~79쪽)이다.

『백범일지』 친필본과 필사본 등을 살폈고, 『정본백범일지(도진순, 돌베개, 2016)』와 『白凡逸志(한문 정본, 열화당, 2019)』를 참조하여 '현대문'으로 옮겼다.

친필본의 한 글자라도 헛되이 하지 않았고, 의미와 사용한 용어를 그대로 살리되, 현대에 거의 사용하지 않는 한문은 풀어놓거나 설명을 적었고, 문맥상 어울리지 않는 부분에 대하여는 불가피하게 약간의 보정을 하였다.

국한문혼용체인 『백범일지』 친필본은 앞으로도 많은 분들이 현대문으로 옮겨 『백범일지』란 서명으로 출간될 것이다. 바라는 점은 논란이 되거나 예민한 부분에 대해서는 본인이 해석하고 교열한 내용 외에 『백범일지』 친필본의 문구를 그대로 참고사항으로 올려주어 독자들이 그 문구의 의미를 정확히 파악하는데, 도움을 주었으면 하는 것이다. 그렇게 된다면 현재와 같이 해석과 교열이 수십 가지로 달라지는 현상을 줄일 수 있다고 생각한다.

다음은 친필본의 '치하포사건' 관련 부분을 현대문으로 옮긴 것으로 괄호( )안의 내용 중 큰글씨는 친필본의 문구를 그대로 옮긴 것이고 작은글씨(한글 및 한문)는 필자의 해석을 기록한 것이다.

제1절 『백범일지(치하포 사건관련 부분)』

백범 김구

『백범일지』 친필본(출처: 백범김구선생기념사업협회)

청국 시찰(淸國 視察)

고 선생은 비동(飛洞)으로, 우리 집은 기동(基洞)으로 이사하고, 나는 시급히 청나라 금주(錦州) 서옥생의 집으로 갈 길을 정하였다. 김형진은 자기 본향(本鄕)으로 가게 되어 동행하지 못하고 단신으로 출발하였다.

평양에 도착하니 관찰사 이하 전부가 단발하고, 길목을 막고 행인을 붙들어 머리를 깎고 있었다. 혹은 촌으로, 혹은 산군(山郡: 산마을)으로 피란(避亂: 난리를 피함, 피난)하는 인민의 원성이 길에 가득 찬 것을 목격한 나는 머리끝까지 분기가 가득하였고, 안주에 도착하여 게시판을 본즉 '단발정지령'이 내려져 있었다.

소문을 들으니 "경성에서는 종로에서 시민을 단발한 일로 대소동(大騷動)이 일어나서 일인의 가옥을 깨뜨려 부수고 일인을 다수 타살(打殺: 때려죽임)하는 등 변란(變亂)이 나고, 당시 정부 당국자에게도 대변동(大變動)이 생겼다." 한다. 그러하니 장차 국내는 다사(多事)의 추(多事之秋: 큰일들이 가장 많이 벌어지는 시기)라 구태여 출국할 이유가 없었다. '삼남 방면에 의병이 봉기한다 하니, 도로 돌아가 시세(市勢)를 관찰하리라' 결심하고 회정

(回程)하였다.

용강군(龍岡郡)에서 안악군(安岳郡) 치하포(鴟河浦: 安岳邑에서 東北 四十里許)로 배로 건너던 중으로, 때는 병신(丙申: 1896년) 2월 하순이라. 강 위에 빙산(氷山: 큰 얼음덩어리)이 떠다녀 열대여섯 명의 남녀 선객이 이 빙산에 포위되어 진남포(鎭南浦) 하류까지 휩쓸려 내려갔다가, 조수(潮水) 를 따라서 다시 상류까지 오르락내리락 하였다. 선객은 물론 선원들까지 빙혼(氷魂)이 될 줄 알고 허둥거리며 근심들을 하고 있었다. 나도 해마다 결빙기와 해빙기에 이러한 나루터에서 빙산에 포위되어 종종 참사가 있 었다는 것을 아는 바, 금일에 불행히 위태로운 지경에 빠지게 된지라. 배 안에는 사람들이 모두 하느님과 어머니를 부르짖는 곡성이 진동하였다.

나는 살길을 연구하였다. 그 배 안에는 식량이 없어 얼어죽는 것보다 먼저 굶어죽을 판이었다. 다행히 배안에 당나귀 한 마리가 있어, 빙산 포위가 여러 날 계속된다면 잔인하나마 부득이 당나귀를 도살하여 열대여섯 사람 의 생명을 보전하기로 했다.

"한갓 울부짖음이 목숨을 구하는 길이 아니다. 선원이 할 일이라고 선원 에게만 맡길 것이 아니고, 선객 전부가 일제히 힘을 써서 빙산을 밀쳐내면 순식간에 빙산이 물러가지는 않을지라도 신체운동만으로 유익하다."는 의 견을 맹렬히 주장하고 힘을 합칠 것을 청하니, 선객과 선원이 일제히 응 했다. 나는 몸을 날려 빙산에 올라 그 결성된 빙산의 형세를 살펴보고, 큰 빙산에 의지해서 작은 빙산을 밀어내기에 노력 하던 중에, 홀연히 한 줄기 살 길을 얻었다.

원래 도착하려던 치하포에는 다다르지 못하고 5리 밖 강기슭으로 올라서 니, 서산에 지는 달이 아직 여광(餘光)이 있었다.

치하포구 주인(旅館例兼: 여관예겸, 관례대로 여관을 겸함)의 집에 들어서니 풍 랑으로 인하여 유숙하는 손님들이 세 칸 여관방에 가득하였다. 시간이 자 정을 넘었기에 방마다 코 고는 소리만 들렸다. 함께 고생했던 우리 동행인 들도 방 세 칸에 나뉘어 들어가 헐숙(歇宿: 쉬고 묵음)하였다. 잠이 들자마자 행객들이 떠들며, "오늘은 일기가 순하니 도선(渡船: 배를 타고 건넘)케 하라."고 야단들이었다.

국모보수(國母報讐)

시간이 흘러 아랫방에서부터 아침식사가 시작되어 중방(中房: 가운뎃방)에 이어 상방(上房: 윗방)까지 밥상이 들어왔다.

그때 중방에는 단발을 하고 한복을 입은 사람이 같이 앉은 행객(行客: 나그 네)과 인사를 하는데, 성은 정(鄭)이라 하고 거주하는 곳은 장연(그 무렵 황 해도에서는 장연이 단발을 맨 처음 했으므로 평민들도 단발한 사람이 더러 있었다.)이라 한다, 말투는 장연말이 아니고 경성말인데, 촌옹(村翁: 촌노 인)들은 그를 진짜 조선인으로 알고 이야기를 하고 있었으나, 내가 (말을- 필자) 듣기에는 분명 왜놈이었다. 자세히 살펴보니 흰 두루마기 밑으로 검 갑(劍匣: 칼집)이 보였다. 가는 길을 물어보니 "진남포로 간다."고 한다.

나는 그놈의 행색에 대해 연구한다.

'저놈이 보통 상왜(商倭: 일본상인)나 공왜(工倭: 일본기술자) 같으면, 이곳(치 하포)은 진남포 맞은편 기슭이므로 매일매일 여러 명의 왜가 왜의 본색(本 色: 본래 행색)으로 통행하는 곳이다. 당금(當今: 지금) 경성 분란으로 인하 여 민후(閔后: 명성황후)를 살해한 삼포오루(三浦梧樓: 미우라 고로)가 잠도 (潛逃: 몰래 도주함)함이 아닌가?(치하포에 오기 직전 "경성 종로에서 단발의 소치로 대소동이 일어나 일인의 가옥을 부수고 일인을 다수히 타살하는 등 변란이 났다는 소문 을 들었다."고 기록한 것을 보았을 때, '경성분란'은 서울에서 항일활동이 격화되었다는 상황을 말하며, 미우라나 그 일당이 그러한 상황을 피하여 도주 중이 아닌가 순간 의심 했었다는 이야기다.) 만일에 저 왜가 삼포가 아니더라도 삼포의 공범일 것 같 고, 하여튼지 칼을 차고 밀행(密行: 은밀하게 행동함)하는 왜라면 우리 국가 와 민족에 독균(毒菌)일 것은 명백(明白)하다.', '저놈 한 명을 죽여서라도 국가에 대한 치욕을 씻으리라.'

환경과 역량을 살펴보건대, 방 세 칸에 손님이 모두 사십여 명이오, 저놈 의 패거리 몇 명이 섞여 있는지는 알 수 없으나, 나이 십칠팔 세의 총각이 곁에서 무슨 말을 하고 있었다.

'나는 홀몸에 맨손이 아닌가, 섣불리 손을 움직였다가는 죽이지도 못하고 내 목숨만 저놈의 칼 아래 끊어 보내는 것은 아닐까? 그리 된다면 나의 의지와 목적도 세상에 알리지도 못하고, 도적놈이란 한 구의 시체만 남기고 영원의 길을 갈 것 아닌가. 또는 내가 맨손으로 한 번에 죽일 수는 없고, 죽을 결심을 하고 하수(下手: 손을 씀, 실행)를 한다고 하더라도 방안의 사람들이 만류할 것이오. 만류할 때 저놈 칼이 내 몸에 들어올 것이니, 아무리 생각하여도 불가능한 일이었다.' 이런 생각을 할 때에 가슴이 울렁거렸다.

심신이 자못 혼란한 상태에 빠져 고민하던 중에, 홀연히 한 가닥 광선이 심흉(心胸: 가슴 속 깊이 간직한 마음)에 비추었다. 그것은 다름이 아니라 고후조(高後凋: 能善의 號) 선생의 교훈 중에 '득수반지무족기 현애살수장부아(得樹攀枝無足奇 縣崖撒手丈夫兒: 가지를 잡고 나무를 오르는 것은 기이한 일이 아니나, 벼랑에 매달려 잡은 손을 놓는 것이 가히 장부로다)' 이 구절이었다.

곧 자문자답을 했다.

"너는 저 왜를 마땅히 죽여서 설욕해야 할 대상인지는 확인(確認)하였느냐?"

답, "그렇다."

문, "네가 어려서부터 호심인(好心人: 마음 좋은 사람) 되기가 지극히 바라던 것이 아니었더냐?"

답, "그렇다."

"지금 마땅히 죽여서 설욕해야 할 원수 왜를 죽이려다가 성공도 못하고 도리어 왜검(倭劍: 일본도)에 죽게 된다면, 다만 도적의 시체를 세상에 남기겠다고 하니(걱정만 하고 있으니), 그렇다면 너는 '호심인(好心人)'이 되겠다고 소원했던 것은 거짓이고, '호신호명인(好身好名人: 신분과 이름 내기를 좋아하는 사람)'이 되려는 지극한 소원만 가졌던 것이 아니던가."

이렇게 죽을 작정을 하니, 흉해(胸海: 마음 속 바다)는 바람이 그치고 파도는 잔잔해지면서 백 가지 계책이 줄지어 떠올랐다. 내가 방안의 사십여 명

의 손님들과 동네사람 수백 명을 무형(無形)의 노끈으로 꽁꽁 동여서 움직
이지 못하게 하고, 저 왜에게는 불안한 상태를 보이면 대비할 터이니, 그
놈도 안심시키고 나 혼자만 자유자재로 연극을 출연(出演: 연기)하는 방법
을 쓰기로 했다.

제일 먼저 밥상을 받아서 아랫방에서 먼저 숟가락질을 한 사람이 '자던 입
에 새벽밥'이라 삼분의 일도 못 먹었을 적에, 나중에 상을 받은 나는 네댓
숟가락에 한 끼 밥을 다 먹었다. 일어나서 주인을 부르니 골격이 준수하
고 나이 약 삼십칠팔 세나 됨직한 사람이 문 앞에 와서 "어느 손님이 불렀
소?" 한다.

"네, 내가 좀 청했습니다. 다름 아니라 내가 오늘 칠백여 리나 되는 산길
을 걸어가야 할 터인데, 아침을 더 먹고 갈 테니 밥 일곱 상(즉 칠인분)만
더 차려다 주시오."

주인은 아무 대답 없이 나를 보기만 하더니, 내 말에는 대답도 하지 않고
방 안에서 아직 밥을 먹고 있는 다른 손님들을 보고서 하는 말이 "젊은 사
람이 불쌍도 하다. 미친놈이군!" 한마디 말을 하고서는 안방으로 들어가
버렸다.

나는 한편에 드러누워서 방안 물의(物議: 여러 사람의 논쟁)와 분위기를 보면
서 왜놈의 동정을 살펴보았다. 방 안에서는 두 갈래 논쟁이 일어났다. 식
자청년(識者靑年)들 중에서 주인의 말과 같이 나를 미친 사람이라 하니,
긴 담뱃대를 '식후 제일미(食後 第一味)'로 붙여 물고 앉은 노인들은 이 청
년을 나무라며 말했다.

"여보게, 말을 함부로 말게, 지금인들 이인(異人)이 없으란 법 있겠나?.
이런 말세에는 마땅히 이인이 날 때지!"

청년들이 말했다.

"이인이 없을 리가 없겠지만, 저 사람 생긴 꼴을 보세요. 무슨 이인이 저
렇겠어요?"

그 왜놈은 별로 주의하는 빛이 없이 식사를 마치고 중문 밖에 서서 문기둥

을 의지하고 방 안을 들여다보면서 총각아이가 밥값 계산하는 것을 살펴보고 있었다. 나는 서서히 몸을 일으켜 크게 소리를 지르며, 그 왜놈을 발길로 차서 거의 한 길이나 거반 되는 계단 아래에 추락시키고 쫓아 내려가서 왜놈의 목을 한 번 밟았다.

세 칸 객방에 전면 출입문이 모두 네 짝이라. 아랫방에 한 짝, 가운뎃방에 분합문(分閤門) 두 짝, 윗방에 한 짝이었다. 그 방문 네 짝이 일시에 열리자 그 문마다 사람머리가 다투어 나왔다. 나는 몰려나오는 사람들을 향하여 간단하게 한마디로 선언하였다.

"누구든지 이 왜놈을 위하여 나를 범(犯)하는 자는 모두 죽이리라."

선언을 끝마치기 전에, 일시에 발에 채이고 발에 밟혔던 왜놈은 새벽 달빛에 검광(劍光 : 칼빛)을 번쩍이며 나에게 달려들었다. 나는 얼굴에 떨어지는 칼을 피하면서 발길로 왜놈의 옆구리를 차서 거꾸러뜨리고 칼 잡은 손목을 힘껏 밟으니 칼이 저절로 땅에 떨어졌다. 그때 그 왜검으로 왜놈을 머리로부터 발까지 점점이 난도(亂刀)를 쳤다. 2월 날씨라 마당은 빙판으로, 피가 샘솟듯 넘쳐서 마당으로 흘렀다. 나는 손으로 왜혈(倭血)을 움켜 마시고, 그 피를 얼굴에 칠한 후에 피가 뚝뚝 떨어지는 칼을 들고 방 안으로 들어가 호통을 쳤다.

"아까 왜놈을 위하여 나를 범코자 하던 놈이 누구냐?"

방안에 있던 자들 중 미처 도주하지 못한 자들은 모두 포복하고 말했다.

"장군님 살려주시오. 나는 그놈이 왜놈인 줄 모르고, 보통 싸움으로만 알고 말리려고 나갔던 것입니다."

또 어떤 사람은 말했다.

"나는 어제 바다에서 장군님과 같이 고생하던 상인입니다. 왜놈과 같이 오지도 않았습니다."

그 중에 노인들은 겁이 나서 벌벌 떨면서도 아까 청년들을 나무라며 나를 변호한 일로 가슴을 내밀고 말했다.

"장군님, 아직 지각이 없는 청년들을 용서하십시오."

그런 중에 주인 이화보 선달이 감히 방안에도 못 들어오고 방 바깥에 궤복(跪伏: 무릎을 끊고 엎드림)하여 말했다.

"소인이 눈은 있지만 눈동자가 없어 장군님을 멸시하였사오니, 그 죄는 사무여한(死無餘恨: 죽어도 여한이 없음)올시다. 그렇지만 왜놈에게 다만 밥 팔아먹은 죄밖에 없습니다. 아까 장군님을 능욕(凌辱: 업신여겨 욕보임)하였사온즉 죽어 마땅합니다."

나는 방안에 포복하여 떨고 있는 사람들을 향하여 "내가 알아서 할 터이니 일어나 앉으라."고 명하고, 주인 이화보에게 물었다.

"네가 그놈이 왜놈인 것을 어떻게 알았느냐?"

답, "소인이 포구 객주(客主)를 하는 탓으로 진남포로 내왕하는 왜가 종종 제 집에서 자고 다닙니다. 그러나 한복(韓服)을 하고 오는 왜는 이번에 처음 봅니다."

문, "이 왜는 복색(服色)만 아니고 한어(韓語)가 능한데 네 어찌 왜로 알았느냐?"

답, "몇 시간 전에 황주에서 온 목선 한 척이 포구에 들어왔는데, 선인(船人)들의 말이 '일본 영감 한 분을 태워왔다.'고 하기에 알았습니다."

문, "그 목선이 아직 포구에 머물러 있느냐?"

답, "그렇습니다."

나는 그 선인을 데려오라고 하였다.

이와 같이 문답하던 즈음에 능간(能干: 능란)한 이화보는 세면도구를 들여오고, 그 후로는 밥 일곱 그릇을 한 상에 놓고, 또 한 상에는 반찬을 차려 들여다 놓고서 먹기를 청하는지라, 나는 세면(洗面)을 하고 밥을 먹게 되었다.

밥 한 그릇을 먹은 지 십 분밖에 안되었으나 과격한 운동을 하였으므로 한두 그릇은 더 먹을 수 있지만, 일곱 그릇씩은 먹을 수 없는 지라.

그러나 당초에 일곱 그릇을 더 요구했던 말이 거짓말로 알려져서는 재미없는 일이라, 큰 양푼 한 개를 청하여 밥과 반찬을 한 곳에다 두고 숟갈 한 개를 더 청하여 숟갈 두 개를 연폭(連幅: 너비로 마주이어 붙임)하여 들고 밥 한 덩이를 사발통만큼씩, 곁에서 보는 사람의 생각으로 '몇 번에 그 밥을 다 먹겠다.'고 하도록 보기 좋게 한 두어 그릇 분량을 먹다가 숟갈을 던지고 혼잣말로, "오늘은 먹고 싶었던 원수의 피를 많이 먹었더니 밥이 들어가지를 않는다."고 하고 식사를 마치고 일의 처리에 착수했다.

왜놈을 싣고 온 선인 7명이 문 앞에 엎드려 청죄(請罪: 죄에 대한 벌을 청함)하였다.

"소인들은 황주에 사는 선인(船人)들인데 왜를 싣고 진남포까지 선가(船價: 선박대여비)를 작정(作定)하고 가던 죄밖에 없습니다."

선인들에게 명령하여 왜놈의 소지품 전부를 들여다가 조사한 결과, 그 왜놈은 토전양량(土田讓亮: 쓰치다 조스케)이고, 직위는 육군중위(陸軍中尉)요. 소지금이 엽전(葉錢) 팔백여 냥이었다. 그 금액 일부로 선가(船價)를 계산하고, 이화보더러 동네 동장을 부르라 하니 이화보가 말하기를, "소인이 동장 명색(名色)올시다." 한다. 동네의 극빈(極貧)한 집에 그 남은 금액을 나눠주라고 명령했다.

"왜의 시체는 어찌하오리까?" 함에 대하여는 이렇게 분부하였다.

"왜놈, 우리 조선사람만의 원수가 아닌즉, 바다 속에 던져서 물고기와 자라까지 즐겁게 뜯어먹도록 하여라."

이화보를 불러서 "필구를 대령하라."하여 몇 줄의 포고문(布告文)을 썼다.

이유(동기, 대의명분)는 "국모보수(國母報讐: 국모의 원수를 갚음)의 목적으로 이 왜를 타살(打殺)하였노라"고 하고 끝줄에 "해주 백운방 기동 김창수(海州 白雲坊 基洞 金昌洙)"라고 써서 통로 벽 위에 붙였다.

그리고 다시 이화보에게 명령하였다.

"네가 본동(本洞) 동장이니 곧 안악군수에게 사건의 전말을 보고하여라. 나는 내 집에 가서 하회(下回: 회답)를 보겠다. 그런데 기념으로 왜놈의 칼은 내가 가지고 간다."

출발코자 한즉, 전신 의복이 백의(白衣)가 홍의(紅衣)가 되었으나, 다행히 벗어 걸어두었던 두루마기가 있었으므로 허리에 칼을 차고 느긋한 태도로 행객들과 동네사람 수백 명이 모여 구경하는 가운데를 지나 귀로에 올랐다.

마음속으로는 매우 조급하였다. 동네사람들이 막아서서는, '네가 복수를 하였든지 무엇을 하였든지 네가 내 동네에서 살인을 하였으니 네가 남아서 일을 감당하고 가라.'고 하면(이것은 내 생각이었을 뿐이지, 내게 그런 논리를 제시할 자는 없었을 것이다.) 사실을 설명 할 여가(餘暇 : 틈, 겨를)도 없이 왜놈들이 와서 죽일 것이라.

빨리 나가려는 발길을, 일부러 천천히 걸어서 산영상(山嶺上 : 산등성이)에 올라서면서 곁눈으로 치하포를 내려다보니, 여전히 사람들이 모여 서서 내가 가는 것을 구경하고 있었다.

시간은, 아침 해가 '곳비거리'나 올라와 있었다[친필본의 '곳비거리'는 '고비(古碑)거리'로 '비석거리'를 말한다. 조선향토대백과 인문지리정보관(교통)에 의하면 이 '비석거리'는 황해남도 신천군 신천읍 남쪽에 있는 거리로 석탑과 비석이 있어 '탑거리'로도 불렸다고 한다. 그러므로 비석들이 서 있는 지역 위로 해가 올라와 있었다는 의미로 봄이 타당하다].

고개를 넘어서서는 빠른 걸음으로 신천읍에 도착하니, 그 날은 신천읍 장날이었다. 시장 이곳저곳에서 치하포 이야기가 들렸다.

"오늘 새벽에 치하나루에서는 장사가 나타나서 일인(日人)을 한 주먹으로 때려죽였다지."

"그래, 그 장사(壯士)하고 같이 용강에서부터 배를 타고 왔다는 사람을 만났는데, 그 장사는 나이가 스물도 못 되어 보이는 소년이더라는군, 강 위에 빙산이 몰려와서 배가 그 사이에 끼여서 다 죽게 되었을 때, 그 소년장사가 큰 빙산을 손으로 밀어내고 사람을 다 살렸다던데."

또는 "그 장사는 밥 일곱 그릇을 눈 깜짝할 새 다 먹더라는 걸."

이런 말을 듣다가 신천(信川) 서부(西部)의 유해순(前者 東學 親舊)을 찾아갔다. 유 씨가 인사를 한 후에 "형의 몸에서는 피비린내가 난다" 하며 자세히 보더니 물었다.

"의복에 웬 피가 저다지 묻었소?"

"길에 오다가 왜가리(새 이름) 한 마리를 잡아먹었더니 피가 묻었소이다."

"그 칼은 웬 것이오?"

"여보, 노형이 동학 접주(接主) 노릇 할 적에 남의 돈을 많이 강탈하여 두었다는 말을 듣고 강도질을 왔소."

유씨가 말했다.

"동학 접주가 아니고서 그런 말을 하여야 믿지요. 어서 사실대로 말하라." 고 졸랐다.

나는 대강 경과(經過)를 말하였다. 유해각, 유해순 형제는 놀라면서, "과연 쾌남아가 할 만한 일이다." 하고 본가로 가지 말고 다른 곳으로 피신하라고 강권(强勸: 강력하게 권함)하였다. 나는 절대로 그렇게 할 수 없다고 말했다.

"사람의 일은 광명(光明)하여야 사나 죽으나 값이 있지, 세상을 속이고 구차히 살기만 도모하는 것은 장부(丈夫)가 할 일이 아니오."라고 말하고 곧 떠나서 집으로 돌아왔다.

아버님께 그 동안 있었던 일을 일일이 보고하니 부모님 역시 피신을 역권(力勸: 애써 권함)하셨다. 그러나 나는 말씀 드렸다,

"이번에 내가 왜를 죽인 것은 사사로운 감정으로 한 일이 아니라 국가의 큰 치욕를 씻기 위해 행한 일입니다. 구차스럽게 피신할 마음이 있었다면 당초에 그런 일을 하지도 않았을 것입니다. 이미 실행한 이상에는 자연히 법사(法司)의 조치가 있을 터이니, 그 때에 당(當)하여 이 한 몸 희생하여 만인을 교훈 할 수 있다면 죽더라도 영광된 일입니다. 자식의 소견에는 집에 앉아서 당(當)할 때에는 당(當)하는 것이 의(義)로서 지극히 옳다고 생각합니다."

아버님도 다시 강권을 하지 않으시고 이런 말씀을 하셨다.

"내 집이 흥하든 망하든 네가 알아 하여라."

투옥(投獄)

그럭저럭 석 달이 넘도록 아무 소식이 없더니, 병신(丙申: 1896년) 5월 11일에 사랑에서 아직 잠자리에서 일어나기도 전인데, 어머님이 급히 사랑문을 열고 "얘! 우리 집 앞뒤를 보지 못하던 사람들이 무수(無數)히 둘러싸누나"라고 하셨다. 말씀이 끝나자 수십 명이 철편(鐵鞭)과 철퇴(鐵槌)를 갖고 달려들며 물었다.

철편   철퇴

"네가 김창수냐?"

"나는 그렇거니와, 그대들은 무슨 사람이기에 이같이 요란하게 인가(人家)에 침입하느냐?"

그제야 내부령(內部令, 친필본에 內務部令으로 기록되어 있으나 착오임, 이하 동일)을 등인(等因)한 체포장을 보이고(내부령에 의한다고 기록된 체포장을 보여주었다는 의미임) 해주로 압상(押上: 押付上送, 죄인을 체포하여 상부로 보냄)의 길을 떠났다. 순검과 사령이 도합 삼십여 명으로 내 몸을 쇠사슬로 여러 겹으로 동이고, 앞뒤에 서서 쇠사슬의 끝을 잡고, 나머지는 나를 에워싼 채 갔다.

동네의 이십여 호 전부가 문중사람들이었으나, 두려워하여 한명도 감히 내다보지를 못하였다. 인근 동네의 강씨·이씨들은 김창수가 동학한 죄로 잡혀가는 줄 알고 수군거렸다.

이틀 만에 해주옥에 들어갔다. 어머님과 아버님이 다 해주로 오셔서, 어머님은 밥을 빌어다가 먹여 주시는 속칭 '옥바라지'를 하셨고, 아버님은 전에도 늘 그러하셨듯이 넉넉지 못한(형편에도-필자) 사령청·영리청·계방들의 교섭수단(交涉手段)으로 해방(解放: 석방)을 도모(圖謀)하였지만, 시세(時勢)가 전(前)보다 달라지고, 사건이 하도 중대하므로 아무 효과가 없었다. 옥에 갇힌 지 한 달여 만에 신문(訊問)이 개시되었다. 옥에서 쓰던 큰 '전목칼(全木칼)'을 목에 걸고 선화당 뜰에 들어갔다.

'전목칼'을 목에 걸고 있는 모습(용인 민속촌. 우측의 죄인은 발목에 1인용 '차꼬'를 차고 있다.)

감사(監司: 관찰사) 민영철(閔泳喆: 김효익(金孝益)의 착오)이 물었다.

"네가 안악 치하포에서 일인을 살해하고 도적질을 하였다니, 사실이냐?"

답. "그런 일 없소"

또다시 물었다.

"네 행적의 증거가 분명한데 부인을 하느냐? 집행하라!"

호령이 나자, 사령들이 내 두 발과 두 무릎을 한데 찬찬히 동이고, 다리 사이에 주장(朱杖: 붉은 몽둥이, 주릿대) 두 개를 들이밀고, 한 놈이 한 개씩을 잡아 좌우를 힘껏 누르니 단번에 정강이뼈가 허옇게 드러났다. 왼다리 정강이 마루에 있는 큰 상흔이 곧 이것이다.

주릿대(주장)

나는 입을 다물고 아무 말도 하지 않고 있다가, 결국 기절하고 말았다. 그러자 잠시 형(刑)을 중지하고 얼굴에 찬물을 끼얹어 정신이 들게 하고는 다시 물었다. 나는 감리를 보고 말했다.

"본인의 체포장을 보면 '내부 훈령 등인'이라 되어 있으니, 본 관찰부에서 처리할 수 없는 사건이니 내부에 보고만 하여주시오." 그러자 다시는 아무 말도 하지 않고 도로 옥에 가두었다.

근 두 달이 경과하였다. 칠월 초에 인천으로 이수(移囚: 옮겨 가둠)하게 되어, 인천감리영에서 네댓 명의 순검이 해주로 와서 영거(領去: 데리고 감)하였다. 사태가 이 지경이 되자 아버님은 본향(本鄕)으로 가서 웬만한 가산(家産)과 집기 그리고 가옥까지 방매하여 가지고 인천이든지 서울이든지 내가 가는 대로 따라가서 결과를 보기로 하고는 본향으로 가셨고 어머님만 나를 따라서 인천으로 동행을 하셨다.

당일은 연안읍에서 일박하고, 다음날 나진포로 향했다. 도중에 연안읍에서 약 5리쯤 되는 길가 무덤 곁에서, 날씨가 몹시 더웠으므로 순검들이 외(오이)를 사서 먹으며 앉아 잠시 쉬었다. 그 무덤 곁에 세워 둔 비문을 보니, '孝子李昌梅之墓(효자 이창매의 묘)'라 하였다. 비석 후면에 새겨진 글자를 보니, 어느 임금이 이창매의 효성에 대하여 효자정문(孝子旌門)을 내렸다고 하였다.

이창매의 묘 옆에는 이창매 부친의 묘가 있는 데, 이창매는 본시 연안의 통인(通引)으로, 그 부친의 장례 후에 사시(四時: 사시사철)로 비바람에도 그만두지 않고 시묘(侍墓: 부모탈상 전 3년간 그 묘 근처에 움막을 짓고 돌봄)를 지성으로 하여서 묘 앞에 신을 벗은 자리부터 한 걸음 한 걸음 절하는 곳까지 걸어갔던 발자국, 두 무릎을 꿇었던 자국과 향로와 향합을 놓았던 자리에는 영영 초목(草木)이 살지 못했다고 한다. "만일 사람이 그 움쑥움쑥 패인 자리를 흙으로 메우면 즉시로 뇌성이 진동하고 큰비가 내려 메운 흙을 씻어낸다."는 말을 근처 사람과 순검들이 이야기를 하였다.

눈으로 그 비문(碑文)을 보고 귀로 그 이야기를 들었던 나는 순검들이 알세라 어머님이 알세라, 피가 섞인 눈물을 흘리며 이창매에게 대죄(待罪: 처벌을 기다림)를 하였다. 다 같은 사람의 자식으로, 이창매는 부모가 죽은 후까지 저러한 효도의 자취를 남겼으니, 그 부모 생전에 부모에게 대(對)하여 어떠하였으리라는 것을 알만했다. 나의 뒤를 혼(魂: 넋)이 나가 허둥지둥 따라와서 내 곁에 앉아서 하염없이 한숨을 짓고 계신 어머님을 뵐 수가 없었다. 이창매가 무덤 속에서 부활하여 나를 향하여, "너는 '수욕정이풍부지(樹欲靜而風不止: 나무는 고요히 있고 싶어하나 바람이 그치지 않는다.)'라는 구절을 읽지 못하였느냐?"고 책망하는 듯싶었다. 일어나서 출발할 때에, 나는 이창매의 무덤을 다시금 돌아보며 수없이 심배(心拜: 마음속으로 하는 절)를 하였다.

육로는 나진포에서 끝나고 배를 탔다. 병신(1896년) 7월 25일, 달빛도 없이 천지가 캄캄하고 물조차 소리만 들릴 뿐이었다.

강화도를 지나던 즘에, 종일 몹시 더운 날씨에 걸어왔던 순검들이 방심하고 다 잠이 든 것을 보시고, 어머님은 뱃사공도 듣지 못할 입속말로 내게 말씀을 하셨다.

"얘!, 네가 이제 가서는 왜놈 손에 죽을 터이니, 맑고 맑은 물에 너와 내가 같이 죽어서 귀신이라도 모자가 같이 다니자."

이 말씀을 하시고는 내 손을 끄시어 뱃전 가까이 나가신다. 나는 황송무지 (惶悚無地: 무섭고 두려워 몸 둘 곳을 모름)한 중에, 어머님을 위안(慰安: 위로 하여 마음을 편하게 함)하였다.

"어머님은 자식이 이번에 가서 죽는 줄 아십니까? 결코 죽지 않습니다. 자식이 국가를 위하여 하늘에 사무치게 정성을 다하여 원수를 죽였으니, 하늘이 도우실 테지요, 분명히 죽지 않습니다."

어머님은 당신을 위안하는 말씀으로 들으시고, 또다시 손을 끄셨다.

"자식의 말을 왜 안 믿으시냐"고 담대(膽大)히 주장하는 말에, 투강(投江) 할 결심을 중지하시고 다시 말씀을 하셨다.

"너의 아버지와도 약속하였다. 네가 죽는 날이면 우리 부부도 같이 죽자 고."

어머님은 내가 죽지 않는다는 말씀을 어느 정도 믿으셨는지 하늘을 향하여 두 손을 비비시면서 알아듣지 못할 낮은 음성으로 축원(祝願)을 하는 모양 이었다.

인천옥에 들어갔다. 내가 인천으로 이감된 원인은, 갑오경장 이후에 외국 인과 관계된 사건을 재판하는 특별재판소가 그 곳에 있었기 때문이었다.

옥의 위치는 내리(內里) 마루에 감리서가 있고 왼편에 경무청(警務廳), 오 른편에 순검청(巡檢廳)이 있었다. 순검청 앞에는 감옥이 있었고 그 앞에 노상(路上)을 통제하는 이층문루(二層門樓)가 있었다. 옥은 바깥 둘레에 담장을 높이 쌓고 담 안에 평옥(平屋) 몇 칸이 있는데, 반으로 나누어 한 편에는 징역수와 강도, 절도, 살인 등의 죄수를 수용하고 다른 편은 소위 잡범 즉 민사소송과 위경범(違警犯: 경범죄수)들을 수용하였다. 형사피고의 기결수는 청색 옷을 입었고 상의 등 쪽에 강도·살인·절도 등의 죄명을 먹 으로 써놓았다.

옥외에 출역(出役: 나가서 일을 함)시는 좌우 어깨와 팔을 한 쇠사슬로 동이고, 2인 1조로 등 위에 자물쇠를 채우고 간수가 인솔하고 다녔다.

옥에 들어가는 즉시로 나를 적수칸[백범일지(친필본)에는 賊囚間(적수간)으로 기록하였는데, '적수칸'이나 '적수방'을 의미한다. 적수(賊囚)는 적도죄수(賊盜罪囚)로 강도와 절도죄수를 의미하나 여기서의 적수는 소위 '잡범'을 제외한 강도, 절도, 살인, 인신매매 등의 중한 범죄의 죄수들로, 적수칸에 수용된 모든 죄수들을 의미한다.]의 9인용 장곡(長梏: 차꼬) 가운데 단단히 묶어두었다.

차꼬

치하포에서 이화보를 한 달 전에 체포해 압송하여 인천옥에 가둔 것이었다. 이화보가 나를 보고서 매우 반겼다. 그는 자신이 '무죄(無罪: 죄가 없음)'하다는 증거를 (내가—필자) 제출할 줄 알고 있었음이라.(이화보의 말에 의하면—필자) 이화보의 집 벽 위에 포고문은 왜놈이 가서 조사할 제 떼어 감추고, 순전히 살인강도로 교섭(交涉: 어떤 일을 이루기 위하여 의논하고 절충함)한 것이었다.

어머님은 나를 옥문 밖까지 따라와 옥문 안으로 들어가는 것을 보시고는 눈물을 흘리시고 서 계셨는데, 그것까지만 잠시 고개를 돌려서 보았다.

어머님은 비록 시골의 농촌에서 태어나서 성장하셨으나 모든 일을 감당하셨고, 더욱 바느질이 능하신지라. 무슨 일이 손에 걸렸으랴마는, 자식의 생명을 구하기 위해 감리서 삼문(三門) 밖의 개성사람 박영문의 집에 들어가서 이제까지의 일을 잠시 이야기하고, 그 집 동자꾼('동자아치'의 황해도 방언, 밥 짓는 여자하인)으로 청(請)하셨다.

그 집은 당시 항내에서 유명한 물상객주(物商客主)라, 내방(內房)에 밥 짓는 일과 의복 바느질이 매우 번잡하고 많았기에 고용될 수 있었고, 조건은 하루 세 끼 밥 한 그릇씩을 옥에 가져다주기로 한 것이다. 간수가 밥을 받아서 넣어주면서 "네 모친도 의지할 곳이 생겼고, 네 밥도 매일 세 끼를 들여 줄 터이니 안심하라"고 하였다. 동료 죄수들도 매우 부러워하였다.

옛사람이 말하기를 애애부모생아구로(哀哀父母生我劬勞: 슬프고 슬프다. 부모님은 나를 낳으시느라 고생하셨다.)"라 하였으나 부모님은 나를 낳을 적에도 많은 고생을 하셨고, 기르실 때에는 천중만금(千重萬金)의 고생을 감당하셨다. 불서(佛書)에 이르기를 "부모와 자녀는 천 번을 태어나고 백겁(百劫)이 지나도록 은혜와 사랑을 끼치며 산다."라고 한 말이 허언(虛言)이 아니었다.

옥 안이 극히 불결하고 아직 뜨거운 여름철이라, 나는 장질부사(長窒扶斯: 장티푸스)에 걸려 고통이 극도에 달하여 자살이란 단견(短見: 좁은 소견)을 취하였다. 동료 죄수들이 잠이 든 틈을 타서 이마 위에 손톱으로 '忠(충)'자를 새기고, 허리띠로 목을 매어 드디어 숨이 끊어졌다. 숨이 끊어진 순간, 나는 고향에 가서 평소 친애하던 재종(再從: 육촌)동생 창학(卽今 泰運)이와 놀았다. 고시(古詩)에 "옛 고향 동산이 눈앞에 있으니, 굳이 부르지 않아도 혼이 먼저 가 있네."라 하였는데, 실로 허언이 아니었다.

홀연히 정신이 회복되니, 동료 죄수들이 고함(高喊)을 지르며 죽는다고 소동(騷動)을 하고 있었다. 그 자들은 나의 죽음을 걱정하여 그리한 것이 아니라, 내가 숨이 끊어질 때에 무슨 격렬한 요동이 있었기 때문이었다.

그 후로는 여러 사람의 주의로 자살할 겨를도 없으려니와, 그 후로는 병마(病魔)가 죽여서 죽든지, 원수가 죽여서 죽든지, 죽여서 죽는 것은 어쩔 수 없지만, 자살은 옳지 않다고 생각하게 되었다. 그런 사이에 땀은 내었으나

15일 동안에 음식은 입에 대어보지를 못하였다.

그때에 마침 신문(訊問)을 한다는 기별이 있었다. 나는 생각을 했다.

'내가 해주에서 다리뼈까지 드러나는 악형을 당하고 죽는 데까지 이르렀으면서도 사실을 부인했던 것은, 내부까지 가서 대관들을 대하여 발설(發說)하자는 것이 본의(本意)였으나 불행히 병으로 죽게 되었으니, 부득불(不得不) 이곳에서라도 왜놈 죽인 취지나 말을 하고 죽으리라.' 마음속으로 작정하였다. 그러자 간수의 등에 업혀 경무청(警務廳: 경무서)으로 들어갔다. 업혀 들어가며 살펴보니 도적 신문하는 형구를 삼엄하게 갖추어 놓고 있었다. 간수가 업어다가 문 밖에 앉히자, 나의 형용(形容: 생김새와 모습)을 본 당시 경무관(警務官) 김윤정(金潤晶: 尹致昞의 丈人, 金潤晶은 金順根의 착오, 이하 동일)이 물었다.

"어찌하여 저 죄수의 형용이 저렇게 되었느냐?"

열병(熱病)으로 그리되었다고 간수가 보고하였다.

김윤정이 내게 물었다.

"네가 정신이 있어 족히 묻는 말에 대답할 수 있겠느냐?"

답, "정신은 있으나 성대(聲帶)가 말라붙어서 말이 나오지 않으니 물을 한 잔 주면 마시고 말을 하겠소."

곧 청지기더러 물을 가져오게 하여 먹여 주었다.

김윤정은 정상(庭上)에 앉아 관례대로 성명과 주소, 연령을 묻고 사실(事實) 신문에 들어갔다.

"네가 안악 치하포에서 모월 모일에 일인을 살해한 일이 있느냐?"

답, "본인은 그날 그곳에서 국모의 원수를 갚기 위하여 왜구(倭仇) 한 명을 타살(打殺: 때려죽임)한 사실이 있소."

나의 이 대답을 들은 경무관, 총순, 권임 등이 일제히 얼굴을 들고서 서로를 번갈아 쳐다보기만 하자 정내(庭內)는 일순 침묵이 흘렀다.

내 옆으로 의자에 걸터앉아서 신문(訊問)에 방청(傍聽)인지 감시인지 하고 있던 도변(渡邊: 와타나베)순사 왜놈이 신문 시작부터 정내에 침묵이 흐르는 것이 의아(疑訝)하여 통역으로 질문하는 것을, "이놈!" 일성(一聲: 한마디 말)으로 사력을 다해 호령하였다.

"지금 소위(所謂) 만국공법(萬國公法)이니, 국제공법(國際公法)이니 하는 조규(條規) 가운데 국가 간의 통상통화조약(通商通和條約)을 체결한 후에 그 나라 임금을 살해하라는 조문이 있더냐? 개 같은 왜놈아!, 너희는 어찌하여 우리 국모를 살해하였느냐? 내가 죽으면 신[神: 神靈(신령), 鬼神(귀신)]으로, 살면 이 몸으로 네 임금을 죽이고 왜놈을 씨도 없이 다 죽여서 우리 국가의 치욕을 씻으리라!"

통렬히 꾸짖는 것이 두려웠던지 도변이 놈이 "칙쇼, 칙쇼(畜生: 짐승이라는 의미의 욕)" 하며, 대청 후면으로 달아나 모습을 감췄다.

정내 분위기가 긴장(緊張)해졌다. 총순인지 주사인지 김윤정에게 말을 했다.

"사건이 하도 중대하니 감리영감께 말씀드려, 와서 주신(主訊: 신문을 주관함)하도록 해야겠다."고 하더니 몇 분 후 감리사(監理使) 이재정(李在正)이 들어와 주석(主席)에 앉았다. 김윤정은 신문했던 진상을 보고하였다.

그때 정내에서 참관하던 관리와 청속(廳屬: 관청 근무자)들이 분부가 없었는데도 찻물을 가져다 마시게 해주었다.

나는 정상(庭上) 주석(主席)인 이재정에게 발문(發問)했다.

"본인은 시골의 일개 천한 출신이나, 신민(臣民)의 한 사람이 된 의리로 국가 기치(奇恥: 해괴한 치욕)를 당하고 백일청천하(白日靑天下: 밝은 해와 푸른 하늘 아래)에 나의 그림자가 부끄러워서 한 명의 왜구(倭仇)라도 죽였거니와 내가 아직 우리 사람이 왜황(倭皇)을 죽여 복수하였단 말을 듣지 못하였거늘, 지금 당신들이 몽백(蒙白: 국상을 당하여 흰 갓을 쓰고 소복을 입음)을 하였으니, 춘추대의(春秋大義: 『春秋』에서 말하는 대의명분)에 '군부(君父: 임금과 부모)의 원수를 갚지 못하면 몽백을 아니한다.'는 구절도 읽어보지 못하고, 한갓 부귀영화와 총록(寵祿: 총애와 녹봉)을 도적질하는 더러운 마음으로 임금을 섬기느냐?"

이재정, 김윤정을 비롯하여 수십 명의 참석한 관리들이 내 말을 듣는 광경을 보니, 각각 얼굴에 홍당무 빛을 띠고 있었다.

이재정이 마치 내게 하소연하듯 말했다.

"창수가 지금 하는 말을 들으니, 그 충의와 용감을 흠모(欽慕)하는 반면에 내 당황스럽고 부끄러운 마음도 비할 데 없소이다. 그러나 상부의 명령대로 신문하여 위에 보고하려는 것뿐인즉, 사실이나 상세히 공술(供述: 진술)하여 주시오."

김윤정은 나의 병정(病情: 병세)이 아직 위험함을 보고 감리와 무슨 말을 소곤소곤하고서는 간수에게 명하여 도로 하옥(下獄)시켰다.

어머님이 신문한다는 소문을 들으시고, 경무청 문 밖에서 간수의 등에 업혀 들어감을 보시고, '몸에 생긴 병이 저 지경이 되었으니 무슨 말을 잘못 대답하여 당장에 죽지나 아니할까' 하는 근심이 가득하셨다고 한다.

신문 벽두부터 관리 전부가 떠들기를 시작하였고, 벌써 감리영 부근 인사들은 희귀(稀貴)한 사건이라고 구경을 하여, 정내(庭內)는 발 디딜 곳이 없었고, 문 밖까지 사람들이 둘러서서는 물었다.

"참말 별난 사람이라. 아직 아이인데, 사건이 무엇이냐?"

간수와 순검들이 보고 들은 대로 말했다.

"해주 김창수라는 소년인데 민 중전마마(閔 中殿媽媽)의 복수를 위해 왜놈을 때려죽였다나! 그리고 아까 감리사또를 책망하는데 사또는 아무 대답(대꾸)도 잘 못하던 걸."

이런 이야기가 낭자(狼藉: 왁자지껄하고 시끄러움)하였다.

내가 간수의 등에 업혀 나가면서 어머님의 안색을 살피어 보니, 약간의 희색(喜色)을 띠우는 것은 여러 사람들이 구경한 이야기를 들으신 까닭인 듯한데, 나를 업고 가던 간수도 어머님을 대하여 "당신, 안심하시오. 어쩌면 이런 호랑이 같은 아들을 두셨소?" 하였다.

나는 감옥에 들어가 옥중에서도 일대소동(一大騷動)을 일으켰다. 다름이 아니라, 나를 다시 적수(賊囚)방에다가 차꼬를 채워두는 데 대한 것으로 나는 크게 분개하였다. 소리를 벽력(霹靂)같이 지르며 관리들을 보고 통렬히 꾸짖었다.

"전일에 내가 아무 의사를 발표하지 않았을 때는 대우를 강도로 하나 무엇으로 하나 함묵(緘默: 함구)하였다마는 금일은 정당(正當)히 의지(意志)를 발표하였거늘, 아직도 나를 이다지 홀대(忽待)하느냐?, 나는 땅에 금만 그어놓고 이것을 감옥이라 해도 의(義)로서 그 금을 넘지 않을 것이다. 내가 당초에 도망하여 살고자 하는 마음이 있었다면, 왜놈을 죽이고 사는 곳과 성명을 갖추어서 포고를 하고, 내 집에 와서 석 달여나 체포를 기다리고 있었겠느냐? 너희 관리배(官吏輩)가 왜놈을 기쁘게 하기 위하여 내게 이런 푸대접을 하느냐?"

이런 말을 하면서 어찌나 요동을 하였던지, 한 차꼬 구멍에 같이 발목을 넣고 있는 자가 좌우로 네 사람씩 모두 아홉 사람인데. 좌우에 있는 죄수들이 말을 보태어서 내가 한 다리로 좌우 여덟 사람과 차꼬 전부를 들고 일어서는 바람에 지들의 발목은 다 부러졌다고 고함고함 야단이었다.

김윤정이 즉시 감옥 안으로 들어와 광경을 보고 애꿎은 간수를 꾸짖었다.

"그 사람은 다른 죄수들과 다른데 왜 도적 죄수들과 섞여 있게 하느냐? 하물며 중병이 있지 않느냐? 즉각 좋은 방으로 옮기고 신체에 대한 구속(拘束)은 조금도 말고 너희들이 잘 보호하여 드려라."

그때부터는 감옥 안의 왕이 되었다.

그러자 어머님이 옥문 밖에서 면회를 오셨는데, 초췌(焦悴)한 얼굴에도 희색(喜色)이 돌았다. 어머님 말씀이 "아까 네가 신문을 받고 나온 뒤에 경무관이 돈 150냥(現今 三園)을 보내고 네 보약을 먹이라고 하더라. 오늘부터는 주인 내외는 물론이요 사랑 손님들도 내게 '(아드님을-필자) 매우 존경하며, 옥중에 있는 아드님이 무슨 음식을 자시고자 하거든 말만 하면 다 해 주겠다.'고 한다. 일전에는 어떤 뚜쟁이 할미가 와서 '당신이 아들을 위하여 이곳에서 고용살이하는 것보다는 내가 중매를 서서 돈 많고 권력도 많은 남편을 얻어 줄 터이니 그리 가서 옥에 밥도 맘대로 해 가져가고, 일도 주선하여 속히 나오도록 해 주는 것이 어떠냐?' 하기에 나는 남편이 있어, 며칠 후에 이곳에 온다고 말한 일도 있다."

그 말씀을 들으니 천지(天地)가 아득하였다.

"그것이 다 이놈의 죄올시다." 하였다.

이화보는 불려가서 신문을 당할 때나 옥중에서나 "김창수는 지혜와 용기를 겸비하여 그를 능히 당할 수 없고, 하룻걸음에 칠백 리를 가고, 한 끼에 일곱 그릇 밥을 먹는다."고 선전을 하였고, 내가 감옥에서 야단을 할 때나 죄수들이 소동할 때에 이화보는 자기가 전에 했던 말이 다 들어맞은 것처럼 떠들었다. 그것은 이화보가 "자기 집에서 살인을 하였는데 손을 놓고 있었으며, 살인 후라도 살인자를 결박해 놓고 관청에 고발을 해야 할 것 아니냐?"고 신문(訊問)을 당했던 까닭이었다.

다음날부터는 옥문 앞에는 지면면회(知面面會: 얼굴을 보기 위한 면회)를 청하는 인사들이 하나 둘 생기기 시작했다. 그것은 감리서·경무청·순검청·사령청 등 수백 명의 직원이 각각 자기의 친분 대로, "제물포가 개항된 지 9년, 즉 감리서가 설립된 후에 처음 보는 희귀한 사건"이라 자랑 겸 선전을 했던 까닭이었다.

항내 권력자와 노동자까지도 아는 관리에게 "김창수를 신문할 때는 알려 달라."는 청탁이 많다는 말을 듣던 차, 제2차 신문일을 맞게 되었다.

그날도 역시 간수의 등에 업혀 옥문 밖을 나서면서 사방을 살펴보니 길에는 사람이 가득 찼고 경무청 안은 각 청의 관리와 항내의 유력자들이 모인 모양이고, 담장 꼭대기와 지붕 위에까지 경무청 뜰이 보이는 곳은 사람들이 다 올라갔다.

정내에 들어가 앉으니 김윤정이 슬쩍 내 곁으로 지나가며, "오늘도 왜놈이 왔으니 기운껏 호령을 하시오." 한다[그때는 김윤정이 얼마간의 진심이 있었던 듯하나 오늘까지 이른바 경성부(京城府) 참여관(參與官) 노릇을 하고 있는 것을 보면, 그때 신문정(訊問庭)을 하나의 연극장으로 인식하고 나를 배우의 한 명으로, 대중에게 구경시킨 것이라고 해석 할 수도 있다. 그러나 무항배(無恒輩: 심지가 곧지 못한 무리)의 소행으로 그때는 의협심(義俠心)이 좀 생겼다가 날이 오라지는(잘못되거나 나쁘게 됨, 우라지다) 대로 마음이 변한 것으로도 볼 수 있다].

다시 신문(訊問)을 시작한 후의 신문(질문)에 대하여는 "나는 전일에 다 말하였으니 다시 할 말이 없다"고 말을 끝냈고, 뒷방에 앉아서 나를 넘겨다 보는 도변을 향하여 통렬히 꾸짖다가 다시 옥에 돌아온 후는 날마다 면회인 수가 증가되었다.

와서는 그런 말들을 하였다.

"나는 항내에 거주하는 아무개올시다. 당신의 의기를 사모하여 신문정(訊問庭)에서 얼굴을 뵈었소이다. 설마 오래 고생하려구요. 안심하고 지내시고, 출옥 후에 한 자리에서 반가이 뵈옵시다."

면회 올 때는 음식을 한 상씩 성대하게 차려 들여주었다. 나는 그 사람들의 정에 감심(感心)하여 보는 데서 몇 점씩 먹고는 적수(賊囚)방에 차례대로 나누어 주었다. 그때의 감옥제도는 실시(實施)하는 모양이었으나, 죄수들에게 음식물을 규칙적으로 날마다 나누어 주는 것이 아니라, 죄수가 짚신이라도 삼으면, 간수가 인솔(引率)하고 길거리에 나가 팔아다가 죽이나 쑤어 먹는 판이었다. 내게 가져오는 음식은 각기 준비하는 사람이 되도록 성대하게 차린 것이라, 죄수도 죄수려니와 나도 처음 먹는 음식이 많은 터였다. 앉은 차례대로 내가 나오는 날까지 먹였다.

제3차 신문은 감리서에서 하였는데, 그날도 항내거주자는 다 모인 것 같았다. 그날은 감리사 이재정이 친문(親問)을 하였는데, 왜놈은 보이지 않았다. 감리가 매우 친절히 물었고, 마지막에 신문서 꾸민 것을 열람(閱覽)케 하고, 교정(校正: 수정)할 것은 교정한 후 백자(白字: 이름 쓰는 곳)에 서명하였다. 신문은 끝이 났다.

수일 후에는 왜놈들이 나의 사진을 박는다고 하여 경무청으로 또 업혀 들어갔다. 그날도 정내와 정외에 허다(許多)한 관중이 인산(人山)을 이루었다. 김윤정이 슬쩍 내 귀에 들릴 만큼 말을 했다.

"오늘 저 사람들이 창수의 사진을 박으러 왔으니, 주먹은 쥐고 눈을 부릅떠서 사진을 찍히라."

그러자 사진을 찍어 가느냐, 못 찍어 가느냐가 교섭의 문제가 되어 한참 동안 의논이 분분하다가 결국에는 "청사에서는 허락할 수 없으니, 길거리에서나 찍히라"고 하고 나를 업어서 길거리에 앉혔다. 왜놈이 다시 청하기를 "김창수에게 수갑을 채우든지 포승으로 얽든지 죄인 된 표상(表像: 대표적 상징)을 내어 달라."고 하였다.

김윤정은 거절하였다.

"이 죄수는 계하죄인(啓下罪人: 임금의 재가를 받아 담당 관아에 내려진 죄인)이라 대군주 폐하(陛下)께서 분부가 없는 이상 그 몸에 형구를 댈 수 없다."고 하였다.

왜가 질문하기를, "정부에서 형법을 정하여 사용하면, 그것이 곧 대군주의 명령이 아니냐?"고 했다.

김윤정은 "갑오경장 이후에 형구는 폐하였다."고 답했다.

왜는 다시 질문했다.

"귀국의 감옥 죄수들이 쇠사슬 찬 것과 칼 쓴 것을 내가 보았다."고 한다.

김윤정은 노하여 왜놈을 꾸짖었다.

"죄수의 사진은 조약에 의한 의무는 없고, 단지 상호간 참고자료에 불과한 미세한 일로 이같이 내정간섭을 하는 데는 응하여 시행할 수 없다." 고 야단을 하였다.

구경꾼들은 경무관이 명관이라고 떠들썩하게 칭찬하였다.

급기야 길거리에서 사진을 찍히게 되었다. 왜놈이 다시 애걸하여, 내가 앉은 옆에 포승을 놓아만 두고 사진을 찍었다.

나는 며칠 전보다는 기운이 좀 돌아온 때라, 경무청을 들었다 놓도록 소리를 질러 왜놈을 통렬히 꾸짖고, 일반 관중을 향하여 연설을 했다.

"이제 왜놈이 국모를 살해하였으니 전 국민의 대치욕일 뿐 아니라 왜놈의 독해(毒害)가 궐내(闕內)에만 그치지 않고 당신들의 아들과 딸이 결국에는 왜놈의 손에 다 죽을 터이니, 나를 본받아서 왜놈을 보는 대로 만나는 대로 다 죽이라."고 고함고함 질렀다.

도변 왜놈이 직접 나에게 말을 했다.

"네가 그러한 충의가 있을진대 어찌 벼슬을 못하였느냐?" 한다.

"나는 벼슬을 못할 상놈이기 때문에 조그마한 놈이나 죽이거니와, 벼슬하는 양반들이야 너희 황제의 목을 베어 원수를 갚을 터이지!."

그러자 김윤정은 도변을 향하여 "당신들은 죄수에게 직접 신문할 권리가 없으니 가라."고 하여 물러가게 한 후에 나는 김윤정에게 이화보의 석방을 요구하였다.

"이화보는 아무 관계가 없으니 금일로 방면시켜 달라."

"알아 처리할 터이니 과히 우려 마시오" 한다.

옥에 돌아온 지 얼마 못 되어 이화보를 호출하더니, 이화보는 옥문 밖에서 면회하면서 "당신이 말을 잘하여 무사히 석방되었다"고 치사하고 작별하였다.

이후로 옥중생활의 대개(大槪: 기본적인 줄거리)를 열거하면,

1. 독서(讀書)

아버님이 오셔서 『대학(大學)』 한 질을 매입하여 주시므로 늘 『대학』을 소리내어 읽었다.

그 항(港: 인천항)은 앞서 열린 항구이므로 구미(歐美) 각국 사람으로서 거주하는 자와 여행하는 자가 있었고, 각 종교당(宗教堂)도 설립되어 있었다.

우리나라 사람들도 간혹 외국을 유람하거나 장사를 하여 신문화(新文化)를 이해하고 관심을 갖는 자가 약간 있던 때였다. 감리서 직원 중에도 나와 대화를 나눈 후에 신서적(新書籍)을 사서 읽어보라고 권하는 이가 있었다.

"우리나라의 문을 굳게 닫아걸고 자기 것만 지키려는 구지식·구사상만으로는 나라를 구할 수가 없으니, 세계 각국의 정치·문화·경제·도덕·교

육·산업이 어떠한지를 연구해 보고, 내 것이 남의 것만 못하면 좋은 것을 수입하여 우리 것으로 만들어, 이 나라와 백성의 살림살이에 유익케 하는 것이, 식시무(識時務: 그때 그때 해야 할 일을 잘 앎)한 영웅의 사업(事業)이지, 한갓 배외사상(排外思想)만으로는 멸망을 막지 못할 터인즉, 창수와 같은 의기남자(義氣男子)가 마땅히 신지식을 갖추게 된다면 장래 국가에 큰 사업을 할 터이라."고 하며, 『세계역사지지(世界歷史地誌)』등 중국에서 발간된 책자와 국한문으로 번역한 것도 갖다 주며 열람을 권하는 이도 있었다.

'조문도석사가의(朝聞道夕死可矣: 아침에 도를 깨치면 저녁에 죽어도 좋다.)' 격으로, 나의 죽을 날이 당(當)하는 때까지 글이나 실컷 보리라 하고 수불석권(手不釋卷: 손에서 책을 떼지 않음)했다. 감리서 직원들이 종종 와서 신서적을 열심히 읽는 것을 보고 매우 좋아하는 빛을 보였다.

신서적을 보고 새로 깨달은 것은, 고 선생이 전에 조상께 제사를 지낼 때 '유세차(維歲次) 영력(永曆) 이백 몇 해'라고 축문을 쓴 것이나, 안 진사가 양학(洋學)을 한다고 하여 절교했던 것이 그리 달관(達觀)한 것 같아 보이지 않는다는 점이었다. 의리는 학자에게 배우고, 일절(一切) 문화와 제도는 세계 각국에서 채택하여 적용하면 국가에 복리(福利)가 되겠다고 생각했다.

지난날 청계동에서 오직 고선생을 신처럼 숭배할 때는, 나도 척왜척양(斥倭斥洋)이 우리 사람의 당연한 천직(天職)이요, 이에 반(反)하면 사람이 아니요, 즉 짐승이라고 생각했었다.

고 선생 말씀에 "우리 사람에게만 일선양맥(一線陽脈: 한 가닥 밝은 맥)이 남아 있고 세계 각국이 대부분 피발좌임(被髮左袵: 머리를 풀고 옷깃을 왼쪽으로 여밈)한 오랑캐"라는 말만 믿었더니, 『태서신사(泰西新史)』한 책만 보아도 깊은 눈과 높은 코로 원숭이와 성성이(猩猩이: 오랑우탄 또는 상상 속 동물)에 멀지 않은 오랑캐들은 도리어 나라를 세우고 백성을 다스리는 양법미규(良法美規: 훌륭한 법규)가(~를 갖추고 있어-필자) 사람다운데, 높은 갓을 쓰고 넓은 요대를 두른 선풍도골(仙風道骨: 신선의 풍채와 도인의 골격) 같은 우리 탐관오리(貪官汚吏)는 오랑캐란 칭호조차 받을 수 없음을 깨닫게 되었다.

2. 교육(敎育)

당시 함께 갇혀 있던 죄수들이 평균 근 백 명씩 되었는데, 들락날락하는 민사소송사건 외에 대다수가 절도, 강도, 사주[私鑄: 사적으로 주화를 주조(鑄造: 제작)], 약인[略人: 「대명률(형률)」등에 규정된 죄명으로 약취유인(略取誘引: 납치, 유괴 등)을 말함. 인신매매를 하면 약매(略賣)가 성립되며, 아래 조덕근의 행위(轉賣婦女罪: 전매부녀죄)임], 살인의 징역수였다. 열에 아홉이 문맹(文盲)이었다. 내가 "문자를 가르쳐 주마" 하니, 그 죄수들이 문자를 배워 자기가 후일에 긴요하게 사용할 마음보다는, 내게 잘못 보일까봐 (또는—필자) 날마다 진수성찬을 얻어먹는 답례로 배우는 체만 하는 자가 많았다.

화개동 창기(娼妓)의 서방으로 창기를 중국에 팔아 보낸 죄로 십 년 징역을 받은 조덕근은 『대학』을 배우는데, '인생팔세개입소학(人生八歲皆入小學: 사람이 나서 여덟 살이 되면 누구나 소학에 입문한다.)'을 목청 높여 큰소리로 읽다가 '개입(皆入)' 두 자를 잊고 '개 아가리 소학'이라고 읽는 것을 보고서 절도(絶倒: 포복절도)하게 웃은 일도 있었다.

당시 건양 2년(1897년) 쯤이라, 황성신문이 창간된 때였다. 어느 날 신문을 보니 나의 사건을 간략히 게재하고, "김창수가 인천옥에 들어온 후는 옥이 아니라 학교"라고 한 기사가 실려 있었다(『황성신문』은 『독립신문』의 착오, 이 기사가 실린 날은 1898년 2월 15일이다.).

3. 대서(代書)

그 시대에도 비리원굴(非理冤屈: 억울하게 누명을 씀)한 송사(訟事)가 많은 때였다. 내가 옥중에 갇혀 있는 죄수를 위하여 말(사정)을 자세히 들어보고서 소장(訴狀)을 지어 주면 간혹 승소할 때가 있었다. 갇혀 있는 사람의 처지로 옥 밖에 소식을 보내, 대서소(代書所)에 비용을 써 가면서도 곤란을 겪는 경우가 허다하였으나 대서자(代書者)인 나와 상의하여 인찰지(印札紙: 공문서용 용지)만 사다가 써서 보내는 것이 극히 편하기도 하고, 또한 비용 한 푼 들지 않고 내가 성심으로 소장을 지어주는 탓에 옥 안에서는 물론이고, "김창수가 쓴 소장은 모두 승소한다."고 와전(訛傳)이 되어, 심지어 관리의 대서까지도 한 일이 있었다.

비단 대서뿐 아니라 인민을 구함(構陷: 터무니 없는 말로 죄를 씌움)하고 금전을 강탈하는 사건이 있을 때면, 상급 관리에게 징계를 권하여 파면시킨 일도 있어, 간수들이 나를 꺼려 죄수들을 학대하지 못하였다.

4, 성악(聲樂)

나는 향촌에서 나서 자랐으나 농군의 '김매는 소리'나 목동의 '갈까보다 소리' 일절(一節)도 불러 본 적이 없었고, 시나 풍월을 읊은 것밖에 없었다.

그 때 옥의 규칙은 낮잠을 허락하고, 야간에는 죄수로 하여금 잠을 자기 못하게 하고 밤새도록 소리나 고담(古談: 옛날 이야기)을 시켰던 것이다. 이유는 야간에 잠을 재우면 잠든 틈을 타서 도주한다는 것이었다. 그런 규칙을 나에게는 시행을 하지 않았으나, 보통 다 그러하니까 나도 자연히 밤에 오래 놀다가 자게 되었다. 그리하여 시조(時調)나 타령 등 남이 잘하는 것을 듣게 되어 운치(韻致)를 알게 되므로, 조덕근에게 온갖 시조와 여창지름·남창지름·적벽가·가세타령·개구리타령 등을 배워서 죄수들과 같이 화창(和唱: 선창에 따라 노래를 이어 부름)하며 지냈다.

수사형선고(受死刑宣告)

하루는 아침에 황성신문(『독립신문』의 착오)을 열람한즉 "경성·대구·평양·인천에서 아무 날(지금에 기억되기는 칠월 이십칠일로 생각한다) 강도 누구 누구, 살인 누구 누구, 인천에는 살인강도 김창수를 처교(處絞: 교수형에 처함)한다."고 기재되었다. 나는 그 기사를 보고 고의로라도 태연자약한 태도를 가지려고 할 터이지만, 어찌된 일인지 마음에 경동(驚動: 놀라 움직임)이 생기지 않았다.

단명대(斷命臺: 교수대)에 갈 시간이 반일(半日)이 남았지만 음식과 독서며 사람들과 설화(說話: 신화, 전설, 민담과 같은 옛이야기)를 평상시처럼 하고 지냈다. 그것은 고 선생의 강설(講說: 강의) 중에, 박태보씨가 보습(넓적한 쇳조각) 단근질(살점을 태우거나 지짐)에도 "차철유냉갱자래(此鐵猶冷更煮來: 이 쇠가 식었으니 다시 달궈 오라)"라고 했던 사적(事蹟: 발자취)과 삼학사(三學士: 병자호란 때 청나라와의 화친을 거부하다 끝내 죽임을 당한 홍익한, 윤집, 오달제를 말함)의 역사를 힘있게 들었던 효험으로 안다.

그 신문이 배포된 후로 감리서가 술렁술렁하고, 항내 인사들의 산(生) 조문이 옥문에 답지(遝至: 한 곳으로 몰려 듦)한다. 오는 인사들이 나를 대면하고 "막음(마지막) 보러 왔소" 하고는 눈물을 흘리지 않는 자가 없었다. 나는 도리어 그 사람들을 위로하여 보내고 『대학』을 외우고 있노라면 또 "아무 나리가 오셨소", "아무 영감께서 오셨소" 하여 나가 본즉, 그 사람들도 역시 "우리는 김석사(金碩士)가 살아 나와서 상면할 줄 알았더니 이것이 웬일이오" 하고는 눈물이 비 오듯 한다. 그런데 어머님이 오셔서 음식을 손수 들어 주시는데, 평소와 조금도 다름이 없었다. 주위에 있는 사람들이 모르게 한 것이다.

인천옥에서 사형수 집행은 매번 오후에 끌고 나가서 우각동(牛角洞)에서 교살(絞殺)하던 터이므로, 아침밥과 점심밥도 잘 먹었고, 죽을 때에 어떻게 할까하는 준비를 하고 싶은 마음도 없이 있었으나, 옥중 동료죄수들의 정상(情狀: 딱하고 가엾은 상태)이 차마 보기 싫었다. 나에게 음식을 얻어먹던 적수들과 나에게 글을 배우던 옥제자(獄弟子)들과 나에게 소송에 대한 지도를 받던 잡수(雜囚)들이 평소 제 부모 죽는데 그렇게 애통해 하였을는지가 의문이더라.

그러자 끌려 나갈 시간이 되었다. 그때까지 성현(聖賢)의 말에 잠심(潛心:

생각에 잠김)하다가 성현과 동행할 생각으로 『대학』만 읽고 앉아 있었으나 아무 소식이 없어 그럭저럭 저녁밥을 먹었다. 여러 사람들이 창수는 특별한 죄인이어서 야간 집행을 하는 것으로 알고 있었다.

대군주친전정형(大君主親電停刑)

밤이 초경(初更: 오후 7시~9시)은 되어서 여러 사람의 어수선한 발자국 소리가 들리더니 옥문 열리는 소리가 들렸다. "옳지 지금이 그때로군"하고 앉아 있었는데, 내 얼굴을 보는 동료 죄수들은 자기나 죽이려는(죽이려 오는) 것처럼 벌벌 떤다.

안쪽 문을 열기도 전에 옥정(獄庭)에서 "창수 어느 방에 있소?" 한다. 나의 대답을 듣는지 마는지, "아이구, 이제는 창수 살았소! 아이구 우리는 감리 영감, 모든 감리서 직원과 각 청사 직원이 아침부터 지금까지 밥 한 술 먹지 못하고 '창수를 어찌 차마 우리 손으로 죽인단 말이냐' 하고 서로 얼굴만 바라보며 한탄하였더니, 지금 대군주 폐하께옵서 대청(大廳: 임금 집무실)에서 감리영감을 부르시고, '김창수의 사형은 정지하라'시는 친칙(親勅: 임금이 친히 내린 칙명)을 내리셨다오. '밤이라도 옥에 내려가 창수에게 전지(傳旨: 임금의 명을 전달)하여 주라'는 (감리영감의-필자) 분부를 듣고 왔소, 오늘 하루 얼마나 상심하였소?"

그때의 관청 수속(手續)이 어떠했었는지는 모르겠으나, 내 요량(料量)으로는 이재정이 그 공문을 받고 상부, 즉 법부에 전화로 교섭한 것 같으나, 그 후에 대청에서 나오는 소식을 들으면 사형은 형식으로라도 임금의 재가를 받아 집행하는 법인데, 법부대신이 사형수 각인(各人: 각각의 죄인)의 '공건 (供件: 범죄사실, 적용법조, 형량 등이 기록된 보고서와 조서 등이 포함된 수사와 재판 관련 개인별 문건)'을 가지고 조회에 들어가서 상감 앞에 놓고 친감(親監)을 거친다고 한다. 그때 입시(入侍)하였던 승지 중 누군가가 각 사형수의 '공건'을 뒤적여보다가 '국모보수(國母報讐)' 넉 자가 눈에 이상하게 보여서,

재가수속을 거친 '안건(案件: '상주안건'을 말하며, 사형수들에 대한 사형집행을 주청하는 문서)'을 다시 빼어다가 임금에게 뵈인즉, 대군주가 즉시 어전회의를 열고 의결한 결과, "국제관계이니 일단 생명이나 살리고 보자" 하여 전화로 친칙하였다고 한다.

하여튼지 대군주(李太皇)가 친히 전화한 것만은 사실이었다. 이상(異常)하게 생각되는 것은, 그때 경성부 안에는 이미 전화가 가설된 지 오래였으나, 경성 이외에는 장도(長途: 장거리) 전화는 인천까지가 처음이오. 인천까지의 전화가설공사가 완공된 지 삼 일째 되는 날, 병신(丙申: 1896년) 8월 26일이라(양력 10월 2일). 만일 전화 준공이 못 되었다면 사형이 집행되었겠다고 (말들을─필자) 한다.

감리서에서 내려온 주사(主事)는 이런 말을 하고 나간다.

"우리 관리뿐 아니라 오늘 전 항구의 서른두 명의 객주(客主)들이 긴급회의를 하고 통문(通文) 돌린 것을 보았는데, 항구 안 집집마다 몇 사람씩이든지 형편대로 우각현(牛角峴)에 김창수 교수형 집행하는 구경을 가되, 각자 엽전 한 냥씩 마련하여 가지고 오라 하였소. 그 모인 돈이 김창수 일개(一個)의 몸값으로 부족하면, 그 액수(額數)는 서른두 명 객주가 담당하여 창수를 살리려고까지 했던 일이 있으나, 지금은 천행으로 살았고, 며칠 안으로 궐내에서 은명(恩命)이 계실 터이니 아무 염려 말고 계시오."

눈서리가 내리다가 갑자기 봄바람이 부는 듯이, 밤에 옥문 열리는 소리를 듣고 벌벌 떨던 동료 죄수들은 이 소식을 전하는 말을 듣고서 너무 좋아 죽을 지경이었다. 신골방망이(짚신 삼을 때 쓰는 방망이)로 차꼬 등을 두드리며 온갖 노래를 부르면서, '청바지저고리짜리(청의를 입은 죄수를 낮추어 부르는 말)'가 춤도 추고 우스운 짓도 하는 것이 마치 옥이 '청의배우(靑衣俳優)'들의 연희장(演戱場)과 같았다. 그렇게 하루 밤을 지냈다.

신골(짚신골) 제작 도구(맨 우측 도구가 신골방망이)

그리고 동료 죄수들은 정말로 '이인(異人)'으로 안다. 사형을 당할 날인데도 평소와 똑같이 말을 하거나 밥을 먹고 동작(動作)을 한 것은 자기가 죽지 않을 것을 미리 알았기 때문이라고들 한다. 관리들 중에서도 그렇게 아는 사람이 있고, 누구보다도 어머님이 그날 밤에야 감리가 대군주의 친전(親電: 임금의 전화)을 받고 어머님께 전지(傳旨)를 하여 비로소 아시고 나를 이인으로 아신다.

당신이 각구지(강화) 목을 지나올 무렵, "강물에 같이 빠져 죽자"고 하실 때에 "나는 결코 죽지 않는다"고 했던 일을 생각하시고, 내 아들은 미리 죽지 않을 줄을 알고 있었다고 확신하셨고, 내외분부터 그런 신념이 계셨다.

대군주의 친칙으로 김창수의 사형이 정지되었다는 소문이 전파되자, 전일에 와서 영결(永訣)하던 인사(人士) 등 치하(致賀)차 면회를 하러 오는 사람들이 옥문에 답지(遝至)하므로, 옥문 안에 자리를 하고 앉아서 며칠 동안 응접을 하였다.

사형 정지 이전에는 순전히 나의 연소의기(年少義氣)를 애석히 여기고 뜨겁게 동정을 하던 사람 이외에, 내가 머지않아 대군주의 소명(召命: 임금이 부르는 명령)을 입어서 영귀(榮貴)하게 될 줄을 알고, 내가 세도(勢道: 권세)를 얻으면 다른 수가 생기리라고 생각하고 와서 아첨하는 사람이 관리들 중에 있었고, 항내 인사 중에도 그런 빛이 보였다.

간수 중 우두머리인 최덕만은 강화읍 내 김 우후(虞候: 무관벼슬)의 집 비부
(婢夫: 여종의 남편)로서, 상배(喪配: 아내를 잃음)를 하고 인천으로 와서 경무
청 사령(使令)을 다년간 봉직하였으므로 사령들의 두목이 된 것이라. 최덕
만이 강화에 가서 자기 옛 상전인 김 우후(김주경)를 보고 내 이야기를 하였
던 것이다.

하루는 감리서 주사가 의복 한 벌을 가지고 와서 주며 하는 말이, "강화
김주경이란 사람이 이 의복을 지어다가 감리 사또에게 들이고, '김창수에
게 내려보내 입도록 하여 달라'는 청원을 한 것인즉, 이 의복을 입고 김주
경이란 친구가 면회를 오거든 보시오." 하고 간 후에, 시간이 지나 옥문에
서 김주경이란 사람을 대면하였는데, 나이는 마흔 살 쯤 되어 보이고 면
목(面目)이 단단해 보이는데, 별말 없이 "고생이나 잘 하시오. 나는 김주
경이오." 하고는 물러갔다. 어머님이 저녁밥을 가지고 오셔서, "아까 강화
계신 김 우후라는 양반이 너의 아버지와 나를 찾아와서, 네 의복만 자기
집에서 지어 오고, 우리 부부 의복은 옷감으로 끊어주시고 돈 200냥을 주
면서 '필요한 데 쓰라'고 하고는 즉시 가면서 '열흘 후에 다시 찾겠다'고 하
고 가누나. 네가 보니 어떠하더냐? 밖에서 듣기에는 아주 훌륭한 사람이
라고 한다." 하셨다.

"사람을 한 번 보고 어찌 잘 알 수 있겠습니까마는, 그 사람이 하는 일은
감사하다."고 모자간에 이야기를 하였다.

최덕만을 통하여 김주경의 내력과 인격을 자세하게 알게 되었다.

김주경의 자(字)는 '경득(卿得)'으로, 원래 강화 이속(吏屬)으로, 병인양요
이후에 운현(雲現: 흥선대원군)이 강화에 삼천 명의 별무사(別武士)를 양성
하고 그 섬 주위에 석루(石樓)를 높이 쌓아 국방영(國防營)을 세우던 때에
포량고직(砲粮庫直: 쌀 등 군수품 창고지기)을 역임하였고, 사람됨이 어려서
부터 호방(豪放)하여 초립동(草笠童: 결혼한 사내아이) 시절부터 독서는 아니
하고 도박을 전적으로 일삼아 하였다.

그 부모가 징계하기 위하여 김경득을 곳간에 가두어 두었다. 김경득이 곳

간에 들어갈 때에 투전(套錢: 노름도구) 한 목(目)을 가지고 들어가서 갇힌 동안에 묘법(妙法)을 연구하여 가지고 나와서는, 서울로 올라가서 투전을 몇만 벌 제조할 때에 안표(眼標: 자신만 알아 볼 수 있게 표시함)하여 제조해 강화로 가져가 팔았다.

투전목(패)

강화는 섬이라서 포구에 어선이 빽빽한 곳이다. 김경득은 그 투전을 친구들에게 분배하여 각 어선에 들어가 방매(放賣)하여 놓고, 자기는 각 어선으로 돌아다니며 투전을 하여 돈을 수십만 냥 따서 갖고는 각 관청의 하급 관리들을 전부 매수하여 자기 지휘명령을 받도록 하고, 원근(遠近)에 지혜와 용기가 있다는 자는 거의 망라하여 자기 식구로 만들어 놓고는, 어떤 양반이라도 비리의 행동만 보이면 직간접으로 앙갚음 하던 터였다. 설사 지역 안에 도적(盜賊)이 나서 포교(捕校)가 출동하여 체포를 하여도 먼저 김경득에게 보고하여 "잡아가라"하면 잡아가고, "내게 두고 가거라" 하면 거역(拒逆)을 못하였다고 한다.

당시 "강화에 두 사람의 인물이 있는데, 양반에 이건창이요 상놈에 김경득"이라 한다. 운현(대원군)이 김경득의 인격을 자세히 알아보고는 포량감

(砲粮監)의 중임을 맡겼다 한다.

최덕만의 말을 듣건대, 김경득은 자기 집에 와서 음식을 먹으면서 이렇게 이야기하고는 돌아갔다고 한다.

"김창수를 살려내어야 할 터인데, 지금 정부 대관들은 눈동자에 구리녹이 슬어서 돈밖에는 아무것도 보이지를 않으니 하는 수 없이 금력(金力)을 사용치 아니하면 쉽게 방면(放免: 석방)을 못할 터이니, 내가 집에 가서 가산 전부를 팔아 가지고 와서 김창수의 부모를 모시고 경성에 가서, 어느 때까지든지 석방시키도록 주선을 하겠다."

십여 일 후에 김경득이 과연(果然) 와서 부모 중에 한 분만 서울로 동행하자고 하여 어머님이 서울로 가시고 아버님은 인천에 머무르셨다.

김경득은 서울로 가서 당시 대신 한규설을 찾아가 이렇게 말했다고 한다.

"대감이 책임을 지고 김창수의 충의를 표창하고, 누설(縲絏: 옥중에 매어 둠)에서 조속히 방면되도록 하여야 옳지 않은가. 폐하께 비밀리 아뢰어서라도 장래에 허다(許多)한 충의지사(忠義之士)가 생기도록 함이 대감의 직책이 아닌가?"

한규설도 내심(內心)으로는 경복(敬服: 존경하고 감복함)하면서도 이런 말을 했다고 한다.

"임권조[林權助(하야시 곤스케): 하라 다카시(原敬) 또는 가토 마스오(加藤增雄)의 착오] 일본공사가 벌써 이 김창수의 사건이 국제문제화 할까 의심하고 우려하여, 각 대신 중에 이 사건으로 폐하에게 상주(上奏)하는 자만 있으면 별별 수단으로 위태로운 처지로 몰아서 떨어뜨릴 위험한 지경에 빠뜨릴 독계(毒計)를 실행하리라는 것을 알고 있어 막가내하(莫可奈何: 어찌할 도리가 없음)라."

김경득은 사관(舍館)에서 분기탱천(忿起撑天)하여 대관들을 질욕(叱辱: 꾸짖으며 욕함)하고서 "하여튼지 공식으로 소장(訴狀: 청원이 있을 때 관청에 내는 서면이나 소송을 제기하기 위하여 법원에 내는 서면)이나 들이자" 하여, 제1차로 올린 소지(訴紙: 소장 내 지면)에 "원수를 갚았다고 한 말의 뜻은 가상하나,

사안이 중대하여 여기서 마음대로 편하게 처리할 수 있는 일이 아니다."라고 쓴 제지[題旨: 관청이나 법원의 판단(의견)을 청원서나 소장(소지) 말미에 기록한 문구]가 내려왔다. 제2차, 제3차 각 관청에 일일이 소장을 올렸으나 이리 저리 미루고 결말이 나지 않았다.

소송에 전력(全力)한 7,8개월 동안 김경득의 돈은 다 소모되었다. 그 동안에 아버님과 어머님은 번갈아서 인천으로 경성으로 오르락 내리락 하셨다.

마침내 김경득이 소송을 중단하고 돌아와서 내게 한 통의 서신을 보내왔다. 보통의 위문(慰問)편지였고, 단율 한 수(單律 一首)가 있었다.

脫籠眞好鳥(탈롱진호조: 조롱을 벗어났으니 진정 좋은 새요)
拔扈豈常鱗(발호기상린: 그물을 뛰어넘었기에 예사스런 물고기가 아니다)
求忠必於孝(구충필어효: 충은 반드시 효에서 비롯되니)
請看倚閭人(청간의려인: 자식 기다리는 어머니를 생각하소서)

이 시를 읽고 나서 즉시 김주경에게, "그 동안 나를 위하여 힘껏 마음을 써 준 것은 지극히 감사하나, 한때의 구차스러운 삶을 위하여 생명보다 중한 광명(光明)을 버릴 수 없으니 너무 우려하여 애쓰지 말라"는 내용으로 회답을 했다.

그대로 옥중생활을 계속하며 구서적보다 신학문을 열심히 보았다.

김경득은 그 길로 집에 가 본즉 재산이 탕진되었는지라, 동지들을 규합하였다. 당시 관용선(輪船: 윤선은 화륜선으로 기선, 증기선을 말함)으로는 청룡환, 현익호, 해룡환 세 척이 있었는데, 그 중 어느 배를 탈취하여 대양(大洋)에 떠서 해적을 할 준비를 하다가 당시 강화군수 아무개에게 염탐(廉探)되어 도주하였다. "그때 그 군수가 상경(上京)하는 길 가운데에서 실컷 두들겨주고, 해삼위(海蔘威: 블라디보스토크) 방면으로 갔다."고 하였고, "어느 곳에 잠복하였다."고도 하였다.

그 후에 아버님이 경성에 가서 소송한 문서 전부를 가지고 강화 이건창을 가서 뵙고 방책을 물은즉, 이건창 역시 탄식만 하고 별 방법을 지시함이 없었다.

그때 옥중에서 동고(同苦)하던 장기수로는 조덕근 10년, 양봉구 3년, 김백석 10년, 그 밖에 종신수(終身囚)도 있었다. 이 사람들이 내게 대하여는 감히 발언을 못하였으나, 내가 하려는 마음이 없어 그렇지 만일 자기네들을 살리려는 마음만 있으면 자기들을 한 손에 몇 명씩 쥐고 공중에 날아가서라도 족히 구하여 줄 재주가 있는 것처럼 믿고, 종종 조용할 때면 그런 기미를 비친다.

어느 날 조덕근이 나를 대하여, "김 서방님은 상감께서 어느 날이든지 특전(特典)을 내려 나가서 영귀(榮貴)하게 되려니와, 나 같은 놈은 김서방을 모시고 근 2년이나 고생을 하였는데, 김 서방만 특전을 입어 나가시는 날이면 간수의 학대가 비할 데 없이 심할 터이니. 어찌 10년 기한을 채우고 살아나갈 수 있겠습니까? 김서방 우리들이 불쌍치 않습니까? 그간 가르치심을 받아 국문 한 자도 모르던 것이 국한문(國漢文) 편지를 쓰게 되었으니, 만일 살아 세상에 나간다면 종신보패(終身寶珮: 일평생의 보물)가 되겠으나 여기서 죽는다면 공부한 것을 무엇 합니까?" 하며 낙루(落淚: 눈물을 흘림)를 한다.

나는 근엄한 태도로 말했다.

"나는 옥수(獄囚: 옥의 죄수)가 아니냐? 피차에 어느 날이고 동시 출옥이 안 되면 그 섭섭한 마음이야 어찌 말로 다 하리오"

조가 말했다.

"그러나 김서방님은 아직 우리 더러운 놈들과 같이 계시지마는, 내일이라도 영광스럽게 옥을 면하실 터인즉 저를 살려주시면 결초보은(結草報恩) 하겠습니다."

말의 의미를 평평(平平: 불분명함)하게 한다. 어찌 들으면 내가 대군주의 특전(特典)을 입어서 나간 후에 권력으로 자기를 구해 달라는 것도 같고, 어찌 들으면 내가 나가기 전에 나에게 있는 용력(勇力)으로 자기를 구해 달라는 말로도 들렸다. 나는 말을 아니하고 말았다.

파옥(破獄)

그때부터는 부지불식간(不知不識間)에 나의 마음이 요동쳤다.

'내가, 무한년(無限年: 햇수를 정하지 않음)하고 놓아주지 않아 옥에서 죽는 것이 옳으냐? 옳지 않으냐?, 당초에 왜놈을 죽인 것은 우리 국법에 범죄 행위로 인정한 것이 아니다. 왜놈을 죽이고 내가 죽어도 한(恨)이 없다고 생각한 것은, 나의 힘이 부족하여 왜놈에게 죽든지, 나의 충의를 몰라주는 조선 관리들이 죄인으로 몰아 죽이더라도 한(恨)은 없다고(품지 않겠다고) 결심한 것이다.'

지금 대군주가 나를 죽일 놈이 아니라고 (한다는 사실을-필자) 아는 것은 윤(閏) 8월 26일에 전칙(電勅: 전화칙명)한 사형정지의 한 가지 일로 족히 증명할 수 있다. 이 후에 감리서로부터 경성 각 관아에 올린 소장에 대한 제지(題旨)를 보아도, 나를 죄(罪)라고(죄를 지었다고) 지시한 곳이 없음을 보아도, 또는 김경득이 그같이 자기 가산을 탕진하며 내 한 목숨 살리려 했던 것과 항내 인사들 중 한 명도 내가 옥중에서 죽는 것을 원하는 사람이 없는 것을 분명히 아는 바, 다만 나를 죽이려 애쓰는 놈은 왜구인즉, 왜놈을 즐겁게 하기 위하여 내가 옥에서 죽는 것은 아무 의미가 없는 일이 아닌가.' 심사숙려(深思熟慮)하다가 파옥(破獄: 탈옥)하기로 결심하였다.

다음날 조덕근을 보고 비밀히 물었다.

"조서방이 꼭 내가 하라는 대로만 한다면 살려줄 도리를 연구하여 보리라."

조는 감격 또 감격하여 "무엇이나 지도에 복종하겠다."고 한다.

"그대네 집에서 밥 가지고 오는 하인 편에 집에 편지하여 돈 200냥만 가져다가 그대 몸에 감추어 두라,"고 하였더니 곧 그날로 백동전(白銅錢)을 가져왔다.

그때 옥의 죄수 중 징역을 살다가 만기가 되어 가는 자에게 죄수 감시를 맡겼던 터이라 큰 세력이 있었다. 강화 출신인 황순용이란 자는 절도로 3년을 다 하고 출옥일이 15일 남았다. 황가가 옥중에서 그 일을 하며 권세를 부렸다.

황가가 남색(男色: 남성간 동성애)으로 지내는 김백석은 나이 십칠팔 세에, 절도 재범으로 징역 10년을 받은 지 몇 달이 못 되었다.

나는 조덕근에게 은밀히 부탁하였다.

"김백석으로 하여금 황가를 보고 살려달라고 애원하게 하면, 황가가 백석의 애정에 못 이겨 살릴 방법을 물을 것이니. 이때 백석이 황가더러 '창수 김 서방에게 애원하면 나의 목숨이 살 도리가 없지는 않을 것이다.'라고 말하며 조르라 하게."

황가가 백석의 애원을 듣고, 여러 해 지냈던 더러운 정을 못 이겨서 하루는 나를 은밀히 찾아와서 "백석이를 살려 달라"고 간청한다.

나를 황가를 엄히 꾸짖었다.

"네가 출옥할 기한도 머지않았으니 사회에 나가서 좋은 사람이 될 줄 알았더니, 벌써 출옥도 전에 범죄의 생각을 하느냐? 백석이 어린 것이 중역(重役)을 진 것을 나도 불쌍히 여기지 않음은 아니나, 피차(彼此) 죄수의 처지로 무슨 도리가 있겠느냐?"

황가는 송연(悚然: 두려워 소름이 끼침)해서 물러갔다.

다시 조덕근으로 하여금 백석을 시켜서 재차 삼차라도 "김서방님에게서 '백석이를 살려주마'하는 허락을 얻어내게 하라고 가르쳤다.

황가는 다음날 눈물을 흘리면서 말했다.

"될 수만 있으면 백석의 징역을 대신이라도 하겠습니다. 김서방님은 하지 않을지언정 능히 못할 일이 없으니, 백석이를 살려만 주신다면 죽는 데라도 사양치 않겠습니다."

나는 다시 황가를 믿지 못하는 태도로 말했다.

"네가 백석이를 얼마나 사랑하는지 모르겠으나, 너는 단지 더러운 정으로 백석이를 살렸으면 하는 생각이 있나보다. 그러나 나는 백석이에 대하여, 그 어린 것이 마침내 이 옥중의 혼(魂)이 될 것을 불쌍하다는 생각만 하고 있을런지는 의문이다. 내가 설사 백석이를 살려주마 허락하고 살려 줄 수속(手續)을 한다면, 너는 그것을 순검청에 고발하여 나를 망신이나 시키는 것은 아닐까 한다. 네가 나와 근 2년이나 이곳에 있어 보는 바, 이순보가 탈옥하였을 때 옥의 죄수 전부가 불려가 매를 맞았으나, 관리들이 내게 대하여 감히 말 한마디 묻는 것을 보았느냐? 만일 내가 백석이를 불쌍히 여기는 마음으로 백석이를 살리려다가, 오늘까지 관리들의 경애(敬愛)를 받아왔던 것이 점잖지 못한 모습만 드러나고 백석이를 살리려다가 도리어 백석이를 죽일 터이니, 살고자 하는 백석이보다 살리려는 네 마음을 믿을 수 없다."

황가는 별별 맹세를 다하였다. 그리고 내가 같이 나가지는 않고 자기들만 옥문 밖으로 나가게 해줄 도량(度量)이 있는 줄 안다. 황가에게 절대 복종하겠다는 서약을 받고 쾌히 승낙하였다.

조덕근, 양봉구, 황순용, 김백석은 다 내가 자기네들을 옥문 밖에 내어놓을 줄 믿고 있었으나 무슨 방법으로 어떻게 할 것인지는 감히 묻지도 못하였고, 자기들 생각에 자기들만 내 놓아 주고 나는 결코 도주하는 행동 없이 의연(依然)히 옥에 있을 줄 믿는 모양이었다.

황가가 "우리가 가려면 노잣돈이 있어야지요." 했을 때도 조덕근이 가지고 있는 것은 보았으나 내게는 한 푼의 돈도 없었다.

무술(戊戌: 1898년) 3월 9일 오후에 아버님을 옥문 밖으로 오시라고 청하여 "대장장이에게 가서 한 자 길이 삼릉창(三菱鎗) 한 개를 제조하여서, 새 의복 속에 싸 들여다 달라"고 한즉, 아버님도 무슨 일을 벌이려는 줄 아시고 즉시 삼릉형(三菱形)으로 제조한 철극(鐵戟) 한 개를 의복 속에 넣어주시기에 받아 품속에 감추었으나 조덕근 등은 알지 못하였다.

어머님께서 저녁밥을 갖다 주실 때에 나는 말씀 드렸다.

"오늘 밤에 옥에서 나가오니, 아무 때든 찾을 때를 기다리시고, 부모님 두 분은 오늘 저녁에 배를 타시고 고향으로 가십시오."

어머님은 "네가 나오겠니? 그럼 우리 둘이는 떠나마." 하시고는 작별하였다.

그날 오후에 간수를 불러 돈 150냥을 주면서 "내가 오늘은 죄수들에게 한 상을 낼 터이니 쌀과 고기와 모주 한 통을 사 오라"고 부탁하였다. 별로 괴이할 것 없는 것은, 종전에도 종종 그리한 일이 있었기 때문이다. "그대가 오늘 밤 당번(當番)이니 50전어치 아편을 사 가지고 밤에 싫도록 먹어라." 하였다. 그때에는 매일 밤 간수 한 명씩 옥방에서 밤을 새는 것이 규정이었다. 그 간수는 아편쟁이에 성행(性行)이 불량하여 죄수들에게 특별히 미움을 받던 자였다.

저녁식사에 오십여 명의 징역수와 삼십여 명의 잡수(雜囚)까지 주렸던 창자에, 고깃국에 모주를 실컷 먹고, 울회(鬱懷: 울적한 마음)가 흥발(興發: 일어남)할 즈음에 나는 김 간수에게 청하였다.

"적수(賊囚)방에 가서 소리나 시켜 듣자"

간수는 생색(生色)을 내는 듯이 "김서방님 듣게 너희들 장기대로 노래를 부르라." 한다. 명령이 내리자 죄수들이 노래하느라고 야단들이었다. 김 간수는 자기 방에서 아편을 실컷 빨고 혼곤(昏困: 혼미해져 정신을 차리지 못함)하였다. 나는 적수방에서 잡수방으로, 잡수방에서 적수방으로 왔다 갔다 하는 틈에 마루 속으로 들어가서 깔아 놓은 벽돌을 창끝으로 들치고 땅속을 파서 옥외(屋外)에 나섰다.

옥담을 넘을 줄사다리를 매어 놓고서 문득 딴 생각이 난다.

'조덕근 등을 데리고 나오려다가 무슨 변(變)이 날지 모르니 이 길로 곧장 가버리는 것이 좋지 않을까? 그 자들은 결코 동지는 아니다. 기필코 건져 내면 무엇하리.'

또 한 생각은 이랬다.

'그렇지 않다. 사람이 현인군자(賢人君子)의 죄인이 되어도 하늘을 이고 땅을 밟고 서서 부끄러운 마음을 견디기 어렵거든, 저와 같이 더러운 죄인의 죄인이 되고서야 종신지치(終身之恥: 평생토록 치욕스러움)를 어찌 견디랴!'

결국에는 두 번째 생각이 이기고 말았다.

나왔던 구멍으로 다시 들어가서 천연스럽게 내 자리에 앉아서, 눈짓으로 네 명을 하나씩 다 내어보내고, 다섯 번째로 내가 또 나갔다. 나가서 본즉 먼저 내보낸 네 사람이 옥담 밑에 앉아서 벌벌 떨기만 하고 감히 담을 넘지 못하고 있었다.

내가 한 명씩 옥담 밖으로 다 내보내고 내가 담을 넘으려 할 때, 먼저 나간 자들이 감리영과 옥을 통합하여 용동(龍洞) 마루를 송판으로 둘러막은 데를 넘느라고 야간에 요란한 소리가 난즉. 벌써 경무청과 순검청에서는 호각을 불어 비상소집이 되는 모양이었다.

벌써 옥문 밖에서 어수선한 발자국소리가 들렸다. 나는 아직 옥담 밑에 서 있었다. 내가 만일 옥방 안에만 있는 것 같으면 관계가 없었으나, 이미 옥담 밑에까지 나오고 보니 급히 탈주하는 것만이 상책(上策)인데, 남을 넘겨주기는 용이하나 내가 혼자서 한 길 반이 넘는 담을 넘기가 극히 곤란하였다. 시기가 급박치 않으면 줄사다리로 넘어 볼 터이나, 문밖에서는 벌써 옥문 여는 소리가 나고, 감방에 있던 죄수도 떠들기 시작했다. 곁에 약 한 길쯤 되는 몽둥이(囚人들이 水桶을 맞메는 것인데)를 가져와 몸을 솟구쳐 담 꼭대기를 손으로 잡고 내려뛰었다.

그때는 최후 결심을 한 때라, 누구든지 나의 가는 길을 막는 자가 있으면 결투(決鬪)를 할 마음으로 철극(鐵戟: 삼릉창)을 손에 들고 바로 삼문(三問)으로 나갔다. 삼문의 파수(把守) 순검도 비상소집에 갔는지 인적이 없었다.

탄탄대로로 나왔다. 봄날에 밤안개가 자욱하여 몇해 전에 서울 구경을 하고 인천을 지나간 적이 있으나 길이 생소하였다.

제2장
백범 김구와 치하포사건

제1절 김구에게 '치하포사건'의 의미

'치하포사건'이란 백범(白凡) 김구(金九, 1876.8.29~1949.6.26)가 스물한 살이 되던 해인 1896년 3월 9일 새벽 황해도 안악군 치하포의 한 여점에서 칼을 차고 변복들 한 채 조선사람 행세를 하는 일본인 쓰치다 조스케를 "국가와 민족에 해를 끼치는 독균 같은 존재가 명백하다."고 판단하고, '국모보수'란 대의명분으로 살해한 사건이다.

이 사건으로 김구는 체포되어 해주부에서 신문을 받은 후 인천감리서로 이감되어 수사와 재판을 받았으나 고종이 사형집행명령에서 김구를 제외함으로써 사형집행을 면할 수 있었다. 그러나 여러 청원에도 불구하고 석방이 이뤄지지 않자 1898년 3월 20일 탈옥했다.

김구는 『백범일지』에 '치하포사건'과 이에 따른 인천감리서에서의 수사와 재판, 사형모면, 석방을 위한 청원, 탈옥 등에 대하여 많은 분량의 기록들을 남겼다. 그만큼 '치하포사건'은 김구에게 있어 큰 의미를 지니고 있었음을 뜻한다.

김구는 광복 후인 1946년 4월 14일과 15일 양일간 두 차례 수감생활을 했던 인천을 찾았고, 이때 "인천은 의미심장한 역사지대"란 말은 남겼다고 한다. 이처럼 '치하포사건'과 이에 따른 인천감리서에의 옥중생활이 김구에게 미친 영향과 의미 그리고 깨달음은 무엇이었나?

첫째, 독립운동가이자 민족의 지도자로 나아갈 수 있는 초석이 되었다.

'치하포사건'에서 김구는 치밀한 사전계획 없이 '국모보수'란 대의명분과 일제에 대한 적개심만으로 칼을 차고 변복을 한 채 조선인 행세를 하던 일본인을 '독균 같은 존재'로 판단하고 맨손으로 공격하였으니, 한편으론 무모한 행동이기도 했다.

김구는 이때로부터 많은 시간이 흐른 1909년에 23세의 이재명(李在明, 1887~1910)의사를 처음 만났을 때, 이재명의사가 매국노 이완용 등을 처단하기 위해 갖고 있던 권총을 걱정이 되어 맡기도록 하였다.

이때 이재명의사를 "시세(時世)의 격감(激敢)으로 헛된 열정에 들뜬 청년"으로 보았다고 했으나 얼마 후 이재명의사가 이완용 피습을 실행했으나 살해에는 이르지 못하였다는 기사를 보고서는 "눈먼 우리가 간섭하여 무기를 뺏는 바람에 충분한 성공을 못하였다. 한탄과 후회가 그치지를 않았다."고 『백범일지』에 이재명의사와의 인연을 기록하였다. 이재명의사를 처음 만났을 때, 이완용 처단 등의 의기를 높이 사면서도, 그 방식 등에서 치밀함이 없이 열정만을 앞세우고 있어 의거가 순조로이 진행되기 어렵다고 보았고 좀 더 시간을 갖고 많은 준비를 할 것을 당부했었다. 김구는 어쩌면 이재명의사에게서 의협심이 앞서고, 혈기왕성했던 '치하포사건'에서의 젊은 날의 자신을 보는 듯 했을 지도 모른다.

쓰치다 살해 후에 김구의 심정은 복잡했다. 일제의 보복이 있을지 모른다는 점에 어느 정도 두려움도 갖고 있었다. 하지만 믿는 것이 있었다. 그것은 '독균'같은 일본인을 '국모보수'의 대의로 살해했으니 조선정부 그리고 고종이 자신의 행동을 십분 이해할 것이라 믿었고, 최소한 벌하지는 않을 것이라고 생각하고 있었다. 그러므로 살해 후에 당당히 자신의 이름과 사는 곳을 포고문을 통하여 밝힐 수 있는 동기가 되었다.

하지만 현실은 달랐다. 조선침략의 야욕을 갖고 있던 일제는 청일전쟁 승리이후 조선에 대한 내정간섭과 지배력을 한층 키워가고 있었고, 수사와 재판에 깊이 개입하여 김구를 처단하라고 강력한 압박을 하고 있었다. 김구는 이러한 현실을 이해하기 어려웠다. 국모시해와 침략행위의 당사자인 일제의 관리들이 조선 땅에서 활개를 치는 모습을 보면서 분노했다.

이런 일련의 과정들을 거치면서 일제가 조선에 미치는 영향력과 해악의 정도를 타인의 이야기를 통해서가 아니라 몸소 체험함으로써 마음속에 깊이 각인하는 계기가 되었고, 이를 바탕으로 일제를 이 땅에서 물리쳐야 한다는 독립정신을 자연스럽게 갖추게 되어, 독립운동가로 나아가는 초석이 되었다.

특히 김구가 옥중생활을 했던 인천은 무역이 활발하게 이루어지고, '조계지'가 있어 각국의 사람들이 몰려드는 등 새로운 문물이 유입되던 곳이었다. 지역적으로는 수도인 한성(서울)과 지근거리에 위치하여, 국제정세와 조선정부의 동향과 흐름을 신속히 파악할 수 있는 곳이기도 했다.

김구는 이러한 인천지역 사람들을 만나게 되면서 국모시해 등 일제의 침탈에 따른 항일사상이 자신이나 일부만의 생각이 아닌 국민과 정부관리들 저변에 널리 자리 잡고 있다는 것을 확인할 수 있었다.

또한 '치하포사건' 관련하여 인천감리서에서 수사와 재판을 받을 때, 이에 관여하는 일본과 조선의 관리들에게 호통을 치는 등 열혈투쟁의 모습은 인천지역 사람들에게 영웅적인 인물로 비춰졌고, 이에 따른 인천지역 사람들의 응원과 격려는 김구가 앞으로 나아가야 할 방향을 제시해 주는 큰 계기가 되었다.

둘째, 사상과 신념의 전환

그동안 전통의 유교적 학문 등에 심취하였던 김구는 인천감리서에 와서 신학문을 접하고 인천지역 사람들과의 대화 등을 통하여 위정척사(衛正斥邪)나 배외사상(排外思想) 그리고 유교적 충의사상만으로는 국가를 구할 수 없음을 깨달았고, "의리는 학자에게 배우고, 일절(一切) 문화와 제도는 세계 각국에서 채택하여 적용하면 국가에 복리(福利)가 되겠다고 생각했다."고 하는 등 개화사상에도 눈을 뜨게 되었다. 특히 『독립신문』은 시시각각 변화하는 세태를 확인할 수 있는 유용한 통신매체였다.

'유교적 충의'란 국가에 대한 충성과 의리를 말하는데, 임금은 곧 국가라고 생각하던 시대이기에 임금에 대한 충성과 의리를 다하는 것이 유교적 충의사상이라 할 수 있다.

김구는 '동학농민운동'에도 참여하면서 '평등사상' 등을 접할 수 있었으나 이러한 유교적 충의사상에서 자유로울 수는 없었다. 하지만 이러한 충의사상은 임금의 조치로 사형을 면하게 되는 그 시점까지였다. 즉 사형을 당할 위기에서 자신을 구해준 임금에 대하여 한때 희망을 품었지만 이후 석방이 되지 않았고, 그 이유가 임금과 조정대신들이 일제 앞에서 무기력하기 때문이라는 점도 깨닫게 되었다.

이러한 때에 이뤄진 탈옥은 임금에게 충성과 의리를 다하는 유교적 충의사상이 아닌 조국과 민족을 위한 충의사상으로의 전환을 알리는 상징적 사건이었다.

'삼천리 강토와 이천만 동포에게 충성을 다하여라!'

셋째, 교육과 계몽의 중요성을 깨달고 교육자가 되는 초석이 되었다.

김구가 '치하포사건'으로 인천옥에서 수감생활 중 함께 했던 죄수들은 대부분이 문맹이었다. 이 죄수들을 보면서 교육의 필요성을 깊이 깨달았고, 그들을 대상으로 '문자교육'을 실천하기도 했다. 사형수의 신분으로 생사를 장담할 수 없는 상태에서 옥중의 죄수들을 교육시키고 계몽한다는 것은 결코 쉬운 일은 아니었을 것이다.

김구는 『백범일지』에 "어느 날 신문을 보니 나의 사건을 간략히 게재하고, 김창수가 들어간 후로는 인천감옥이 아니라 학교라고 쓴 기사를 보았다."라고 간략하게 기록하였지만 당시에도 죄인이 죄인을 대상으로 교육을 한다는 것은 희귀하고 감동적인 사연이었던 듯 『독립신문』은 1898년 2월 15일에 "김창수가 감옥 속에서 주야로 학문를 독실히 하는 한편, 다른 죄수들을 권면하여 공부를 시킴에 따라 인천옥은 감옥이 아니라 인천감리서 학교라고들 한다."고 보도하였다.

김구는 옥중생활을 통하여 외세의 침략에 맞서려면 국민들부터 먼저 깨우쳐야한다는 점을 절실히 깨닫게 되었다. 이처럼 인천옥에서의 죄수들을 대상으로 한 교육과 계몽은 이후 교육자의 길을 걷게 되는 중요한 시발점이 되었다.

교육의 중요성을 강조한 것은 『백범일지』에도 잘 기록되어 있다. 1900년에 스승 고능선을 만났을 때, 그와의 대화에서 "국가가 망하지 않으려면 이제부터라도 세계 각국의 교육제도를 본받아서 학교를 세우고 이 나라 백성의 자녀들을 교육하여 그들을 건전한 2세들로 양성해야 합니다."라고 하였고, 안악에서 양산학교 교사로 재직 중 고향인 해주를 찾았을 때, "교육의 목적은 인재를 양성하여 장래 완전한 국가의 일원이 되어, 약한 나라를 부강하게 하고 어둠에서 광명을 되찾는 것이다. **양반도 깨어라! 상놈도 깨어라!**"라고 하였다.

이러한 신념에 따라 교육과 계몽활동에 최선을 다하였다. 교육할 수 있는 장소라면 어디든 찾아가 가르쳤으며, 학교를 설립하고 운영하는 일에도 매진하였다.

『백범일지』에 기록된 교육자로서의 김구 이력

- 1900년 2월 강화 남문(南門) 내 김경득(김주경)가에서 김주경의 아들 등 30여 명의 아이들에게 동몽선습(童蒙先習), 사략(史略), 천자(千字) 등을 가르침.
- 1903년 2월 장련읍 진사 오인형의 도움으로 오인형 자택에 학교를 세우고 가르침.
- 1904년 신학문을 가르치는 장련공립소학교(長連公立少學校)의 교원.

- 1908년 9월 문화 초리면 종산의 서명의숙(西明義塾) 사립학교 교사가 되어 농촌 아동들을 가르침.
- 1909년 안악읍 사립 양산학교(楊山學校) 교사(소학부 담임, 이후 교장)이자 재령 북율면(北栗面) 무상동(武尙洞)의 보강학교(保强學校) 교장겸임. 해서 교육총회(海西教育總會)을 조직하고 학무총감을 맡아 도내 교육기관을 설립·운영하는 일의 책임자가 되었고, 황해도 각 군을 환등기를 가지고 순회하며 강연회를 여는 등 계몽운동을 전개함.
- 1917년 김씨 문중 소유의 신천군 동산평(東山坪)농장의 농감이 되어 도 박근절 등 소작인 계몽에 힘쓰고, 소학교를 설립하여 소작인 자녀들을 가르침.

이러한 교육에 대한 관심과 헌신은 광복 후에도 지속되었다.

특히 김구가 서거한 해인 1949년도에도 학교 설립에 중추적 역할을 하기도 했다. 1949년 1월 27일 김구가 25만원을 기부하여 설립·개원한 백범학원(白凡學園: 서울 성동구 금호동. 학생 470명)과 1949년 3월 14일 개원한 창암학원(昌巖學園: 서울 마포구 염리동, 학생 300명)이 그 학교들이다.

김구는 개원 후에도 수시로 이 학교들을 방문하여 학생들과 대화를 나누고 의복과 같은 필수품을 지원하는 등 서거하기까지 지대한 관심과 애정을 갖고 지켜보았다.

김구가 서거하고 며칠 후 「조선일보」 '어린이'난에 다음과 같은 기사가 실렸다.

1949년 7월 4일 「조선일보」 '어린이' 난

"창암공민학교는 올해 3월부터 시작한 학교로 아동은 300명이고 월사금은 받지 않는답니다. 이 학교는 돌아가신 백범선생이 일체의 비용을 내셨던 것이랍니다. 이 창암(昌巖)이란 선생이 어렸을 때의 이름으로, 선생은 지금도 늘 그 시절을 생각하시어, 아동들을 위하여 그 이름을 학교에 붙이

신 것입니다.

가시기 전전날 바로 6월 24일 금요일 이 학교의 교감격인 강영희(姜永喜)선생님이 백범선생을 찾아뵈었더니 그때 선생은 "내가 죽더라도 끝까지 일을 하여주시오."하고 간곡히 부탁을 하였다는 것입니다.

그리고 늘 학교에 오시면 아동들을 보시고 선생은 "내가 어렸을 때에는 공부를 하고 싶어도 맘대로 안되어 애를 썼지만 너희들은 열심히 공부해야 한다."하고 간곡히 타이르셨다고 합니다.

1949년 1월 27일 백범학원(白凡學園) 개원식 참석(출처: 백범김구선생기념사업협회)

1949년 3월 14일 창암학원(昌巖學園) 개원식 참석(출처: 백범김구선생기념사업협회)

제2절 '치하포사건'의 시대적 배경

    1894년 7월부터 1895년 4월까지 있었던 청일전쟁에서 승리한 일제는 패권국으로서 조선에 대한 지배력을 더욱 높이는 정책들을 추진하였다. 이런 여파 속에서 1895년 10월 8일(음력 8월 20일) 명성황후를 시해한 을미사변, 1895년 12월 30일(음력 11월 15일) 단발령 공포, 1896년 2월 11일 고종이 일본의 위협을 피해 러시아 공사관으로 피신한 아관파천(俄館播遷) 등 일련의 사변들이 연이어 발생하면서 일제와 친일관료들에 대한 조선백성들의 분노는 극에 달하였다.

    특히 명성황후를 시해한 을미사변은 세계를 놀라게 한 충격적인 사건이었는데, 이 을미사변이 발생하기 전에도 이미 일제에 의한 크고 작은 여러 만행들이 있었다.

    한철호 교수는 논문 「갑오개혁·아관파천기(1894~1897) 일본의 치외법권 행사와 조선의 대응」[1]에서 다음과 같이 설명했다.

> "청일전쟁을 계기로 일본의 영향력이 증대하는 상황 아래 일본인의 불법행위는 전쟁 초기부터 자행되었다. 경복궁 점령 후 일본군은 사방으로 노략질을 벌였으며 종종 궁문에 난입하였으며, 전쟁의 와중에서 무고한 민간인을 살해하거나 피해를 입히는 사건을 빈번하게 일으켰다.
> 특히 1894년 11월부터 1895년 3월까지 일본군은 조선의 국내법과 사법권은 물론 국제법 마저 완전히 무시한 채 동학농민군과 일반신도를 무자비하게 학살하였다. 일본 민간인 역시 폭행·불법 어로·무단 가택침입 등 각종 범죄를 일삼았고, 심지어 정부대신에게 폭행을 가하거나 대신 저택에

---

1 한철호, 「갑오개혁·아관파천기(1894~1897) 일본의 치외법권 행사와 조선의 대응」, 20쪽, 2009.

서 난동을 부리기도 하였다. 그러나 일본은 치외법권을 앞세워 범법자들을 처벌하지 않거나 가벼운 형벌에 처하는 등 자국민 보호로 일관하고 있었다. 급기야 1895년 10월 일본공사 三浦의 주도 아래 서울 주둔의 일본군 수비대를 비롯해서 일본공사관원·영사경찰·신문기자·낭인배 등이 경복궁으로 들어가 조선의 왕비를 무참하게 살해한 뒤 시신을 불태워버린 만행이 벌어졌다. 일본인의 범법행위를 예방·처벌해야 할 일본공사·공사관원·순사 등이 오히려 한 나라의 왕비를 무참하게 살해했던 것이다. 그럼에도 일본정부는 사건의 진상을 은폐하고 치외법권을 악용하여 시해사건 관련자 전원을 증거 불충분이라는 이유로 무죄로 판결한 뒤 석방하고 말았다."

명성황후 시해 이후에 유생들은 '국모의 원수를 갚을 것(國母報讐)'을 기치로 창의소(倡義所)를 설치하여 의병을 조직하고 훈련하기에 이르렀고, '국수보복(國讐報復)'이나 '국모보수'를 내건 의병들의 봉기가 1895년 11월에 충청도를 시작으로, 1896년 1월 중순에는 경기·충청·강원도 등으로, 2월 상순에는 경상도 북부와 강원도 북부, 그리고 황해도와 함경도 북부 등 전국 각지로 확대되었다.

이 때 국모시해와 단발령 등에 따른 의병봉기의 대의명분과 일제에 대한 적개심이 어떠했는가는 '광주성을 포위 공격한 관군 지휘관의 해산 설득에 대한 의병대장의 반박문(反駁文)'[2]과 하기와라(萩原)인천영사가 고무라쥬타로(小村壽太郎)공사에게 보고한 문서(기밀제3호)[3]에 잘 나타나 있다.

---

2 1896년 3월 17일 大尉 田中이 辨理公使 小村壽太郎에게 보고한 문서, 주한일본공사관기록 8권, 廣州城을 包圍攻擊한 韓兵 지휘관의 解散諭達에 대한 賊魁의 反駁文 송부 件.

3 1896년 4월 8일 領事館事務代理 萩原守一이 辨理公使 小村壽太郎에게 보고한 문서, 주한일본공사관기록 10권, 仁川港 日人 商況 回復에 관한 稟議書 송부 件(機密第3號).

'광주성(廣州城)을 포위공격한 한병(韓兵) 지휘관의 해산유달(解散諭達)에 대한 적괴(賊魁)의 반박문(反駁文) 송부 건'

김귀성(金龜性)에게 전한다.

이번 의거가 한편은 왜병을 격멸하여 위로는 국가의 원수를 갚고(國讐), 또 다른 한편으로는 백성을 편안하게 하고 끝낼 목적인데 어찌 감히 임금의 군대에 항거하겠는가? 임금의 군대를 이끄는 그대들은 왜적을 토벌할 것인가?, 우리 의병을 토벌할 것인가?

만일 앞으로 왜적을 토멸하는 데 당국자가 우리 의병과 함께 토멸하여 황제를 호위하고 돌아간다면 위로는 국가를 보전하고 아래로는 인민을 편안하게 하는 것이니 우리의 크나큰 소망이다.

왕군의 주둔지에 나와 있는 모든 지휘관은 무슨 까닭으로 왜병을 몇 번씩이나 대리하여 의병을 죽여 없애려는 것인지 모르겠도다. 이른바 의병이라는 것은 우리 동국(東國) 전체의 근본인 백성들이라. 만에 하나라도 백성들을 잡아 죽인다고 하면 국민은 앞으로 누구를 믿고 또 무엇으로써 국가를 위할 것인가?

우리들이 대번에 이해할 수 없는 일은 이미 남도의 선유사(宣諭使) 주(主) 앞에서 호소하여서 이의 처분을 어떻게 되든 간에 기대하고 있었지만 아무것도 얻지 못하고 말았다는 것이다. 그러므로 이 뜻을 지휘관에게 알리니, 전방에 있는 왜적을 토멸하면 이것이야말로 임금의 군대라고 말할 수 있다. 그렇지 않고 의병을 치면 이것은 왜군이 될 것이다. 왜냐하면 우리 의병은 왜병을 토멸하는 것이 목적이기 때문이다. 이로써 우리의 뜻을 알리고 답한다. 이만 그친다.

병신(1896년) 2월 3일 진시(辰時) 산성유진(山城留陣) 제장서(諸將書)

'인천항 일인 상황(商況) 회복에 관한 품의서 송부 건(기밀제3호)' (일부 발췌)

이번의 폭민이 주로 의도한 바는 지난번의 기밀신(機密信)에 이미 약술한 바와 같이 일본인은 국모의 원수이며 단발령의 선동자이므로 일본인은 손이

닿는 대로 이를 주륙하고, 또 일본인과 교제하고 일본풍을 따르며 일본인과 거래하는 자는 한인이라고 할지라도 수족(首足)을 자르므로, 전적으로 일본 배척운동이라고 부르지 않을 수가 없습니다.

본 보고에 첨부한 격문은 북부 폭도 거괴(巨魁)의 손으로 작성된 것으로, '존중화(尊中華)'의 한 구절은 이 격문의 특색이지만 국모의 원수요 늑체(勒剃)의 장본인으로서 일본인을 지목한 데 있어서는 다른 일반과 다를 바가 없습니다.

이 시대는 임금이나 왕비가 시해를 당했다는 것은 국가를 잃는 것과 다를 바 없다고 생각하는 유교적 충의사상이 팽배했던 시기로 명성황후가 존경할 만한 인물이었던지 여부와 관계없이 '국모시해'는 많은 조선사람들에게 견딜 수 없는 치욕으로 다가왔던 것이다. 이처럼 '국모보수'는 당시 일제 침탈에 대한 항거를 대변하는 상징성을 갖고 있다.

그리고 이어서 발생한 '단발령'과 '아관파천' 등 이러한 사변들이 발생한 배경에는 일제가 도사리고 있음을 간파한 백성들이 일제를 이 땅에서 몰아내야한다는 사명의식이 높았다. '척왜척양(斥倭斥洋)'이나 '위정척사(衛正斥邪)' 사상만으로 이러한 당시의 현상을 간단히 설명할 수 없다. 당시에 의병활동 등의 대상이 일본인에 한정되어 있어 서양인 등 다른 외국인들은 피살된 사람이 없었다는 사실이 이를 웅변한다.

이러한 시기에 김구(金九)는 전 동학 농민군 지도자 김형진(金亨振) 등 동지들과 더불어 청국 북동부 지역의 항일 인사들과 연합 작전을 펼치려 했으나 여의치 않았다. '치하포사건'은 이러한 연합 등 모색을 위해 청국으로 재차 향하던 중 평안북도 안주에서 삼남의병 봉기와 단발정지령에 대한 소식을 듣고 자신의 역할을 찾고자 고향으로 발걸음을 되돌리던 중 발생한 사건이다.

이 때 쓰치다 살해의 대의명분(살해동기)인 '국모보수(國母報讐)'는 김구만의 대의명분이 아니었다. 명성황후 시해 후 전국적으로 의병이 결성될 때 가장 앞서 내세웠던 대의명분이 '국모보수'였던 것으로, '국모의 원수를 갚아 치욕을 씻겠다.'는 것은 의병과 백성들이 함께 품고 있던 공통의 명분이었다. 심지어 이때로부터 많은 세월이 지났지만 1909년 안중근(安重根, 1879.9.2.~1910.3.26.)의사가 이토 히로부미(伊藤博文, 1841~1909)를 처단한 명분으로 첫 번째로 내세운 것이 '한국의 명성황후를 살해한 죄'로, 이에 대한 책임을 물은 것이었으니, 이 당시 사람들의 국모시해에 대한 충격 그리고 수치심과 복수심이 어떠했는지를 가늠할 수 있다.

또한 조선정부도 국모의 원수를 갚아야 한다는(국모보수) 원칙에 있어서 일반 백성과 다름이 없었다. 1896년 10월 23일 전 장령(前掌令) 박인환(朴寅煥)은 다음과 같은 상소를[4] 올렸다.

"을미년(1895) 8월의 변고는 천지가 생긴 이래로 듣지도 못하고 보지도 못했던 일입니다. 그런데 지금 장사를 지낼 달이 지나갔건만 아직도 장사를 지내지 못하여 신하들은 정성과 예를 펴지 못하였고, 종묘사직에는 제사 음식을 올리지 못하였으니, 통곡할 노릇이라고 할 수 있습니다. 이것을 통해 말씀드린다면 일본(日本) 사람들은 우리나라에 있어서 거적을 깔고 창을 베고 자며 칼날을 갈아 원수를 갚아야 하는 놈들로, 한 하늘을 이고 살 수 없는 자들입니다. 『춘추(春秋)』의 법에서는 임금이 시해되었는데도 그 역적을 토벌하지 않으면 장례에 대한 기록을 쓰지 않는데, 이것은 바로 만세의 신하들에게 반드시 역적을 토벌해서 복수한 후에야 임금과 아버지를 장사 지낸다는 뜻을 보인 것입니다. 이 때문에 노(魯) 나라 은공(隱公)의 상사(喪

---

4 고종실록 34권, 1896.10.23. 박인환이 『춘추』의 원칙을 따를 것을 주청하는 상소를 올리다(국역문).

事)를 당했을 때 장례에 대한 기록을 쓰지 않았고 상복을 벗지 않았던 것입니다.

대체로 예(禮)라는 것은 인정(人情)에서 나온 것으로서 옛 규례에 어긋나지 않는 이상 안 될 것이 없습니다. 또한 우리나라의 변고는 역사상 없던 일이기 때문에 역시 의거할 데도 없지만, 이들은 바로 나라의 원수이고 신하와 백성들이 원망하는 자들입니다. 삼가 폐하께서는 빨리 우레와 같은 위엄을 떨치고 해와 달과 같은 밝음을 환하게 드러내시어 각국(各國)과 널리 의논하고 공법(公法)에 의거하여 원수를 토벌하심으로써 300년 묵은 원수를 갚고 새로 받은 수치를 씻어내소서.

그리고 예제(禮制)로 말씀드리면, 원수를 갚기 전에는 장사를 지내지 못하고, 장사를 지내기 전에는 상복을 벗는 도리가 없습니다. 그래서 「상복소기편(喪服小記篇)」에서는, '3년 만에 장사를 지내면 반드시 다시 제사를 지내고, 장사를 지내지 못했으면 우제(虞祭)와 졸곡(卒哭)을 지내지 않으므로 상복도 벗지 않는다.'라고 하였습니다. 삼가 바라건대, 폐하께서는 여러 신하들에게 널리 물어보시고 원수를 갚기 전에는 상복을 벗지 않는다는 『춘추(春秋)』의 법을 시행하소서."

박인환은 상소를 통하여 『춘추(春秋)』에 따라, 국모시해에 대한 복수를 하지 않으면 장례를 치를 수 없고, 장례를 치르지 않으면 상복도 벗을 수 없다고 하였고, 고종은 이에 대하여 "임금에게 충성하고 나라를 사랑하는 바른 논의이다."라고 격려했다.

이처럼 『춘추(春秋)』 등 유교경전에 따라 국모의 원수를 갚아야한다는 대의명분은 당시에 김구뿐만 아니라 백성과 조선정부 모두가 함께 공유하던 시대적 사명이었다.

제3절 쓰치다 살해의 대의명분(살해동기)

'치하포 사건' 당시 김구는 나이가 불과 21세였다.

한창 혈기왕성하고 의협심이 앞섰던 시기임은 분명하다. 하지만 보통 사람은 아니었다. 이미 18세에 동학도(애기접주)가 되어 '연비' 수천 명을 거느렸고, 19세에는 '팔봉접주'가 되어 '해주성 공격'의 선봉장이 되는 등, 지략을 갖추고 있었다.

'치하포 사건'에서 여점에 있던 많은 조선인들 중에서 변복한 쓰치다를 일본인이라고 정체를 알아 낸 것도 김구 혼자였을 정도로 지각도 뛰어났다.

'치하포사건'에 대하여 여러 평가가 나오고 있다. 과거 일제강점기를 겪었거나 그 시대를 익히 들어왔던 세대들에게는 '국모보수'라는 쓰치다 살해동기에 별다른 논란이 없었으나 오늘날 시대적 배경에 대한 기억이 많이 희석되면서, 냉철한 입장에서 바라보자는 사람들도 있는 것이 사실이다.

'치하포 사건'은 일본인을 살해한 사건이다. '치하포사건'은 사전에 치밀한 계획을 세워 순국할 각오로 고위층에 침략의 책임을 물었던 안중근 의사나 윤봉길(尹奉吉, 1908.6.21.~1932.12.19.)의사 그리고 이봉창(李奉昌, 1900.8.10.~1932.10.10.)의사의 의거와 같은 선상에서 보기 어려운 면이 분명히 있다.

그러나 침략에 대한 결정적 책임이 있는 고위층이 아닌 조선에서 적대적인 활동을 하던 일제의 군인이나 경찰 등 하급관리 또는 첩자나 낭인 등을 대상으로 했다고 하여, 일제를 이 땅에서 물리치고 침탈과 만행에 대한 치욕을 씻기 위한 의병 등 조선인들의 항거에 대하여 부정적인 평가를 내릴 수는 없다.

이 당시에 일본인 피살자가 쓰치다 포함 53명에 이르렀다는 일본측 기록이 있다. 후술(본서 189쪽)하였지만 일본인 피살자들은 대부분 일본군과 함께 활동하였거나 일본군과 직접적 관련이 있는 측량수, 전신공부, 육군속 그리고 일제가 첩자로 많이 활용하였던 행상인 등이 주류를 이룬다. 이를 보면 당시에 봉기한 의병들이 어떠한 사람들을 적대적인 활동을 하는 일본인이라고 판단하고 공격대상으로 삼았는지도 알 수가 있다.

김구는 이미 고능선 등 유수한 학자들로부터 강의를 받거나 토론 등을 통하여 일제의 침탈로 인해 조선이 풍전등화와 같은 운명이라는 것을 깨닫고 있었고, 이를 막아야 한다는 소명의식이 깊었다. 지휘관(의병대장)으로서 일본군과의 전투에 참전한 경험도 있었다. 이때의 패전과 여러 요인들로 인해 의병진영을 벗어나긴 했지만 의병으로서의 소명을 잊은 적이 없다.

이러한 때에 치하포에서 쓰치다를 공격하여 살해한 것을 일개 개인의 사사로운 감정에 의한 것이었다고 폄훼할 수는 없다.

그러므로 "쓰치다를 독균 같은 존재로 판단하고 국모보수를 위하여 살해했다."는 대의명분(살해동기)의 진정성(眞正性) 여부와 시대적 배경을 파악하는 것은 중요하다.

1. 『백범일지』에 기록된 대의명분(살해동기)

『백범일지』에는 쓰치다 살해의 대의명분(살해동기)과 관련하여 다음과 같이 기록되어 있다.

『백범일지(친필본)』

國母報讐

移時하야 아랫房에서부터 朝食 始作이 되여, 中房으로 上房까지 食床이 들어온다.

其時 中房에는 一個 斷髮人이 韓服을 着한 者가 同席한 行客과 人事를 하는데, 姓은 鄭이라 하고 居住 長淵(其時에 黃海道에는 長淵이 先次로 斷髮되여, 平民들도 斷髮한 者 或 有하였다)이라 한다. 語調는 長淵 말이 안이고 京城 말인데, 村翁들은 참朝鮮人으로 알고 니야기를 하나, 내가 듯기에는 分明 是 倭놈이라. 仔細히 삶여보니, 白布周衣(두루막이) 밑으로 釖匣이 보인다. 去路를 問한즉 "鎭南浦로 간다" 한다. 나는 그놈에 行色에 對하야 硏究한다. 저놈이 普通 商倭나 工倭 같으면, 當地는 鎭南浦 對岸임으로 日日 數名의 倭가 倭의 本色으로 通行하는 곳이라. 當今 京城紛亂을 因하야 閔后를 殺害한 三浦梧樓가 潜逃함이 안인가. 萬一의 此倭가 三浦가 안이라도 三浦의 共犯일 것 갓고, 何如튼지 佩釖密行하는 倭로서는 우리 國家 民族에 毒菌일 것은 明白한지라. 저놈 한 名을 죽여서라도 國家에 對한 恥辱을 雪하리라.

『백범일지(현대문)』

국모보수

조금 있다가 아랫방에서부터 아침식사가 시작되어 중방(中房: 가운뎃방)과 상방(上房: 윗방)까지 밥상이 들어왔다.

그때 중방에는 단발을 하고 한복을 입은 사람이 같이 앉은 행객(行客)과 인사를 하는데, 성은 정(鄭)이라 하고 거주하는 곳은 장연(그 무렵 황해도에서는 장연이 단발을 맨 처음 했으므로 평민들도 단발한 사람이 더러 있었다.)이라 한다, 말투는 장연말이 아니고 경성말인데, 촌옹(村翁)들은 그를 진짜 조선인으로

---

5 『백범일지』 친필본 54쪽.

알고 이야기를 하고 있었으나, 내가 듣기에는 분명 왜놈이었다. 자세히 살펴보니 흰 두루마기 밑으로 검갑(劍匣, 칼집)이 보였다. 가는 길을 물어보니 "진남포로 간다."고 한다.

나는 그놈의 행색에 대해 연구한다.

'저놈이 보통의 상왜(商倭: 일본상인)나 공왜(工倭: 일본기술자)같으면, 이곳은 진남포 맞은편 기슭이므로 매일매일 여러 명의 왜가 왜의 본색(本色)으로 통행하는 곳이다. 지금 경성분란으로 인하여 민후(閔后)를 살해한 삼포오루(三浦梧樓)가 잠도(潛逃)함이 아닌가?, 만일에 저 왜가 삼포가 아니더라도 삼포의 공범일 것 같고, 하여튼지 칼을 차고 밀행(密行)하는 왜라면 우리 국가와 민족에 독균(毒菌)일 것은 명백(明白)하다.', '저놈 한 명을 죽여서라도 국가에 대한 치욕을 씻으리라'

이 부분을 조금 더 풀어서 정리하면 다음과 같다.

조금 있다가 아랫방에서부터 아침식사가 시작되어 가운뎃방과 윗방까지 밥상이 들어왔다. 그때 가운뎃방에는 단발을 하고 한복을 입은 사람이 같이 앉은 나그네와 인사를 나누고 있었는데, 성은 정씨로 장연(그 무렵 황해도에서는 장연이 단발을 맨 처음 했으므로 평민들도 단발한 사람이 더러 있었다.)에 살고 있다고 한다, 말투는 장연말이 아니고 서울말인데, 촌노인들은 그를 진짜 조선인으로 알고 이야기를 나누고 있었으나, 내가 말을 듣기에는 분명 왜놈이었다. 자세히 살펴보니 흰 두루마기 밑으로 칼집이 보였다. 가는 길을 물어보니 "진남포로[6] 간다."고 한다.

나는 그놈의 행색에 대해 곰곰이 생각해 보았다.

이곳 치하포는 진남포 맞은편 기슭이므로 매일매일 평범한 일본상인(商倭)

---

6 진남포(현재 북한의 남포특별시 지역)는 1894년 청일전쟁을 계기로 일본군 병참기지가 설치되었고, 1897년 개항 후에는 부산, 인천과 함께 3대항으로 불리기도 했다.

이나 일본기술자(工倭) 등 여러 명의 왜인들이 자기들의 본래 행색대로 통행하는 곳이다. 그러므로 왜인이 조선인으로 위장한 것은 지금 서울에서 일어난 분란 때문에 민후를 살해한 미우라 고로나 그의 일당이 몰래 도주코자함이 아닌가하는 의심도 들었다. 하여튼지 칼을 차고 밀행하는 왜인이라면 우리 국가와 민족에 독균 같은 존재임이 명백하다고 확신하였고, '저놈 한 명을 죽여서라도 국가에 대한 치욕을 씻으리라' 다짐하였다.

『백범일지』의 이 부분은 쓰치다 살해의 대의명분(살해동기)과 쓰치다를 어떠한 인물로 판단하고 대의명분을 이루기 위한 대상으로 삼았는가에 대한 기록이다.

쓰치다 살해의 대의명분은 『백범일지』와 '청원서' 그리고 '삼초(三招)'에 기록된 그대로 '국모보수(國母報讐)'임에 이론이 없다. 논점은 국모보수를 이루기 위한 대상으로 왜 쓰치다를 택했냐는 것이다.

쓰치다를 어떠한 인물로 판단하고 그 대상으로 삼았는지는 『백범일지』에 잘 기록되어 있다.

이 기록의 핵심은 쓰치다가 칼을 숨긴 채 한복(두루마기)를 입고 성(姓)과 사는 곳을 거짓으로 말하는 등 조선사람으로 위장한 것으로 보아 '국가와 민족에 독균 같은 존재'가 명백하다고 판단하였다는 것이다.

명성황후를 살해한 미우라 고로와 그 일당 이야기도 했지만 확신을 갖고 한 이야기가 아니고 추측이나 의심을 그 시점에서 했었다는 이야기다. 그러므로 핵심은 쓰치다를 명성황후를 살해한 미우라 고로나 그 일당(공범)이 아닌가 순간 의심한 것에 있는 것이 아니라 '국가와 민족에 독균 같은 존재임이 명백하다.'고 보았다는데 있다.

"하여튼지 칼을 차고 밀행하는 왜인이라면 우리 국가와 민족에 독균 같은 존재임이 명백하다고 확신하였고, '저놈 한 명을 죽여서라도 국가에 대한 치욕을 씻으리라' 다짐하였다."

그럼에도 오랫동안 이러한 이야기들이 회자되었다.

"명성황후 시해에 가담한 미우라나 그 일당이라고 판단(단정)하여 살해 했다."

"명성황후 시해에 가담한 육군중위로 판단(단정)하여 살해했다."

그러나 이 명제들은 올바른 명제가 아니다.

먼저 "명성황후 시해에 가담한 미우라나 그 일당이라고 판단(단정)하여 살해했다."에 대한 것이다.

『백범일지(상권)』는 그때그때 기록하는 일기형식의 글이 아니다. 김 구가 『백범일지(상권)』를 집필한 시기는 이때로부터 많은 시간이 흐른 때 (1927~1928년)였다. 집필할 때는 '치하포사건'에서 살해한 일본인이 명성황 후 시해에 가담한 미우라나 그 일당(공범)이 아닌 쓰치다라는 점을 당연히 알고 있었다. 그럼에도 『백범일지(상권)』에 그러한 기록을 남긴 것은, 그 시 점에서 여러 정황으로 보아 미우라나 그 일당이 아닌가 순간 추측하고 의 심을 했었던 기억을 되살려 담담히 기록한 것뿐으로, 그 일본인을 미우라 나 그 일당이라고 판단(단정)하여 살해했다고 주장하고자 기록한 글이 아 니다. 그러므로 "명성황후 시해에 가담한 미우라나 그 일당이라고 판단(단 정)하여 살해했다."는 명제는 잘못되었다. '국가와 민족에 독균 같은 존재 가 명백하다'는 판단(단정)을 내렸을 뿐이다.

이처럼 쓰치다를 '독균 같은 존재'로 판단한 것은 의심이 아닌 확신(명 백)이었다. 그리고 '독균 같은 존재'로 확신하게 된 그 이유를 "칼을 차고 밀 행하는 일본인" 즉 칼을 차고 변복을 한 채 성과 사는 곳을 거짓으로 말하는 등 조선사람 행세를 했던 점을 들었다.

독균 같은 존재가 명백하다는 확신을 갖고 살해한 상황에 대하여는 여러 평가를 할 수는 있겠지만, 아무튼 김구로서는 확신을 갖고 한 행동이었음은 분명하다.

그러므로 김구가 '국모보수'를 위한 대상으로 삼은 사람은 '국가와 민족에 해를 끼치는 독균 같은 존재'인 일본인이다. '독균 같은 존재'에는 명성황후 시해에 가담한 자, 그리고 가담하지 않았더라고 조선을 침탈하고자 적대적(敵對的)인 활동을 하던 군인, 경찰, 첩자, 낭인 등이 포함되는 포괄적 개념이나 그렇다고 "일본상인(商倭)이나 일본기술자(工倭)" 등 평범하고 순수한 민간인들을 포함하는 개념은 아니다. 『백범일지』에 "이곳 치하포는 진남포 맞은편 기슭이므로 매일매일 평범한 일본상인(商倭)이나 일본기술자(工倭) 등 여러 명의 왜인들이 자기들의 본래 행색대로 통행하는 곳이다."라고 하여 평범한 일본상인이나 일본기술자들은 대상이 아님을 분명히 했다.

『백범일지』에는 살해 착수 전에 김구가 이러한 자신의 판단에 대하여, 자문자답하며 심사숙고했었다고 기록되어 있다.

"너는 저 왜를 마땅히 죽여서 설욕해야 할 대상인지는 확인하였느냐(친필본: '네가 보기에 彼倭를 可殺可雪의 物노는 確認하느냐)?", 이 질문에 "그렇다(然하다.)"고 답하였는데, 쓰치다를 '국가와 민족에 해를 끼치는 독균 같은 존재'로 판단(확인)하고, 국모시해에 대한 치욕을 갚는 일은 옳다고 생각한 것이다.

그리고 "명성황후 시해에 가담한 육군중위로 판단(단정)하여 살해했다."는 명제는 더욱 잘못되었다. '육군중위'는 쓰치다 살해 후에 쓰치다의 소지품 등을 통해서 인식하였다는 것으로 김구가 살해 전에 쓰치다를 구체적으로 '육군중위'라고 판단한 사실이 없다.

　의문이 있을수록 『백범일지(친필본)』에 충실해야 한다. 윤문(潤文)을 지나치게 하거나 의미를 잘못 해석한 내용들이 없는지 유의하여야 한다.

　김구가 『백범일지(친필본)』에 기록하거나 주장하지 않은 말들이 제 삼자에 의해서 각색(잘못된 교열이나 해석)이 되고, 또 다른 사람들에 의해서 이 각색된 글을 옮겨놓고는 김구가 그렇게 주장한 냥 비판을 가하는 어처구니없는 일들도 벌어지고 있다.

　『백범일지(친필본)』의 정확한 해석과 교열은 그 만큼 중요하다.

　김구는 『백범일지』에 '국모보수'라는 대의명분과 관련된 내용들을 끊임없이 언급하였다.

"이화보에게 필구를 가져오게하여 '국모보수의 목적으로 왜인을 타살하였노라' 라는 살해이유(동기)와 '해주 백운방 기동 김창수' 라는 신분을 밝힌 포고문을 써서 길거리 벽에 붙이고 집으로 돌아가 연락을 기다렸다."

"(이화보의 말을 들어보니) 그의 집 벽에 내가 써 붙여놓았던 포고문은 왜놈들이 조사할 제 떼어 감추고 나를 순전히 살인강도로 교섭한 것이었다."

"내가 이번에 왜놈을 죽인 것은 사사로운 감정으로 한 일이 아니라 국가의 큰 수치를 씻기 위해 행한 일이니, 구차스럽게 피신할 마음이 있었다면 당초에 그런 일을 하지도 않았을 것입니다.",

"내가 해주에서 다리뼈까지 드러나는 악형을 당하고 죽는 데까지 이르렀으면서도 사실을 부인했던 것은, 내부까지 가서 대관들을 상대하여 이야기하자는 것이 본의였으나 불행히 병으로 죽게 되었으니, 부득불 이곳에서라도 왜놈 죽인 취지나 말을 하고 죽으리라."

"너희는 어찌하여 우리 국모를 살해하였느냐? 내가 죽으면 신(神)이 되어서, 살면 이 몸으로 너희를 다 죽여서 국가의 치욕을 씻으리라."

"이제 왜놈이 국모를 살해하였으니 온 나라 백성에게 크나큰 대치욕일 뿐만 아니라 왜놈의 독해는 궐내에만 그치지 않을 것이오. 당신들의 아들들

과 딸들이 필경은 왜놈의 손에 다 죽을 터이니 나를 본받아서 왜놈을 보는
대로 만나는 대로 다 죽입시다!"

"그때 입시(入侍)하였던 승지 중 누군가 각 죄수의 '공건'을 뒤적여보다가
'국모보수(國母報讐)' 넉 자가 눈에 이상하게 보여서, 재가수속을 거친 '안건
(案件)'을 다시 빼어다가 임금에게 뵈인즉, 대군주가 즉시 어전회의를 열고
의결한 결과, 국제관계니 일단 생명이나 살리고 보자 하여 전화로 친칙하
였다 한다."

"어떻든지 공식적으로 소장(訴狀)이나 들이자 하여, 제1차에 소지(訴紙)를
올렸다. 그러자 '국모의 원수를 갚는다고 한 말의 뜻은 가상하나, 사건이
중대하여 여기서 마음대로 할 수 없다.'라고 쓴 제지(題旨)가 내려왔다."

이렇듯 쓰치다 살해의 대의명분이 '국모보수'였음을 누누이 강조하고
있다.

2. 신문조서와 청원서에 기록된 대의명분(살해동기)

살인사건 등 중대한 사건이 발생하면 가해자가 왜 그러한 행위를 했는
가 등 범행동기를 조사하고 신문하여 수사서류와 재판서류에 자세히 기록
하는 것은 필수불가결한 것으로 당시나 현재나 다름이 없다.

그러나 쓰치다를 살해한 대의명분(살해동기)에 대하여 세세히 기록된
『백범일지』와는 달리 조선관리들이 작성한 김창수의 신문조서(초초, 재초,
삼초)에는[7] 자세한 내용이 기록되어 있지 않다.

1896년 8월 31일 인천항경무서 경무관 김순근이 주관하고 작성한 김창
수의 조서(초초)에 "그 사람의 근본을 알아본 즉 일본인임으로 '함께 하늘을

---

7   奎26048, 1896. 9. 13의 보고서(제1호)에 첨부.

이고 살 수 없는 원수'라 생각하자 가슴의 피가 뛰었다(其人의 根抵를 探探ᄒ
온즉 果是日人이옵기에 不共戴天之讐를 思ᄒ옵고 腔血이 突起ᄒ야)."고 하였고, 동
년 9월 10일 인천항재판소 판사 이재정이 주관한 김창수의 조서(삼초)에는
"국민 된 몸으로써 원통함을 품고, 국모의 원수를 갚고자 이 거사를 행한
것이다(身爲國民含寃扙 國母之讐有 此擧也)." 라고 하여 살해동기(대의명분)로
겨우 몇 자 기록한 것이 전부이다.

김창수 '초초(初招)'에 이러한 기록이 있다.

> "밝은 새벽(淸晨)에 조반을 마치고 길을 떠나려 하였는데, 점막(店幕)의 법도
> (法意)가 나그네에게 밥상을 줄 때는 행인의 노소(老少)를 분별하여 그 차례
> 를 마땅히 지켜야 하는데도 그 중에 단발을 하고 칼을 찬 수상한 사람이 앉
> 아서 먼저 달라고 하자 점인(店人)이 그 사람에게 먼저 밥상을 주므로(先給食
> 床) 마음으로 심히 분개하였다. 그래서 그 사람의 근본을 알아본즉 과연 일
> 본인이므로 '불공대천지수(不共戴天之讐: 함께 하늘을 이고 살 수 없는 원수)'라고
> 생각이 되자 가슴의 피가 뛰었다. 그러한 때 그 일본인이 한눈을 팔고 있
> 는 틈을 타서 발로 차 거꾸러뜨린 후에 손으로 때려죽여서 얼음이 언 강에
> 버렸다."

이 '초초'에서의 살해동기를 정리하면 '밥을 먼저 달라고 하여 노인보다
앞서 밥상을 받은 것에 분개하였고, 확인해보니 일본인으로 원수라고 생각
해서 살해했다.'는 것이다.

여기서의 핵심적인 살해동기는 '일본인은 원수'라는 것이었지만 김순근
은 김창수가 그 일본인을 왜 원수라고 생각하고 살해했는지는 사실판단에
있어 중요한 사안임에도 조서에 기록조차 하지 않았다. 하지만 김창수의
'삼초(身爲國民含寃扙 國母之讐有 此擧也)'와 『백범일지』 그리고 김창수 부모의
'청원서'와 '소장' 등에 기록된 '보수(報讐)', '복수(復讐)', '국모보수(國母報讐)'

란 기록에서 보듯 원수는 '국모의 원수(국모를 시해한 원수)'라고 생각하고 있었음은 명백하다. 그럼에도 김순근은 이러한 핵심적인 살해동기(국모보수)를 기록하지 않았고, 그 대신 '밥상을 먼저 받은 것' 때문에 '원수'라고 생각한 것인 냥 기록하였고 이 생각이 살해의 동기인 것처럼 호도(糊塗)했다.

즉 김순근은 쓰치다의 신분과 행색, 태도 등과 관련되어 김창수의 많은 진술이 있었을 것이나 거두절미하고 쓰치다가 노인보다 밥상을 먼저 요구하여 받는 등 도리에서 벗어난 행동에 대하여 김창수가 분개한 것이 살해동기인 것처럼 슬며시 끼워 넣듯 기록함으로써 살해동기를 사소한 것으로 격하시켰다.

이것을 살해동기 등 중요한 사안으로 판단했다면 밥상을 먼저 준 당사자로서, 이에 대하여 항의를 받았을 점주 이화보의 '초초'나 '재초'에도 이와 관련된 이화보의 진술이 기록되어 있어야 한다. 이는 수사를 주재한 경무관 김순근이 살해동기인 것처럼 그럴듯하게 작위적으로 기록한 것으로 이후 "밥상을 먼저 받은 것에 분개" 운운하는 이야기는 다신 거론되지 않았다.

이 부분에 대하여는 제4장 제3절 '치하포사건' 관련, 상주안건과 조서, 『백범일지』 기록 비교검토(본서 155쪽)에서 다시 다뤘다.

이와 달리 김창수의 부모가 제출한 2건의 청원서에는 대의명분(살해동기)이 구체적으로 기록되어 있고, 『백범일지』에 기록된 내용들과 대부분 일치한다. 1898년 2월 16일 김구의 어머니 김조이(金召史: 곽낙원(郭樂園))가 법부대신 한규설에게 보낸 청원서에는[8] "원수를 갚기 위한 의리로 타살했다."라고 하였고, 아버지 김하진(金夏鎭: 김순영(金淳永))이 법부대신 한규

---

8 奎17281, 『訴狀』 제9책, 청원서(金召史가 법부대신에게), 1898. 2. 16.

설에게 보낸 청원서에는[9] "국모의 원수를 갚기 위해 타살하였다."라고 기록되어 있다.

이외에도 "조선인 복장으로 변복하고 장연에 산다고 하였으나 언어가 수상한 일본인을 원수를 갚을 의리로 타살하였는데, 강도의 명목으로 잘못 처리되었으므로 방석(放釋: 석방)하여 달라"고 청원한 내용들도 기록되어 있다. 여기서 "강도의 명목으로 잘못 처리되었다.[10]"고 한 것은 '국모보수'란 대의명분으로 '칼을 차고 변복을 한 독균 같은 일본인'을 살해한 것이 어떻게 '강도죄인'이 될 수 있냐고 항변하고 있는 것이다.

3. 국모보수와 시신훼손

김구가 쓰치다를 살해한 동기이자 대의명분은 '국모보수'였음은 의심의 여지가 없다. 조서, 청원서, 소장, 『백범일지』 등에 일관되게 기록하고 있기 때문이다.

시대적 상황을 살펴보았을 때 당시에 '동학농민운동'과 '청일전쟁'에 관련된 수 많은 백성들의 죽음 그리고 '국모시해'와 '내정간섭' 등 일제의 침탈행위에 반발하여 일제에 대한 적개심과 복수심을 갖는 것을 자연스러운 일이다.

'국모보수'라는 대의명분과 별개로 한 가지 남는 문제가 있다. 쓰치다 살해시에 쓰치다의 시신에 대한 훼손과 유기(遺棄)에 대한 것이다.

『백범일지』에는 다음과 같이 기록되어 있다.

---

9 奎17281, 『訴狀』 제9책, 청원서(金夏鎭이 법부대신에게), 1898. 2. 21.
10 「적도처단례」 제7조 '강도죄'를 적용한 것을 말하고 있다.

"선언을 끝마치기 전에, 일시에 발에 채이고 발에 밟혔던 왜놈은 새벽 달빛에 검광(劍光)을 번쩍이며 나에게 달려들었다. 나는 얼굴에 떨어지는 칼을 피하면서 발길로 왜놈의 옆구리를 차서 거꾸러뜨리고 칼 잡은 손목을 힘껏 밟으니 칼이 저절로 땅에 떨어졌다. 그때 그 왜검으로 왜놈을 머리로부터 발까지 점점이 난도(亂刀)를 쳤다. 2월 날씨라 마당은 빙판으로, 피가 샘솟듯 넘쳐서 마당으로 흘렀다. 나는 손으로 왜혈(倭血)을 움켜 마시고, 그 피를 얼굴에 바른 후에 피가 뚝뚝 떨어지는 칼을 들고 방내로 들어가 호통을 쳤다."

이처럼 살해하는 장면을 세밀하게 묘사하는 것은 정당성 여부와 관계없이 잔혹하다고 느낄 수밖에 없는 대목이다. 그러나 살해 후에도 '난도'를 치는가 하면, 피를 마시고 얼굴에 바르는 행위는 지나쳤다. 아무리 복수심과 적개심이 넘쳤고, 쓰치다가 칼을 빼어 들고 달려들었던 상황이었다고 하더라도 살해 후에는 멈췄어야 했다. 더욱이 시신을 강물에 투기까지 했으니 이 부분 비난을 받아도 마땅한 대목이다. 명성황후를 시해한 것도 부족하여 시신을 불에 태운 것에 모두가 공분하는 것처럼, 어떠한 경우든 시신을 훼손하는 행위는 정당하지도 않고 의로운 행위도 아니다.

하지만 시신 훼손행위를 들어 '치하포사건'에서의 '국모보수'라는 대의명분까지 부정적으로 볼 수는 없다.

김구는 이후에도 대중들에게 '치하포사건'을 많이 언급하였음을 짐작할 수 있다. 일제의 침략행위가 노골화되고 끝내 강제병합이 이뤄지는 과정 속에서 이에 반발하던 대중들에게 독립정신을 고취하고 애국심을 불러일으키는데 이만한 소재도 없었을 것이다. 또한 시대상황에 따라 대중들로부터 많은 호응을 받았으리라는 점도 충분히 짐작할 수 있다.

그리고 『백범일지(상권)』를 집필한 시기(1928년~1929년)도 살펴보아야 한다. 이 시기는 김구가 임시정부 국무위원으로 있던 때였다. 많은 동지들이 임시정부를 떠나가고 자금지원도 막혀 극도의 어려움을 겪고 있던 시기로 침체된 분위기를 일신하고자 절치부심하고 있었다. 일제에 대한 적개심을 어떻게든 강렬하게 표현하고 싶었을 것이다.

김구가 『백범일지(상권)』의 집필을 마치고 두 아들과 해외동포에 보낸 편지에 이러한 문구가 있다. 시시각각 다가오는 일제의 암살위협에 비장함이 느껴지는 문구이다.

> "더구나 나는 이미 왜구에게 선전포고를 하여 언제 죽을지 모르는 사선(死線)에 서 있는 몸이다."
> "여러해 전부터 점점 풍전등화의 생명을 근근이 보전하고 있으나 왜놈의 극단적 활동으로 어느 날에 무슨 일을 당할지 알 수 없으나, 김구 또한 원수 손에 목숨이 끊어짐은 지극히 바라는 것으로 시간문제일 것입니다."

만약 광복 이후에 『백범일지(상권)』를 집필했더라도 『백범일지』에 그러한 잔혹함이 느껴지는 표현들을 그대로 똑같이 기록했을런지는 의문이다.

제4절 쓰치다의 신분

『백범일지』에는 쓰치다를 '국가와 민족에 독균 같은 존재'라고 하였고, 살해 후에 쓰치다의 소지품을 통하여는 '육군중위'라는 신분을 확인했다고 기록되어 있다. 이와 달리 일본정부 문서에는 '상인', 또는 '매약상'이라고 하여 쓰치다의 신분을 순수한 민간인으로 기록하고 있다.

'매약상'이란 약품 등을 전국 각지를 돌아다니며 판매하는 행상인(약장수)을 말한다. 쓰치다의 신분이 순수한 '행상인(매약상인)'이라는 것은 김구가 '치하포사건'에서 쓰치다를 '독균 같은 존재'로 판단한 것은 착오라는 결론에 도달할 수 있는 문제이다. 즉 '국모보수'란 대의명분이 인정된다하더라도 '국모보수'를 실천하기 위한 대상이 '국가와 민족에 해를 끼치는 독균 같은 존재'가 아닌 상인 등 순수한 민간인이었다면 그 정당성에 의문이 들 수밖에 없다. 그러므로 쓰치다의 정체가 무엇이었나에 대한 고찰은 중요하다.

1. 변복(變服)

'치하포사건' 당시 쓰치다는 일본인 복장이 아닌 조선인 복장을 하고 조선사람 행세를 하였다. 이처럼 일본인이 조선인 복장을 하는 것은 불가능한 일은 아니나 변복과 함께 자신이 사는 곳과 성(姓)을 거짓으로 말하는 등 조선인으로 위장한 사례는 흔한 일이 아니다. 그 이유는 일본인이 조선인으로 변장을 하고 조선사람 행세를 하다가 발각이라도 된다면, 상인이나 민간인이 아닌 정탐을 목적으로 하는 첩자나 낭인 또는 군인이나 경찰 등 조선과 조선백성에게 적대적인 활동을 하는 '독균(毒菌) 같은 존재'로 인정되어 목숨을 잃는 위험까지 감수해야 하기 때문이다.

즉 조선인으로 위장하여 활동한다는 것은 그러한 위험성까지 감수하여야 할 특별한 목적이 있기 전에는 실행하기 어려운 일로서, 순수한 일본 민간인이 조선인들의 공격을 피하기 위해 조선복으로 변복을 하고 조선사람인 것처럼 거짓말을 하고 다닌다는 것은 쉬운 일이 아니다.

또한 일본인이 조선인 복장으로 변복하는 것이 흔한 일이 아니라는 것은 『백범일지』에 기록된 김구와 점주 이화보의 대화를 통해서도 알 수 있다. 쓰치다 살해를 실행할 때 도주하였던 이화보가[11] "다만 왜놈에게 밥 팔아먹은 죄밖에 없습니다."라며 먼저 '왜놈' 운운하자 이에 의구심을 품은 김구는 "네가 그 놈이 왜놈인 것을 어떻게 알았느냐?"고 물었고, 이화보는 "소인이 항구 객주를 하는 탓으로 진남포로 내왕하는 왜인들이 종종 제 집에서 자고 다닙니다. 그러나 한복을 하고 오는 왜인은 처음 봅니다."라고 답하자 다시 김구는 "이 왜는 복색뿐만 아니라 조선말도 능한데 네 어찌 왜인인 줄 알았느냐?"고 되물었고 이화보는 "몇 시간 전에 황주에서 온 목선 한 척이 포구에 들어왔는데, 뱃사람들의 말이 '일본 영감(令監) 한 분을 태워왔다.'고 하기에 알았습니다."라고 대답하였다고 기록되어 있다.

이처럼 이화보가 여점(旅店) 영업상 수많은 일본인들을 대하였지만 한복을 입고 조선인으로 위장한 일본인은 처음 보았다고 답변한 것만 보아도 변복은 흔한 일이 아니었음을 알 수 있다.

당시에 일본상인이 한복을 입고 있었다고 기록된 일본정부 문서가 있다. 1896년 4월 4일 후타쿠치 요시히사(二口美久)원산영사가 고무라 쥬타로(小村壽太郞)공사에게 보고한 문서[12] 내에 히라하라 아쓰무(平原篤武)경부

11 삼초에는 이재정이 "이화보는 점주로서 그대가 사건을 일으키는 것을 목도하였는가?"라는 물음에 대하여, 김구는 "이화보는 겁에 질려서 피신하고 없어서 사람을 보내 불러 왔다."고 답했다고 기록되어 있다.
12 주한일본공사관기록 8권, (33)吉州地方의 賊徒狀況 報告.

(警部)가 원산영사에게 보고한 내용이 기록되어 있는데, 여기에 일본상인이 한복을 입고 있었다는 내용이 포함되어 있다.

"음력 1월 23일 아침 이 같은 사정도 모르는 길주시의 폭한 3명이(이 폭한은 먼저 번에 측량대에게 위해를 가한 선동자임을 뒤에 도매상점 주인이 말했음) 갑자기 나의 숙소에 뛰어 들어와 나를 보고는 '너는 누구냐', 또 말하기를 '너는 무엇 하는 자인데 이 땅에 오래도록 가지도 않고 머물러 있느냐, 만일 굳이 여기서 나날을 보내면 용서하지 않을 것이다.'라고 하며 노기 띤 말과 얼굴빛을 했다. 그리하여 뜻밖에 불행한 일이 일어나려 할 때에 다행히 주인이 간절하게 비호하여 주고, 또 스스로도 한복(韓服)을 입은 채 언어가 통하지 않는 형상을 하고 모든 변명과 해명은 주인이 맡아주어 그 자리를 겨우 모면했다."

이는 히라하라(平原)경부가 원산에 있던 오카다 키쿠타로(岡田菊太郎)라는 일본상인이 길주지방으로 가서 장사를 할 당시에 의병들이 봉기함에 따라 정세가 험악해지고 의병 등 지역주민들이 적대감을 보이자 원산으로 돌아가려 할 즈음에 발생한 일을 기록해 놓은 것이다.

여기에 오카다 키쿠타로가 한복을 입고 있었다는 기록이 있다. 요약하면 오카다가 길주지방의 한 도매점을 근거로 장사를 하던 중 길주의 의병(폭한) 3명이 도매점을 찾아와 이 지역을 벗어날 것을 요구할 때, 이 일본인은 한복을 입은 상태에서 묵묵부답(默默不答) 했다는 것으로, 어떤 이유로 한복을 착용하고 있었는지 정확히 알 수는 없지만 한 가지 분명한 것은 이 일본상인은 조선인으로 위장하기 위하여 변복한 것이 아니라는 점이며 더욱이 조선사람인 것처럼 거짓말을 하지도 않았다. 그러므로 '치하포사건'의 쓰치다처럼 조선인복장을 하고 조선사람인 것처럼 거짓말하는 등 위장하였던 것과 같은 사례는 아니다.

다른 이야기도 기록되어 있다.

"내가 그곳에서 체재 중에 있었던 일인데, 하루는 산발한 한인이 말을 타고 그곳을 지나가는 것을 발견하고는 '이 자가 일본 측량자(測量者)인데 변장한 자'라고 하여 이 사람을 붙잡아 구타하여 거의 사경에 빠지게 했다. 의복을 벗겨 조사해 보았지만 전혀 일본인다운 흔적도 없는 데에다 두건 속에 들어 있는 서류를 통해 비로소 자기 나라 사람임을 알고는 방면한 일이 있었다."

이는 의병들이 말을 타고 가던 조선인을 변장한 일본인으로 오해하여 구타를 하였다는 내용으로 실제로 일본인이 한복을 입는 등 변복을 하였을 때, 발생할 수 있는 위험성을 잘 알려 주는 사례이다. 또 이 사례를 통하여 일본인들이 조선인으로 변장하여 적대적인 활동을 한다는 사실이 조선인들 사이에 널리 알려져 있었고 이를 경계했음도 짐작할 수 있다.

또 히라하라 아쓰무(平原篤武)경부(警部)가 오카다로부터 수집한 내용 중에는 북부지방의 러시아인들의 동향, 지역정세와 민심 등도 포함되어 있다.

이 문서에서 알 수 있듯 일본경찰이 행상인을 통하여 수집된 첩보는 해당 영사에게 보고를 하였고, 최종적으로는 일본공사까지 보고되었다. 이렇듯 행상인들을 통한 정보수집대상이 다양했음은 한철호 교수의 「계림장업단(1896~1898)의 조직과 활동」이란 논문을 통하여도 알 수 있다.

"3. 상황 및 정보의 수집

계림장업단은 내지행상을 하는 단원으로 하여금 본부 내지 지부 앞으로 각 지역의 商況, 작물의 풍흉 등 경제적 사항뿐만 아니라 일본상인에 대한 조선인의 감정 및 대우의 후박 등 민심의 동향을 포함해서 일본과 관련된 모든 정황을 탐문·보고하도록 조치하였고, 이를 취합하여 다시 각 영사관에 보고하는 업무를 맡기도 하였다. "13

"계림장업단(鷄林奬業團)은 아관파천 이후 '위축된 일본상권을 회복·진흥
시키기 위한다.'는 목적으로 인천항에 설립된 일본인 내지행상단체(內地行
商團體)로, 1896년 5월 17일에 단원 219명이 인천에서 결단식을 거행하
였다. "14

계림장업단은 '치하포사건' 발생일(3월 9일)이나 앞의 오카다 관련 보고
일(4월 4일)보다 늦게 설립되었지만 일본정부의 후원을 받았던 계림장업단
의 내지행상인들이 상행위 외에 조선에서 어떠한 활동들을 하였는지를 잘
말해주고 있다. 일본정부는 행상인(行商人)들에게 조선에서 벌어지는 정
치·경제·사회·문화·군사상황 등 모든 정황을 탐문하여 보고하도록 하
였다. 그 결과 취합된 첩보(정보)는 히라하라 아쓰무(平原篤武)경부(警部)가
원산영사에게 보고하듯 계림장업단에서도 각 영사에게 보고를 하였다.

통신시설이 미약하고 교통이 불편했던 시절, 일제의 입장에서 보면 접
경지역의 청국과 러시아 군대나 사람들의 활동상황, 조선의 의병봉기 등
각 지역 민심과 동향 등을 파악하는데 있어 일본행상인들을 활용하는 것
보다 효율적인 것은 없었을 것이다.

이러한 행상인들을 활용한 정보(첩보)수집 활동은 앞의 문서와 후술(본
서 100쪽)한 내용에서 보듯 계림장업단 설립과 관계없이 오래전부터 이미
실행해오고 있었음도 알 수 있다.

계림장업단 창립에 참가한 인원이 219명이라고 하는 것에서도 보듯 이
당시에는 행상인(行商人)들의 숫자가 그리 많지 않았다. 일본정부 입장에서

---

13 한철호, 「계림장업단(1896~1898)의 조직과 활동」, 『사학연구』, 1998. 3.商況 및 情報의
   수집, 646쪽.
14 한철호, 「계림장업단(1896~1898)의 조직과 활동」, 『사학연구』, 1998. 630쪽 및 633쪽.

는 행상인들은 정보수집원으로 관리하고 활용하는데 큰 부담이 없었을 것이다. 이후 계림장업단은 무장화한 준군사단체로 변모하였고, 일본정부에서는 조선인들의 반발을 일으키는 등 많은 문제를 야기하자, 자신들의 시책에도 방해가 된다고 판단하고 지원금을 끊음에 따라 자연스럽게 해체되었다.

2. 패검(佩劍)

'치하포 사건' 당시 쓰치다는 변복뿐 아니라 칼까지 차고 있었다. 김구는 『백범일지』에 이 칼을 '왜검(倭劍, 일본도)'이라 기록하였다. 쓰치다 소유의 칼이 어떠한 칼이었는지는 김구가 쓰치다 살해 후에 쓰치다의 칼을 전리품(戰利品) 마냥 차고 갔으니 잘 알고 있었다.

조선정부의 '치하포사건' 발생 초기 문서들에는 그 칼을 검(劍)이나 도(刀)로만 기록하였으나 이러한 칼이 인천감리서에서 신문을 받으면서부터 경무관 김순근에 의해 조서(김창수와 이화보의 '초초')에 '환도(環刀)'로 기록되었다. 조선의 '환도'는 넓은 의미에서 일본풍의 칼도 포함된다지만 이는 '일본도'가 아닌 '조선도'임을 강조하고 있다고 보아야 한다. 그리고 1896년 9월 22일 『독립신문』과 10월 22일 '상주안건'의 '김창수 안건'에도 '환도를 탈취했다.'라고 기록하고 있다.

그러나 이들 기록과는 달리 일본문서에는 '일본도(日本刀)'라고 기록되어 있다. 1896년 4월 2일 경성 일등영사 우치다 사다츠치(內田定槌)가 하라 다카시(原敬)외무차관에게 보고한 문서에는[15] "쓰치다(土田)가 휴대하고 있

---

15 한국근대사자료집성 8권 국권회복, (2)히라하라경부 평양출장 시말보고건(공신 제90호), 1896. 4. 2.

던 '일본도(日本刀)'를 가져갔다."고 기록되어 있어, 그 칼은 '환도'가 아닌 '일본도'였음을 알 수 있다.[16]

이 시대에 검(劍)이라는 것은 일반적으로 군인이나 경찰들이 패용하던 것으로 병기(兵器)이다. 이들이 검을 차는 것을 무장(武裝)했다고 표현한다. '양반' 등이 호신용이나 장식품으로 소유하던 지팡이 모양의 '호신검(護身劍)'이나 '단도(短刀)'와는 성격이 다르다. 이러한 칼을 쓰치다가 두루마기를 입고, 그 두루마기 안에 숨긴 채 아침밥을 먹기 위해 여점에 나타났던 것이다. 추운 날씨에도 이화보의 여점이 아닌 배에서 잠을 자는 등 조선인과의 접촉을 피해 은밀히 행동했지만 굶을 수는 없는 노릇이었다.

또한 칼을 소지한다는 것은 필요시 칼을 능숙하게 사용할 수 있다는 자신감이 없다면 쉽지 않은 일이다. 칼을 차고(佩劍) 있었다는 것만으로도 충분히 신분에 대한 의심을 받을 수 있는 상황이었다.

일본인으로 1893년 조선에 입국, '매약상인'으로 위장하여 조선을 정탐한 혼마 규스케(本間久介)가 집필한 『조선잡기(朝鮮雜記)』에 '조선를 여행하려는 사람들이 휴대해야 할 물품' 중에[17] 호신용 기구로 '권총이나 도검'을 제시하였으나 "귀족적 여행자를 위해서가 아니다."라는 단서를 달아 순수한 여행자가[18] 아닌 혼마 규스케 본인처럼 정탐을 목적으로 입국하여 조선 구석구석을 염탐한 사실들을 속속들이 수첩에 기록하려는 자들을 위한 지침

---

16 '치하포사건' 발생 초기에 이 칼의 존재조차 언급하지 않던 일본관리들은 김창수와 이화보 그리고 많은 목격자들에 의해서 쓰치다가 칼을 차고 있었음과 김창수가 그 칼을 빼앗아 사용했음이 명백하게 드러나자 더 이상 칼의 존재를 부정하지는 못했으나 칼이 '일본도'임과 김창수가 그 칼을 사용한 것을 숨긴 채 그 칼이 조선칼(환도)이라는 것과 그 칼을 김창수가 탈취했다는 것만을 주장하였고, '상주안건'의 '김창수 안건'에 그대로 관철시켰다.

17 혼마 규스케(本間久介) 저, 최혜주 역주, 『조선잡기(朝鮮雜記)』, 김영사, 2008, 234쪽. (여행자의 휴대품)

18 '청일전쟁' 발생 직전 또는 발생 후의 상황 속에서 목적 없이 조선을 한가로이 여행하고, 조선 깊은 곳까지 배회하는 일본인은 없었을 것이라고 봄이 타당하다.

임을 밝히고 있다. 이러한 지침은 일개 개인의 의견으로 일본정부의 시책
은 아니다.

여행자의 휴대품(조선잡기)

내지를 여행하려는 사람을 위하여 휴대해야 할 물품을 제시한다.

모포, 어깨에 메는 가방, 수첩, 연필, 키니네(물이 나쁘기 때문에 이창열(泥瘡熱)에 걸리
기 쉽다), 은화 약간(이것은 만일을 위해서이다. 1원에 한전 8백문 정도로 교환할 수 있다.), 호
신용기구(권총이나 도검), 수건, 치약, 비누, 소금.

다만 귀족적 여행자를 위해서가 아니다.

의복은 일본복도 괜찮고, 서양복도 괜찮다. 다만 내지인의 신용을 얻기 위해서는 서양복이
편리하다.

---

3. 매약상인(賣藥商人)

1) 재판이 끝난 후에 '상인'이라 공표한 일본정부

쓰치다의 신분이 '상인'이라고 처음 밝힌 것은 조선정부가 아닌 일본정
부였다. 그것도 1896년 3월 9일 '치하포사건' 발생 후 6개월여나 시간이 흐
른 9월 12일로서 인천감리서에서의 수사와 재판이 다 끝난 후 인천영사관
하기와라 슈이치(萩原守一)영사가[19] 인천항재판소 판사 이재정에게 보낸 '조
회문서(인부 제150호)'에[20] 쓰치다에 대하여 '아상 쓰치다 조스케(我商 土田讓
亮: 우리나라 상인 쓰치다 조스케)'라고 한 것이다.

사실 이전에도 쓰치다 조스케(土田讓亮)를 상인(매약상)이라 기록한 일본
정부 문서는 두 건이 더 있었다. 한 건은 1896년 4월 6일 하기와라(萩原)영

---

19 주한 인천일본영사관 영사 추원수일(萩原守一: 하기와라 슈이치)은 仁府 제150호에 적
원수일(荻原守一)로 기록하기도 했으나 필사하는 과정에게 잘못 옮긴 것으로 보인다.
20 奎26048, 仁府 제150호, 보고서(9.13)에 첨부, 1896. 9. 12.

사가 일본 하라(原)외무차관에게 보고한 내용을 근거로 외무성에서 요약한 문서이다.[21] 이 문서에는 '장기현평민 쓰치다 조스케(土田讓亮)'란 기록과 함께 "쓰치다 조스케는 장기현 대마국 하군(下郡)인 엄원(嚴原)사람으로 당항 무역상 오쿠보 키이치(大久保機一)가 고용한 사람으로서(雇人) 상업적 용무(商用)로...."라고 하여 쓰치다가 상업활동을 하는 자임을 기록하고 있다.

다른 건은 1896년 5월 30일에 고무라(小村)공사가 무쓰 무네미쓰(陸奧宗光)외무대신에게 보고한 문서(아국인민 피해에 관한 건, 비밀 제41호)로[22] 이 문서의 '별지 갑호 제국민서조해(帝國民庶遭害)에 관한 조선정부와의 교섭월일표'에 쓰치다의 신분을 '매약상'이라 기록해 놓았다.

이처럼 일본정부는 자신들만이 알 수 있는 기밀문서이자 내부문서들에는 쓰치다의 신분을 '상업활동을 하는 자' 또는 '매약상'이라고 기록하였으면서도 이를 조선정부에 알려주거나 주장하지 않다가 9월 12일에서야 '아상 쓰치다 조스케(我商 土田讓亮)'라고 하여 쓰치다의 신분이 상인이라고 공표했다. 일본정부에서 조선정부 관리들에게 쓰치다의 신분이 '상인'이라고 지침을 주는 듯한 모습이 연출된 것이다.

이에 따라 조선정부는 그동안 일본정부에서 조선정부에 보낸 문서들에 기록된 '장기현평민'이나 '일본인(日人)'으로만 쓰치다를 지칭하다가 이 일본정부의 문서를 받고부터는 쓰치다의 신분을 상인이라고 문서에 기록하기 시작했다.

이후 관청에서 제공하였을 자료에 따라 쓰치다의 신분을 '일본장사'나 '일상(日商: 일본상인)'이라 보도한 『독립신문』 1896년 9월 22일자와[23] 11월

---

21 재인천추원사무대리발신원외무차관완공신요지(在仁川萩原事務代理發信原外務次官宛公
　信要旨), 1896. 4 .6, 백범김구전집(3).

22 주한일본공사관기록 9권, (13)아국인민 피해에 관한 건(기밀 제41호), 1896. 5. 30.

23 「독립신문(잡보)」 현대문 : 9월 16일 인천감리 이재정씨가 법부에 보고하였는데, 해주 김

7일자[24] 기사는 특별한 의미가 있는 것은 아니었다.

일본정부에서 쓰치다의 신분이 상인임을 수사와 재판이 끝난 후에야 공표한 것은 저의(底意)가 있다고 의심받기 충분한 행위였다. 신문 등 수사와 재판과정에서 쓰치다의 정체가 장사만 하는 평범한 상인(매약상)이라는 일본 측 주장이 거론되었다면 김창수와 이화보 또는 조선관리들이 이에 대한 반발과 반론이 있었을 개연성은 충분하다. 일본정부는 수사와 재판이 끝난 후에야 조선정부에 이를 알림으로써 이에 대한 논쟁이나 반발을 원천적으로 봉쇄했다. 일본정부에서 어떠한 이유로 쓰치다의 신분을 자신들의 문서에는 상인(매약상인)이라 정리하였으면서도 조선정부에게는 '치하포사건' 발생 후 6개월 동안이나 밝히지 않았는지 여러 의문이 드는 대목이다.

이러한 쓰치다의 신분이 '상인'이라는 주장을 반박하는 의미의 글이 『백범일지』에 기록되어 있다.

"이곳 치하포는 진남포 맞은편 기슭이므로 매일매일 평범한 일본상인(商倭)이나 일본기술자(工倭) 등 여러 명의 왜인들이 자기들의 본래 행색대로 통행하는 곳이다."

김구는 치하포가 자신이 거주하던 지역(海州 白雲坊 基洞)과 멀지않은 지역이라 상인이나 기술자 등 일본인들이 많이 왕래한다는 사실을 이미 잘 알고 있었다.

창수가 안악군 치하포에서 일본장사 토전양량을 때려죽여 강물속에 던지고 환도와 은전을 많이 뺏었기로 잡아서 공초를 받아 올리니 조율처판(照律處辦)하여 달라고 하였더라

24 「독립신문(잡보)」현대문: 이번에 각 재판소에서 중한 죄인 여섯을 명백히 재판하여 교에 처하기로 선고하였는데... ○그 전 인천재판소에서 잡은 강도 김창수는 자칭 좌통령이라 하고 일상 토전양양을 때려죽여 강에 던지고 재물을 탈취한 죄로 교에 처하기로 하고...

2) 매약상인(賣藥商人)의 정체

여기서의 매약상인은 전국 각지를 돌아다니던 매약 행상인(行商人)을 말한다.

쓰치다의 신분이 이러한 '매약상인'이었다고 당시 일본정부는 내부문서에 기록하고 있다. 이러한 '매약상인'이 아니라고 반증할 자료는 발견되지 않고 있다. 더욱이 '상인 쓰치다'의 유가족에게 배상금이 지급되었다는 기록도[25] 있어 쓰치다의 신분이 상인(매약상인)이 아니라고 주장하기 어렵다.

그러나 설령 쓰치다가 '매약상인'이었다고 하더라도 오로지 장사만 하는 순수한 상인이었느냐 아니면 '매약상인'으로 위장하거나 또는 '매약상인'인 신분을 활용하여 정탐활동을 하는 등 특수한 임무나 목적을 갖고 활동하던 자였던가는 별개의 사안이다.

그러므로 이 시대에 '매약상인'이었던 일본인들과 '매약상인'으로 위장한 일본인들이 조선에서 어떠한 목적을 갖고 어떠한 활동을 하였는가를 고찰함은 쓰치다의 신분이라는 '매약상'을 이해하는데 큰 도움이 된다.

① 『조선잡기(朝鮮雜記)』의 저자 혼마 규스케(本間九介)와 매약상인

혼마 규스케는 1893년 입국하여 '매약상인'으로 위장한 채 조선 각지를 여행하며 조선정세를 정탐하는 등 조선과 대륙침략의 초석을 마련하기 위해 활동한 일본인이다.

혼마 규스케의 신분과 『조선잡기(朝鮮雜記)』에 대하여 역주자 최혜주교수는 다음과 같이 설명했다.

"그는 후쿠시마현의 니혼마쓰시 출신으로 『이륙신보』 특파원, 천우협,

---

25 일본외무성외교사료관소장, 「외무성기록」, 「외무성고시 제1호」 1905. 3. 15.

흑룡회 회원으로 활동하고 통감부와 총독부가 설치된 뒤에는 관리가 되었다. 혼마가 처음 조선에 온 것은 1893년 조선사정을 조사하기 위해서였다. 그는 부산에 머물고, 경성, 중부지방을 정탐하고 매약 행상을 하며 황해도와 경기도 충청도 지방을 여행했다. 그 후 도쿄에 돌아가 1894년 4월 17일부터 6월 16일까지 여행담과 조선의 사정을 『이륙신보』에 「조선잡기」라는 제목으로 연재하고, 그것을 한 권으로 묶어서 그해 7월 1일 간행했다."[26]

"이들 가운데 조선통으로 불리는 사람들은 조선 침략의 첨병역할을 했다. 그들은 조선을 식민지로 만들고 나아가 대륙침략의 교두보 마련을 위해 적극적으로 활동했다. 혼마도 그렇게 활동한 사람가운데 하나였다."[27]

강창일은 『근대 일본의 조선침략과 대아시아주의』에서 혼마 규스케 등의 신분, 조선입국 목적과 활동에 대하여 다음과 같이 설명했다.

"한편 혼마와 지바는 조선 중부지방을 여행하기 위해 경성으로 갔다. 그들은 경성 남대문 부근에 있는 약포를 숙소로 정하고 매약행상을 하면서 황해도와 경기도 지방을 정탐하는가 하면, 안성을 거점으로 충청도에서도 활동하고 있었다. 당시 안성에서는 노타 헤타로(野田兵太郎)라는 자가 친일파 관료 김종한(金宗漢)의 집을 빌려서 약포(藥舖)를 경영하고 있었는데, 이곳이 충청·경기지방에서 활동하는 낭인들의 거점으로 이용되었다."[28]

"동학농민군이 봉기하자 6월 2일 『26신보』 특파원으로 파견되어, 6월

26 혼마 규스케(本間久介) 저, 최혜주 역주, 『조선잡기(朝鮮雜記)』, 김영사, 2008, 일본은 조선을 어떻게 인식했을까, 265~266쪽.
27 앞의 책, 『조선잡기』, 271쪽.
28 강창일, 『근대 일본의 조선침략과 대아시아주의』, 역사비평사, 2011, 제2절 천우협의 결성과 활동, 67쪽.

9일 부산에 도착했다"[29]

'〈표3〉흑룡회 창립 당시 주요 멤버들의 인적 사항'에 "本間九介는 흑룡회 창립멤버로 「26신보」기자, 천우협도, 명성황후 시해사건에 관여"[30]

"낭인들의 생활방편을 살펴보기로 한다. 천우협의 경우 다케다·오자키·시바타는 법률사무소(지금의 사법서사) 직원이고 요시쿠라·혼마·스즈키 등은 신문사특파원, 이노우에는 조선주재 신문사 기자, 오쿠보는 소학교 교원, 니시카타(西脇)는 조선어통역 등을 하고 있었다. 그러나 각 처를 돌아다니면서 정보수집을 할 때 이들은 잡화행상(특히 매약상인)을 가장하는 경우가 많았다. 행상은 전국에 돌아다니며 정보를 수집하고 정탐활동을 하는 데 용이했기 때문에 그들의 목적에 안성마춤이었다."[31]

이처럼 이 시기에는 대륙진출의 야욕을 갖고 있던 수많은 일본인들이 정탐을 위하여 조선에 진출하여 암약했음을 알 수 있고, 첩보수집 후에는 혼마 등과 같이 신문 등에 조선의 부정적인 면을 강조하는 글을 올림으로써, 조선침략과 식민지화가 그다지 어려운 일이 아님을 일본정부와 국민들에게 전파하는데 큰 역할을 하였다.

특히 이들 첩자들이 조선에서 정탐활동을 할 때에 행상인(매약상인)으로 위장하는 것은 늘상 있었던 일임도 알 수 있다.

② 청일전쟁과 매약상인

청일전쟁에서도 조선인 복장을 하거나 매약상인으로 가장한 일본인들이 있었다.

---

29 앞의 책, 『근대 일본의 조선침략과 대아시아주의』 제2절 천우협의 결성과 활동, 69쪽.
30 위의 책, 『근대 일본의 조선침략과 대아시아주의』 제2절 흑룡회의 결성, 165쪽.
31 위의 책, 『근대 일본의 조선침략과 대아시아주의』 제2절 '조선낭인'의 아시아 체험과 인식, 329쪽.

'청일전쟁' 발발 초기인 1894년 8월 22일 원산 이등영사 우에노 센이치(上野專一)가 특명전권공사 오토리 케이스케(大鳥圭介)에게 보고한 문서에[32] '평양교전(1894.9.15.~9.17)' 직전 평양지방의 청군 동향 등이 기록되어 있다.

이 문서에는 원산영사가 고용한 한어교사 김경옥(韓語教師 金慶玉)을 정세탐정을 위하여 파견하여 그 결과를 보고 받은 내용이 포함되어있는데, 문서기록 중에 "청국군이 2~3명씩 조선복장을 하거나 승려로 변장하여 일본군대의 상황을 탐색하고 있다."는 내용이 있고, "청군이 일본인 행상(매약상)을 체포하였다."는 내용도 있다. 또 "평양 길목에 초병선(哨兵線)을 치고 통과하는 자들을 일일이 조사하고 있는데, 이는 오로지 일본인이 조선인 복장을 하고 탐정하는 자를 잡기 위한 것이라고 한다. 청군이 수 일전에 조선인 복장을 한 일본인 1명이 배회하는 것을 발견하고 체포하여 참살하였다고 한다. 이미 6월 이후 청군영에서 참살된 자가 9명에 이른다."라는 내용도 있다.

이를 살펴보면 '청일전쟁' 당시 청국과 일본의 목숨을 건 첩보전이 치열했음을 알 수 있고, 이때 청국과 일본의 첩자들이 첩보활동을 수행하기 위해 조선인 복장을 하는 등 조선인으로 위장하는 것은 기본적인 간계(奸計)였음도 알 수 있다. 이때 청군의 상황을 탐색하기 위해 일본정부는 '매약상인'으로 위장한 일본군인 등을 투입하였거나 또는 '매약상인'인 일본인들을 첩자로 활용하였음을 이 문서가 알려주고 있다.

일본정부 입장에서의 일본 측 첩자 국적으로는 일본인과 조선인이 있다. 조선인은 일본정부에 고용되어 첩자(끄나풀)로 활동하던 사람들로서, 앞의 원산영사가 고용한 한어교사 김경옥 같은 사람을 말한다. 1910년 한일강제병합을 전후하여 이러한 사람들을 일본정부에서는 '밀정(密偵)'이라

---

32 주한일본공사관기록 2권, (53)平壤地方 淸國軍에 관한 탐정보고(기밀제22호), 1894. 8. 22.

부르며 체계적으로 관리했다. "일본군 100명보다 밀정 하나가 더 무섭다."
는 말이 있듯 독립운동가들에게 수많은 피해를 끼친 사람들이다.

또 전문성에 따라 첩자들을 구분하면 정부의 정보수집기관에서 교육을
마치고 첩보수집활동을 하는 전문적인 첩자와 어떠한 직업과 관련된 활동
을 하면서 필요 또는 지시에 따라 첩보를 수집하는 비전문적인 첩자로 나
눌 수 있다. 전문적인 첩자는 필요와 상황에 따라 여러 신분으로 위장하기
도 하지만 비전문적인 첩자는 주로 생업과 관련된 직업에 종사하면서 활동
한다는 점에서 차이가 있다.

그런데 첩자들이 내세우는 신분으로 '매약상인'이 많았던 이유는 무엇
인가?

일단 행상인이라면 전국 각지를 떠돌면서 상행위를 하는 것은 자연스
러운 일로서 의심을 적게 받을 수 있다. 또한 '매약상인'이 판매하는 약품
류는 비교적 고가에 부피가 적어 행낭 등에 일정량의 약품을 갖고 다니면
서 '매약상인'이라 주장할 수 있는 장점이 있다. 즉 첩자들이 적대국 사람
들에 의해서 추궁을 받더라도 이를 모면할 가능성이 높으며, 더욱이 은밀
하고 민첩한 행동이 요구되는 첩보활동에 있어 최적의 상품이다.

③ 의병봉기와 매약상인

을미사변과 아관파천 등이 연이어 발생하면서 전국적으로 의병들의 봉
기가 이어졌다. 이러한 때에 의병탄압을 위하여 '매약상인'을 일본정부에
서는 어떻게 활용하였는가를 잘 알려주는 문서가 있다. 1896년 3월 4일 고
무라공사가 외무대신임시대리 사이온지(西園寺)에게 보고한 문서이다.[33]

문서에 이러한 내용이 있다.

---

33 주한일본공사관기록 9권, (13)사변 후의 정황 속보(기밀제18호), 1896. 3. 4.

"강원도 철원은 적에게 점거된 바 이미 20여 일이 되었지만 먼젓번 이 방면으로 파견된 친위대가 그곳의 적을 공격해서 일거에 소탕했습니다. 그래서 적에게 잡혀 감옥에 붙들려 있던 본 공사관에서 파견한 한인 비각(飛脚: 파발꾼)과 일본인 매약상 요시토미 코자부로(吉富幸三郎)는 간신히 생명을 구해 관병 4명에게 호송되어 지난 달 29일 무사히 이곳에 돌아왔습니다."

이 당시 일본공사관에는 '비각(飛脚: 파발꾼)'이라 불리우는 조선인들을 고용한 후 의병활동이 활발한 지역에 파견하여, 그 지역에 있던 일본인(군, 경찰, 민간인 등)에게 서신 등을 전달하는 등 통신과 그 지역의 정세를 정탐하는 첩자(밀정)와 같은 임무를 수행케 했다. 이 문서는 일본공사관에서 파견한 비각과 일본인매약상 요시토미 코자부로(吉富幸三郎)가 강원도 철원에서 봉기한 의병들에게 붙잡혀 있다가 구출됐다는 내용으로, 이들이 의병봉기지역에서 어떠한 활동을 했었는지를 충분히 짐작할 수 있다.

특히 매약상 요시토미 코자부로(吉富幸三郎)는 1896년 5월 30일 고무라(小村)공사가 무쓰 무네미쓰(陸奧宗光)외무대신에게 보고한 문서에[34] 의하면 끝내 사망하여, 조선정부에 배상금청구대상이 된 매약상 중 한 명이었는데, 어떠한 상황 속에서 사망했는지 기록을 발견할 수 없으나 전력(前歷)으로 보아 첩자(諜者)활동을 지속하다가 의병들에게 발각되어 살해당했을 가능성이 높다.

④ 일본정부와 매약상인

당시에 일본정부에서 군인이나 경찰 등을 첩자로 활용했다는 것은 주지의 사실이다.

---

34 주한일본공사관기록 9권, (13)아국인민 피해에 관한 건(기밀제41호), 1896. 5. 30.

1900년 2월 7일 마산영사분관 영사관보 사카타 주지로(坂田重次郎)가 하야시 곤스케(林權助) 일본공사에게 보고한 문서에는[35] "우선 당관(當館) 소속 순사 키사누키 규노스케(木佐貫牛之助)를 오늘 아침 오카모토(岡本)의 고용인으로 꾸며 식면포(食麵包) 등의 운반을 핑계로 오카모토과 함께 '가이다마크'에 승선시킬 생각입니다. 하지만 혹시 승무원에게 들킬 염려도 있기 때문에 오카모토에게는 별도로 각각 보고해야 할 조항을 내명(內命)하고, 키사누키(木佐貫) 순사는 '매약상(賣藥商)'으로 꾸며서 오늘 아침에 정찰을 위해 진해 쪽으로 출발시켰습니다."란 기록이 있다. 이는 마산영사관에서 일본순사 키사누키 규노스케(木佐貫牛之助)를 '매약상'으로, 오카모토(岡本)를 그의 피고용인으로 위장시킨 후 러시아 군함 가이다마크에 탑승시켜 정탐을 할 계획이라고 한 것이다. 이러한 문서들에도 나타나듯 '매약상'은 일본정부가 첩보활동을 함에 있어 일본경찰 등 관리들을 민간인 신분으로 위장시키기 손쉬운 신분이었음을 확인할 수 있다.

이처럼 당시의 자료들을 종합적으로 검토하면 '별지 갑호의 교섭월일표'에[36] 기록된 매약상등 행상인들 중에는 요시토미 코자부로(吉富幸三郎)의 경우처럼 첩자활동을 하던 자들이 다수 포함되었을 가능성이 충분히 있다고 보아야 한다.

전국적으로 의병봉기가 일어나는 등 일본인에 대한 적개심이 고조되던 시기에 앞의 사례에서 보듯 일본인이 조선인 복장을 하고 조선인 행세를 하다가 신분이 노출되었을 때 닥칠 위험성은 상상을 초월한다. 적대적 관계에서 신분위장이 발각됨에 따라 '첩자'나 '위해분자'로 인정되어 처단된 사례는 동서고금을 통해 흔한 일이다.

---

35 주한일본공사관기록 15권, (3) 露國軍艦 入港에 관한 件(기밀공제3호), 1900. 2. 7.
36 주한일본공사관기록 9권, (13)아국인민 피해에 관한 건(기밀제41호), 1896. 5. 30.

그러므로 쓰치다가 표면상 '매약상인'이었다 하더라도 이러한 위험성을 감수하고 조선인 복장으로 변복을 하고 칼을 차고 있었던 것은, 당시에 일본공사관이나 영사관, 또는 군부 등 일본정부와 관련하여 첩보수집 등 특수한 임무를 수행 중이었거나 또는 혼마 규스케처럼 낭인 등 일본극우세력의 지원을 받아 조선을 정탐 중이던 자생적(自生的) 첩자였을 가능성이 높다.

이러한 사실들을 명확히 하기 위해서는 당시 일본공사관과 영사관, 군부(간첩대, 육지측량부) 등에서 운용하였던 첩자관련 비밀기록들을 찾아내어 실태를 확인하고 고찰하여야 하나 쉬운 일이 아니다. 그나마 일본에서 공개한 비밀문서들조차 내용 중 중요한 사실이 기록되어 있었을 것이라 추정되는 부분이 삭제되어 있는 사례가 자주 발견된다. 학자들의 각고의 연구가 있어야 할 부분이다.

3) 사라진 핵심증인 임학길

'치하포사건'에 있어 진실을 알고 있는 사람은 누구인가? 바로 '쓰치다의 피고용인' 임학길(林學吉)이다.

이러한 임학길이 치하포사건에 있어 왜 핵심증인인가는 다음과 같다.

첫째, 임학길은 쓰치다의 정체가 무엇이고, 이 당시 어떠한 목적을 갖고 어떠한 활동을 하였는지를 누구보다 잘 알고 있었다.

일본의 비밀문서에는[37] "쓰치다 조스케(土田讓亮)는 장기현(長崎縣) 대마국(對馬國) 하군(下郡)인 엄원(嚴原) 사람으로 당항(當港) 무역상 오쿠보 키이치(大久保機一)의 고인(雇人: 고용된 사람, 피고용인)으로 상업상의 용무(商用)를

---

[37] 재인천추원사무대리발신원외무차관완공신요지(在仁川萩原事務代理發信原外務次官宛公信要旨), 1896. 4. 6, 백범김구전집(3).

위하여 1895년 10월 진남포에 도착한 후, 11월 4일 황주로 가서 활동하였고, 1896년 3월 7일 진남포로 귀환하는 도중 이 같은 일을 당하였다."란 기록이 있고 다른 문서에는[38] "쓰치다 조스케는 조선인 한 명(평안도 용강 거주 임학길, 20세)을 데리고 황주에서 인천으로 돌아오기 위하여 진남포로 향하였다.'고 한 기록도 있다.

이 기록들에 의하더라도 임학길이 언제부터 쓰치다와 동행했는지 정확히 알 수는 없지만 치하포에 오기 전에 머물렀던 황주에서부터 동행했다고 해도 '치하포사건' 발생일이 1896년 3월 9일로 최소한 4개월 가까이 쓰치다와 동행했음을 알 수 있다.

그러므로 임학길은 쓰치다의 동선(動線) 등 일거수일투족(一擧手一投足)을 잘 알고 있었다. 쓰치다가 설령 자신의 신분과 조선에서의 활동목적 등을 직접 이야기 해주지 않았더라고 충분히 파악할 수 있는 시간이었다.

이러하니 임학길은 쓰치다가 '매약상인'이었다면 어디서 무엇을 판매했는지, 조선인으로 변복을 하고 칼을 찬 이유는 무엇이었는지 등을 잘 알고 있었을 것이다. 또한 쓰치다가 행상임을 표면적으로 내세우면서도 실질적으로는 일본정부와 관련된 임무를 수행 중이었거나 조선의 정세 등을 정탐하는 첩자와 같은 활동을 했다면 임학길은 이 같은 사실도 잘 알고 있었을 것이다.

둘째, 임학길은 사건현장의 대부분의 상황를 목격하였다.

여점 주인 이화보도 현장을 목격하였으나 이미 싸움이 시작된 후에 임학길의 도움요청을 받고 현장을 목격하게 되었으니 전 과정을 목격한 것이 아니다. 이와 달리 임학길은 쓰치다와 함께 움직였으므로 사건이 발발하는 초기상황 등 핵심과정을 상세히 알고 있었다.

---

38 주한일본공사관기록 9권, (5)일본인 쓰치다 조스케의 피살사건과 범인체포요구 건(공문제20호), 1896. 3. 31.

이처럼 쓰치다의 정체를 비롯한 조선에서의 활동상황, 그리고 쓰치다 살해과정 등을 대부분 목격하였으니 임학길이 수사와 재판이 이뤄지는 자리에 출석하여 증언만 했다면 '치하포사건의 진실'이 여과 없이 상세하게 밝혀질 수 있었다.

이러한 임학길의 신병을 일본정부에서 확보하여, 모든 것을 확인한 후에 꽁꽁 숨겨버렸다. 또한 일본정부는 임학길의 진술을 분명 문서(조서)로 작성하였을 것임에도 수사와 재판에 이를 제출하지도 않았다. 이후 쓰치다의 정체를 밝혀줄 '치하포사건'의 핵심증인 임학길은 끝내 신문정과 재판정에 나타나지 않았고 종적을 감추었다.

쓰치다가 일본정부에서 주장하는 단순히 장사만 하는 행상인(매약상인)으로 억울한 피해를 본 '무고한 일본인'이 분명하다면 임학길이 수사와 재판과정에 출석하여 이를 진술하면 모든 것이 해결될 일이었다. 하지만 일본정부는 임학길에 대하여는 수사와 재판과정에서 전혀 언급을 하지 않았고, 이에 따라 일본정부 눈치 보기에 급급했던 조선정부는 핵심증인 임학길을 면담하지 못했고 인천감리서에 출석시킬 것을 일본정부에 요구하지도 못했다.

쓰치다의 정체와 활동상황을 알고 있었던 유일한 핵심증인 임학길을 일본정부에서 독점함에 따라 이후 조선정부 관리들은 '치하포사건' 수사와 재판에 있어 일본의 주장을 그대로 따를 수밖에 없었고, 주도권을 일본정부에 넘겨주게 되는 한 요인이 되었다.

이외에도 임학길과 관련되어 풀리지 않는 큰 의문들이 있다.

첫째, 임학길이 어떠한 이유로 '치하포사건' 발생 후 3일이라는 많은 시간이 소요되는 먼 거리의 평양까지 가서 당시 경성영사관 소속으로 평양에 출장 나와 있었났던 히라하라(平原)경부에게 이러한 사실들을 알렸는가 하는 점이다. 1896년 3월 9일 먼동이 트는 새벽에 발생한 '치하포사건'에 따라 임학길은 3월 12일 평양에 도착하여 히라하라경부에게 이러한 사실들을 알린 것으로, 치하포와 가까운 해주부나 안악군 등 조선관청들이 있었음에도 굳이 3일이나 걸리는 험한 먼 거리의 평양까지 가서 그것도 평양부 등 조선관청도 아닌 일본 평양영사관을 찾아 갔던 것이니 정상적인 모습은 아니다.

무언가 조선관청에 알릴 수 없는 쓰치다에 대한 비밀을 알고 있었다거나 어떤 임무와 관련되어 쓰치다가 일본정부와 관계가 있음을 임학길은 알고 있었을 것이라는 점 외에 다른 이유가 있었다고 추정하기 어렵다.

둘째, '용강사람 임학길'에 관한 것이다.

『백범일지』에 임학길로 추정되는 인물에 대한 내용이 기록되어 있다. "방 세칸에 손님이 모두 사십여 명이오, 저놈의 패거리 몇 명이 섞여 있는지는 알 수 없으나, 나이 십칠팔세 총각이 곁에서 무슨 말을 하고 있었다.", 또 "그 왜놈은 별로 주의하는 빛이 없이 식사를 마치고 중문(中門) 밖에 서서 문기둥을 의지하고 방안을 들여다보면서 총각아(總角兒)가 밥값 계산하는 것을 살펴보고 있었다."고 하였다. 그리고 인천감리서에 작성된 이화보의 '초초'에는 "이름을 알 수 없는 일본인 한 명이 통사아(通辭兒: 통역하는 아이) 한 명을 데리고 도착하여 저녁밥을 사먹은 뒤…" 또 "일본인은 선인(船人)들과 함께 유숙하려고 선박 있는 곳으로 나아가고 '통사아' 한 사람과 선인 한 사람만 저희 여점에 숙박하게 되었다. 그런데 김창수의 일행도 유숙(留宿)을 하고 날이 밝자 밥을 재촉하여 먹은 후 모여서 담배를 피울 즈음에 일본인도 다시 여점에 돌아와 밥을 먹은 뒤 그냥 앉자 있었다. 그런데 조금 뒤 통사아가 급히 달려와 '방금 일본인과 비도(匪徒) 간에 싸움(鬪鬨)이 벌어져 매우 위급하니 속히 와서 도와달라(救護)'고 하였다."라고 기록되어 있다. 김구가 지칭한 '총각'이나 '총각아(總角兒)' 그리고 이화보가 진술한 것으로 기록된 '통사아(通辭兒)'는 임학길을 지칭한 것임을 알 수 있다.

임학길의 신원에 대하여 처음 언급한 것은 일본정부였다. 1896년 3월 31일 고무라공사가 이완용(李完用, 1858~1926, 을사오적) 외부대신(재직기간: 1896. 2. 11~1897. 7. 30)에게 보낸 문서에[39] 이러한 내용이 있다.

"우리 인천영사의 보고에 따르면, 장기현 평민 쓰치다 조스케(土田讓亮)라는 자가 조선인 한 명(平安道 龍岡 거주 林學吉, 20세)을 데리고 황주에서 인천으로 돌아오기 위하여 진남포로 향하였다고 합니다."
"고용된 한인 임도 살해당할 위기에 처하였지만 간신히 위험을 피하여 같은 달 12일 밤 평양에 도착하여 그 곳 주재 히라하라경부(경성영사관 소속으로 평양으로 파견)에게 위와 같은 사건 전말을 알려왔습니다."

또 1896년 4월 6일 하기와라(萩原)영사가 일본 하라(原)외무차관에게 보고한 내부문서에는[40] '쓰치다 조스케가 고용한 한인 (同人雇韓人)'이라고 기록하고 있다.

이후 조선정부에서 임학길에 대하여 언급한 것으로는 6월 18일 해주부 관찰사서리 김효익이 이완용에게 보고한 문서[41]와 6월 30일 해주부관찰사서리 김효익이 법부대신에게 보고한 문서로서[42] 앞의 고무라(小村)공사가 이완용에게 보낸 문서의 내용(용강거주 임학길 등)들을 그대로 인용(引用)하고 있다. 하지만 이 문서들을 끝으로 조선정부와 일본정부의 '치하포사건' 관련 문서에는 임학길에 대한 언급이 사라진다.

39 주한일본공사관기록 9권, (5)일본인 쓰치다 조스케의 피살사건과 범인체포요구 건(공문제20호), 1896. 3. 31.
40 재인천추원사무대리발신외무차관완공신요지(在仁川萩原事務代理發信原外務次官宛公信要旨), 1896. 4. 6, 「백범김구전집(3)」.
41 奎17986, 「黃海道來去案」제1책, 보고 제2호, 1896. 6. 18.
42 奎26048, 김효익보고서(6. 27 신문한 김창수공안 첨부), 1896. 6. 30.

이완용은 김창수를 조속히 체포하라는 지시를 여러 차례 하면서도 핵심증인 임학길의 신병을 확보하여 조사하도록 지시하는 등 조치를 취하지도 않았다. 이후 김창수의 세 차례, 이화보의 두 차례에 걸친 인천감리서에서의 신문에서도 '임학길'이란 이름은 조서에 기록조차 되지 않았다.

임학길이 머나 먼 평양까지 가서 알고 있기라도 하듯 평양영사관을 찾았고, 히라하라(平原)경부를 만나 '치하포사건'을 알린 것, 그리고 이후 일본정부에서 임학길을 꽁꽁 숨겼던 것 등을 보았을 때, 고무라(小村)공사가 조선정부에 통보한 "쓰치다가 고용한 용강사람 임학길"이 어떠한 사람이었나 하는 의문을 갖지 않을 수 없다.

이 당시에 일본인에게 고용된 사람은 그 신분이 '피고용인'이든 '통역인'이든 간에 국적이 조선사람일 것이라고 짐작하기도 한다. 하지만 '피고용인' 또는 '통역인'의 국적이 일본사람인 경우도 있었을 것이라고 추정할 수 있는 기록이 있다.

최혜주교수의 『정탐(제국일본, 조선을 엿보다.)』에는[43] 다음과 같은 일본측 문서 내용이 기록되어 있다.

동경지학협회(東京地學協會)는 협회의 평안도와 황해도 상황시찰보고에서 발췌한 여행안내를 다음과 같이 소개하고 있다.
① 통역자: 조선인 가운데 일본어 가능자가 아니라 일본인 중에 조선어가 가능한 사람이 필요하다.(후략)

통역이 주된 목적이 아닌 정탐활동을 위하여 조선말을 할 수 있는 일본인의 필요성을 강조하고 있다.

---

43 최혜주, 『정탐(제국일본, 조선을 엿보다.)』, 한양대학교 출판부, 2019. 3, 동경지학협회 회원들의 조선인식, 51쪽.

제3장
'치하포사건'에 대한 시각과
일본정부의 개입

제1절 김구를 바라보는 일본정부의 시각

'치하포 사건'이 발생한 시기는 친일내각이 무너지고 친미·친러내각이 구성된 '아관파천'기간이다. 그러나 친일인사들의 퇴진에도 불구하고, '치하포사건'을 통하여 살펴보면 일본은 공사관과 영사관 등을 주축으로 조선의 행정·사법제도에 막강한 영향력(내정간섭 등)을 변함없이 발휘하고 있었음을 알 수 있다.

이때는 을미사변, 단발령, 아관파천 등에 따라 의병들의 봉기와 활동이 거세었던 시기로 1896년 3월 18일부터 5월 28일(조선정부에 조회한 일자기준)까지 일본 군인이나 경찰 등을 제외한 일본인 피살자가 53명에 이르렀다[44]. 이 가운데에는 단일사건에서 여러 명이 한꺼번에 피살된 대형사건도 여러 건 있었다.

이에 반해 '치하포사건'은 많은 의병들에 의해서 발생된 사건도 아니고 21세의 어린 청년 김창수가 쓰치다 한 명을 살해한 사건으로 살해자와 피살자 숫자 등 규모로만 본다면 일본정부나 조선정부에서 관심을 크게 두지 않았다하더라도 이상할 것이 없는 사건이었다. 그러나 '치하포사건'에 대한 일본정부의 관심은 유래가 없을 정도였다. '치하포사건' 발생 후 조선정부에 범인체포와 처벌을 수차례 요구한 것으로도 부족하여 직접 김창수, 그리고 이화보 등 사건관련자에 대한 체포에 총력을 기우렸다.

이 사건에 대한 일본정부의 관심이 어떠했는가는 당시에 작성된 문서만 보아도 알 수 있다. 고무라(小村)공사가 이완용외부대신에게 김창수 체포와 처벌을 요구하는 문서 그리고 체포 후에는 김창수와 참고인 등에 대

---

[44] 주한일본공사관기록 9권, (13)아국인민 피해에 관한 건(기밀제41호), 1896. 5. 30.

한 수사와 재판에 압력을 행사하는 문서가 끊임없이 작성된 것만 보아도 일본정부에서 이 사건을 바라보는 시각과 관심도가 나타난다. 또한 조선 땅에 있는 일본정부관리들만의 관심 사안이 아니었다. '치하포사건' 관련 고무라(小村)공사나 하기와라(萩原)영사가 일본의 외무대신이나 외무차관에게 보고한 문서도 여러 건에 이르는 등 일본의 중앙정부 최상층부까지 지대한 관심을 갖고 지켜보고 있었음을 알 수 있다.

이처럼 어떠한 이유로 일본정부에서 '치하포사건'을 중대한 사건으로 인식하고 김창수 체포와 처벌에 총력을 기울였는지를 엿볼 수 있는 문서가 있다. 1896년 7월 10일 인천영사관 하기와라(萩原)영사가 하라 다카시(原敬) 공사에게 보고한 기밀문서(5. 쓰치다 조스케 가해자 조사완료 건)로서.[45] 김창수가 체포되어 해주부에 끌려와 신문(6.27)을 받은 후의 기록이다.

5. 쓰치다 조스케 가해자 조사완료 건

위 혐의자로서 피해지 객사 주인인 이화보와 사실 참고인 오용재(吳龍在) 2인을, 수사를 위하여 출장한 당관 소속 순사가 당항에 동행을 구하여 도착한 후 바로 당부 관찰사에게 인도한 건은 전에 보고한 바와 같습니다. 그 후 당관에서는 경부 카미야 키요시(神谷淸)을 입회시켜 4,5일간 계속 인천부에서 조사케 하였습니다. 그들의 구술이 매우 애매하여 요령이 모자랐다고는 하지만, 그 가해자는 강서군을 습격한 의병대장(義兵大將) 김창수 외 4명이고 이화보가 쓰치다(土田)의 소유재산과 한전(韓錢) 수표(數俵)를 맡은 일은 전적으로 김 장군(金 將軍)의 강제명령에서 나왔다는 것만은 판명되었습니다. 그래서 이후 당관에서 당국에 조회하여 후일 어떠한 관계를 발견할 때는 일단 위 두 사람의 귀향을 허가하는 것으로 결론을 내렸습니다.

45 주한일본공사관기록 10권, (9)인천항의 정황 추가보고(기밀제10호), 5. 쓰치다 조스케 가해자 조사완료 건, 1896. 7. 10.

　일본정부는 '치하포사건'을 일개 '폭도'가 돈을 빼앗은 단순 강도사건(탈취)이라고 공개적으로 주장하여 왔다. 그런데 조선에 있는 일제의 최고책임자들이 내밀(內密)히 주고받은 기밀문서에는 김창수를 '의병대장(義兵大將)'과 '김 장군(金 將軍)'으로 지칭하고 있다. 이들은 김창수를 돈이나 재물을 빼앗기 위해 사람을 죽이는 하찮은 인물이 아닌 의병을 지휘하는 항일투쟁의 '거두(巨頭)'와 같은 인물이라고 판단하고 있었다는 속내를 알 수 있는 문서이다.

　이에 따라 일본정부는 김창수의 체포, 수사와 재판, 고종의 재가(사형집행명령) 등에 지대한 관심을 갖고 온갖 압력을 행사했다. 또한 '치하포사건'을 '의병대장'이 '국모보수'란 대의명분으로 거행한 '의거'로 비추어지는 것을 극도로 경계하고 단순히 '재물을 탈취하기 위하여 살인한 파렴치한 범죄' 즉 현재의 죄명으로 본다면 '강도살인죄'로 몰아갔다.

　위 문서 중에 인천영사관 경부 카미야 키요시(神谷淸)가 이화보와 오용재(오용점)를 4, 5일간 직접 신문한 결과 "그들의 구술이 매우 애매하여 요령이 모자랐다."고 한 내용이 있다.

　이것은 인천영사관 경부 카미야 키요시(神谷淸)가 신문에 입회하여 수일간 이화보와 오용점을 상대로 추궁하고 회유하였으나 김창수와 관련된 자신들이 얻고자하는 만족할 만한 진술을 받아내는데 실패했음을 의미한다.

제2절 김구와 이완용('비도 김창수'와 '무고한 일본인')

'치하포사건' 발생 시 조선정부의 외부대신이 이완용이었다.

김구는 '치하포사건' 관련하여 『백범일지』에 법부(法部)나 내부(內部)에 대하여는 여러 차례 언급한 것과는 달리 외부(外部)나 외부대신 이완용에 대하여 언급한 적이 없다. 『백범일지』에서 이완용에 대하여 처음 언급한 것은 1909년 을사오적인 이완용을 처단하고자 의거를 주도한 이재명(李在明, 1886~1910)의사에 대한 이야기를 할 때이다.

『백범일지(현대문)』

노백린(盧伯麟)이 군직(軍職)에서 물러나 풍천(豊川) 자택에서 교육사업에 종사하던 때였다.

하루는 경성 가는 길에 안악에서 상봉한 후, 동반(同伴)하여 여물평(餘物坪) 진초동(進礎洞)의 교육가인 김정홍군의 집에 가서 함께 묵을 때, 진초학교(進礎學校) 직원들과 술자리에서 술을 마시던 즈음에 홀연히 동네에서 소동(騷動)하는 소리가 났다.

진초학교장(進礎學校長) 김정홍이 놀라고 당황하여 사실을 말했다.

"이 학교의 여교사 오인성(吳仁星)은 이재명(李在明)의 부인인데, 이군이 자기 부인에게 무슨 요구를 강경히 하였던지 단총(短銃: 권총)으로 위협하여, 오 여사는 놀라고 겁이 나서 학교에서 가르치는 일을 감당치 못할 사정을 말하고 이웃집에 피하여 숨었고, 이 군이 미친 사람의 행동모양 동네 어귀에서 총을 쏘아대며, '매국적(賣國賊: 매국노)을 하나하나 모두 총살하겠노라!'고 소리를 높여 말하니 동네가 소란스럽다."고 한다. 노백린과 상의하여 이 군을 청하여 오게 하였다.

누가 알았으랴!, 며칠 후면 경성 이현(泥峴: 鍾峴의 착오)에서 군밤장수로 가장하고서 충천(衝天)하는 의기를 품고 이완용(李完用)을 저격하여 조선

천지를 진동케 할 이재명 의사(義士)인 줄을....

이재명 의사는 먼저 차부(車夫)를 죽이고, 이완용의 생명은 다 빼앗지 못하고 체포되어 순국하셨다.

소청(召請: 초청)에 응하여 나이 이십삼사 세의 청년이 눈썹 가에 분기를 띠고 집에 들어왔다. 우리 두 사람이 차례로 인사를 하니, "나는 이재명이고 몇달 전에 미주(美洲)로부터 귀국하여 평양의 오인성이란 여자와 결혼하여 지내는 바, 내 부인의 가정(家庭)은 과부인 장모가 여자 세 명을 데리고 지내는데, 집안 형편이 넉넉하여 딸들을 교육은 시켰으나 국가대사에 충성을 바칠 용기가 없고, 다만 한때의 편안함에 들러붙어 나의 의기와 충성을 이해하지 못하는 점 때문에 내 부부사이에도 혹시 다툼거리가 생겨 학교에 손해가 될까 우려한다."는 말을 기탄없이 하였다.

계원(桂園) 형과 내가 이 의사에게 장래에 목적하는 일과 과거 경력과 학식을 일일이 물으니, 자기는 어려서 하와이에 건너가서 공부를 하다가, 조국이 섬나라 왜에게 강점된다는 말을 듣고 귀국하였으며, 지금 하려는 일은 매국적(賣國賊) 이완용(李完用)을 위시하여 몇 놈을 죽이고자 준비 중이라 하며, 단도 한 자루, 단포[短炮: 六穴砲(육혈포), 권총] 한 정과 이완용 등의 사진 몇 장을 품속에서 내놓았다.

계원과 내가 함께 관찰한 바, 시세(時世)의 격감(激敢)으로 헛된 열정에 들뜬 청년으로 보였다. 계원이 이 의사의 손을 잡고 간곡히 말을 하였다.

"군(君)이 국사(國事)에 비분(悲憤)하여 용기있게 활동하는 것은 극히 가상하나, 대사(大事)를 경영(經營)하고자 하는 사내가 총기로 자기 부인을 위협하고 동네에서 총을 마구 쏘아 민심을 요란(搖亂)케 하는 것은 의지가 확고하지 못한 표징(表徵)이니, 지금 칼과 총을 나에게 맡겨두고, 의지도 더욱 굳세게 수양하고 동지도 더 사귀고 얻어서, 실행할 때 내게 와서 찾아서 실행함이 어떠하오?"

의사는 계원과 나를 한참 쳐다보다가 총과 칼을 계원에게 주었으나, 안색에는 즐겁지 못한 기색이 드러났다, 작별하고 사리원역에서 차가 떠나려 할 때, 이 의사가 홀연히 나타나 계원에게 그 물품의 반환을 요구하였다.

계원은 웃으면서 "경성 와서 찾으시오" 하자 기차가 떠났다.

그리한 지 한 달이 못 되어 의사는 동지 몇 명과 회동하여 경성에 도착하였다. "이현(泥峴: 鍾峴의 착오)에서 이의사가 군밤장수로 가장하고 길가에서 밤을 팔다가 이완용을 칼로 찔렀다. 이완용은 생명이 위험하고, 이의사와 김정익(金正益), 김용문(金龍文), 전태선(全泰善), 오(吳: 吳復元) 등 여러 사람이 체포되었다."는 사건이 신문에 게재되었다.

나는 깜짝 놀랐다. 이의사가 단총을 사용하였으면 이적(李賊: 매국적 이완용)의 생명을 끝장냄이 확실했을 것인데, 눈먼 우리가 간섭하여 무기를 빼앗는 바람에 충분한 성공을 못한 것이다. 한탄과 후회가 그치지 않았다.

하지만 김구는 '국모보수'의 기치를 내건 의병이나 '치하포사건' 처리에 있어 일본의 의도에 따라 각 부서에 김구의 체포와 강력한 처벌을 지시하는 등 외부대신 이완용이 배후에서 막강한 영향력을 발휘하고 있었다는 사실을 당시에는 파악하기 어려웠을 것이다.

'을미사변', '단발령', '아관파천' 등 일제의 국권침탈 야욕의 노골화로 인하여 발생한 일들로 전국 각지에서 의병들의 봉기가 이어졌고 일본인 피살자들도 발생했다. 이에 따라 1896년 3월 27일 고무라(小村)공사가 '일본인에 대한 위해예방'을 구실로 고종이 칙유(勅諭: 임금의 포고문)를 내릴 것을 외부대신 이완용에게 요구하였고[46], 이에 이완용은 "깊이 동감한다. 동료들과 협의하겠다."는 요지의 답변을[47] 하였다.

그 결과 고종은 '칙어(勅語)'를 내렸는데, 이 문서에는[48] "요즘 외국인으

---

46 주한일본공사관기록 9권, (11)조선국에서의 일본인민 피해에 관한 건(비밀제23호), 1896. 4. 6.

47 주한일본공사관기록 9권, (11)조선국에서의 일본인민 피해에 관한 건(비밀제23호), 별지 경호(일본인 살해사건에 관한 한국외부대신과의 면담내용 개요, 1896. 3. 28. 필기)

48 주한일본공사관기록 9권, (11)조선국에서의 일본인민 피해에 관한 건(비밀제23호), 별지 정호(외국인 살상금지조치에 대한 효유 조칙, 1896. 4. 1)

로 폭도에게 피살된 자가 왕왕 있고, 또 우리 인민이 외국인에게 피살된 자가 있다고 하니 짐의 마음은 매우 괴롭고 놀라 탄식한다."거나 "우리 인민이나 외국인을 막론하고 피살자를 일일이 보고하여 엄숙하게 짐이 실제로 현장을 보는 것과 같이 하여 짐 스스로가 마음속으로 경계가 되도록 할지어다."라고 하여 피살자들이 일본인뿐만 아니라 일본인들에게 의해 피살된 조선인들도 있음을 거론하는 등 일본의 일방적 압력에 동의할 수 없다는 의사를 은연중에 밝히고 있다.

하지만 의병을 바라보는 이완용의 시각은 전혀 달랐다.

고무라(小村)공사가 이완용 외무대신에게 '1896년 2월 이후 전국 각처에서 살해당한 일본인이 18명에 생사불명인자가 20여 명'인 점에 대하여 항의를 하며 가해자 처벌을 요구하였고, 이에 이완용은 다음과 같은 답변을 하였다.[49]

"알고 있다. 우리 정부도 귀국인들이 각 지방에서 폭민들에 의해 많이 피살되었다는 것을 매우 애석하게 생각한다. 가해자의 처분 또한 고려하지 않는 않은 것은 아니다. 하지만 2월 이후 폭민들이 각지에서 봉기하는데 혹은 수백 명 혹은 수천 명씩 무리를 지어 돌아다니면서 도처에서 관청을 습격하고 관민을 살해하는가 하면 무고(無辜)한 귀국인(貴國人)도 살상하기에 이른 것이다(단 서양인은 아직까지 한 사람의 살상도 없다.). 그런데, 이들 흉도(兇徒)는 흡사 밥상위의 파리떼와 같이 일단 병력으로 이들을 소탕하면 곧 달아나고 또 다른 곳에 모이는 등 그들의 출몰이 무상(無常)한 양상이다. 따라서 귀국인을 살해하는 데 어떤 자가 실제 하수인인지 잘 식별할 수 있는 방법이 없어서 고심하고 있다. 그러니 귀 공사는 이러한 사정을 양찰하기 바란다."

---

49 주한일본공사관기록 9권, (11)조선국에서의 일본인민 피해에 관한 건(비밀제23호), 별지 경호(일본인 살해사건에 관한 한국외부대신과의 면담내용 개요, 1896. 3. 28.필기)

이 기록에서 알 수 있는 것은 2월 이후 수백 명 혹은 수천 명이 봉기했다고 하였는데, 2월이란 기준은 1896년 2월 11일의 아관파천을 뜻한다. 1895년 10월 8일(음력 8월 20일) 명성황후를 시해함에 따라 봉기한 '을미의병'은 1895년 12월 30일(음력 11월 15일) 일본의 압력을 받은 친일내각이 '단발령'을 공포함에 따라 더욱 확산되었고, 고종이 러시아공사관으로 피신한 '아관파천'은 이러한 의병활동에 기름을 부은 형세였다.

이때 봉기한 의병들을 이완용은 '폭민(暴民)', '흉도(兇徒)', '파리떼'라 하고, 의병과의 전투 등에 따라 살상된 일본인을 '무고한 일본인(귀국인)'이라고 규정짓고 있다.

오늘날 '치하포사건' 관련하여서도 회자(膾炙)되는 '무고한 일본인'이라는 표현을 처음 언급한 인물이 바로 매국노 이완용이었다.

이러한 이완용의 시각은 '치하포사건'에도 그대로 투영된다.

'치하포사건' 발생 후 일본정부는 신속한 범인체포와 처벌을 외부대신 이완용에게 수차례 강력히 요구하였고, 이에 이완용은 해당관서인 평양부와 해주부 등에 조속히 범인을 체포할 것을 지시했다.

그러나 이때 조선정부 내에서 이뤄진 조치는 법규와 상식에 어긋난 것이었다.

'치하포사건'은 피살자가 일본인이라 '외교문제'가 되어 외부도 관여함은 당연하지만, 수사와 재판 등 사법처리 측면에서는 경찰(경무서 등)과 감옥사무 등 내무행정을 관할하던 내부(內部)와 사법(司法)과 사면(大赦令 등) 등을 관할하거나 관리하던 법부(法部)가 주무부서라 할 수 있다. 그러나 '치하포 사건'의 성격을 규정하고, 치하포 사건처리의 방향을 제시한 부서의 책임자는 내부대신이나 법부대신이 아닌 외무행정을 관할하던 외부(外部)의 외부대신 이완용으로, '치하포사건' 관련하여서는 조선정부 각 부서를 진두지휘하는 모습을 보였다.

이러한 사실은 당시에 '치하포사건' 발생 초기에 안악군 치하포를 관할
하는 수장인 해주부 관찰사서리 김효익이 작성한 문서를 보면 명확히 드러
난다. 김효익이 '치하포사건' 발생 초기에 상부에 보고한 문서들은 대부분 외
부대신 이완용에 집중되어 있다. 1896년 4월 19일[50], 6월 18일[51], 6월 28일[52]
등 세 차례에 걸친 보고서를 통해 '치하포사건'을 조사한 경위와 결과, 일
본관리들의 동향 등을 보고하였다. 이와 달리 법부에는 1896년 6월 30일
에서야 처음 보고하였다.[53]

심지어 내부대신 박정양도 1896년 5월 1일[54], 5월 6일[55], 7월 12일[56] 등
세 차례에 걸쳐 이완용 외부대신에게 '치하포사건' 관련 사실들을 조회(통
보)하는 등 이완용은 '실력자'의 위치에 있었다. 이에 따라 이완용은 조선관
리들의 보고나 통보를 받고는 여러 차례 지침을 주는 문서들을 작성하였는
데, 이 문서들을 살펴보면 이완용이 '치하포사건'과 김창수를 바라보는 시
각을 알 수 있다.

특히 1896년 5월 1일 이완용이 해주부관찰사서리 김효익에게 김창수
등을 신속히 체포하라고 지시하는 문서를[57] 보냈는데, 여기에 "안악 치하
포에서 일본인이 비도김창수(匪徒金昌洙) 등으로부터 피해를 입었다."는 이
완용의 언급이 기록되어 있다.

이완용이나 일본정부에서 의병들을 비하하여 '비도(匪徒)', '비류(匪類)',

50 奎17986, 「黃海道來去案」 제1책, 보고 제2호, 1896. 4. 19(김효익이 이완용에게).
51 奎17986, 「黃海道來去案」 제1책, 보고 제2호, 1896. 6. 18(김효익이 이완용에게).
52 奎17986, 「黃海道來去案」 제1책, 보고 제3호, 1896. 6. 28(김효익이 이완용에게).
53 奎26048, 김효익보고서(6. 27 신문한 김창수공안 첨부), 1896. 6. 30(김효익이 한규설에게).
54 奎17794, 「內部來去文」 제3책, 照會, 1896. 5. 1(박정양이 이완용에게).
55 奎17794, 「內部來去文」 제8책, 照復, 1896. 5. 6(박정양이 이완용에게).
56 奎17794, 「內部來去文」 제4책, 照會(김창수공안 첨부), 1896. 7. 12(박정양이 이완용에게).
57 奎17986, 「黃海道來去案」 제1책, 지령 제1호, 1896. 5. 1(이완용이 김효익에게).

'폭도(暴徒)', '폭민(暴民)', '적도(賊徒)', '흉도(凶徒)'라고 한 기록은 무수히 발견된다. 하지만 김창수를 콕 집어 '비도(匪徒)'[58]라고 언급한 것은 이완용이 처음이었다. 이에 따라 1896년 6월 18일 해주부관찰사서리 김효익이 이완용에게 보고한 문서와[59] 8월 31일 인천감리서 경무관 김순근이 작성한 '이화보의 초초'에도[60] '비도김창수'란 기록이 등장한다. 김창수를 '비도 김창수'라고 지칭한 문서는 '치하포사건'과 관련된 수 많은 조선정부 문서 중에 딱 세 번 기록되었는데, 바로 이완용, 김효익, 김순근이 작성한 문서들(조서포함)이다.

이완용을 주축으로 한 이들 삼인이 작성한 문서들을 살펴보면 김창수를 강도와 같은 흉악한 인물로 묘사하고 있다는 점에서 공통점이 있다. 특히 인천감리서에서 김순근이 작성한 이화보의 '초초'에 '비도 김창수'라고 기록한 것은 김창수에 대한 신문 등 본격적인 수사가 이뤄지기도 전에 이미 김창수를 강도범으로 몰아가겠다는 의지를 보여 준 것으로 이후 김순근이 주관한 김창수의 '초초'와 '재초'에 어떠한 내용들이 기록될 것인지를 예상할 수 있는 대목이다.

김창수의 행위에 대하여 판결문과 같이 적용법조와 형량이 기록된 1896년 10월 22일 작성한 상주안건의 '김창수 안건'에[61] 김창수가 왜 '강도죄인'이 되었는지, 인천사람들과 김창수 부모의 청원에도 불구하고 왜 '사면'이 이뤄질 수 없었는지 그 배경을 짐작할 수 있다.

쓰치다 살해동기(대의명분)인 '국모보수'에 대하여는 이미 조선정부 관리

---

58 비도(匪徒)는 무기를 가지고 다니면서 재물을 탈취하고 사람을 해치는 무리라는 의미로 강도라는 것과 다름이 없다.

59 奎17986, 「黃海道來去安」 제1책, 보고 제2호, 1896. 6. 18(김효익이 이완용에게).

60 奎26048, 이화보 초초, 보고서(9.13)에 첨부, 1896. 8. 31.

61 奎17277-2, 법부(형사국) 『기안』 제11책, 상주안건(안제7호), 1896. 10. 22.

뿐만 아니라 일본정부의 관리들도 충분히 숙지하고 있었다. 그러나 일본정부는 '치하포사건'이 '의병대장의 의거'로 비추어지는 것을 극도로 경계하고, 김창수를 '강도죄인' 등 파렴치한 범죄자로 몰아가기 위하여 전방위로 조선정부에 압력을 가했다.

이에 따라 외부대신 이완용은 초지일관 일본정부 비위 맞추기에 급급하였고, 인천감리서의 인천감리겸 인천항재판소 판사 이재정과 인천항경무서 경무관 김순근 등은 김창수를 '영웅'으로 바라보는 인천사람 등 시중의 여론에 일부 부응하는 모습을 보이면서도 수사와 재판에 직접 관여한 일본관리들의 요구와 압력 그리고 이완용의 사건처리의 방향제시 등에 따라 외줄타기 하는 모습이 연출되었다.

결과적으로 '치하포 사건'은 김구가 일본정부 고무라공사와 매국노 이완용에 맞섰던 사건이었다. 즉 '치하포 사건' 처리과정에서 김구를 일본인의 재물을 노린 파렴치한 강도범으로 몰아 어떻게든 처형시키려는 일본정부와 이에 동조한 이완용에 대한 투쟁이었다.

이완용은 이 시기에 친미·친러적인 행보를 보이고, 반일적인 입장이었던 것으로 언급되나 '의병봉기'와 '치하포사건' 처리과정을 통하여 바라본 이완용은 자신의 영달을 위하여 일제에 야합하는 기회주의자적 모습만을 볼 수 있을 뿐이다.

'비도(강도)김창수((匪徒金昌洙)'와 '무고(無辜)한 일본인'이라고 내뱉은 인물이 바로 이완용이라는 점을 기억해야 한다.

제3절 체포단계에서의 일본정부의 개입과 압력

1. 고무라(小村)공사의 범인체포와 처벌요구

일본정부는 '치하포사건' 발생 초기부터 주도적으로 수사를 벌이면서, 김창수와 이화보 등 관련자 체포에 나섰고, 조선정부에 대해서도 신속한 범인체포와 처벌을 수차례 강력히 요구했다.

특히 고무라(小村)공사는 '치하포사건'을 강도(탈취)사건으로 규정하였고, 심지어 1896년 6월 29일 일본외무차관으로 조선을 떠나서도 '치하포사건' 관련 진행상황을 보고받는 등 지대한 관심을 갖고 집요하게 조선정부에 압박을 가하였다.

고무라(小村)공사가 '치하포사건'의 성격을 규정하고 조선정부에 압력을 행사한 핵심인물이었다면, 인천영사 하기와라 슈이치(萩原守一)는 김창수와 관련자의 체포와 조사, 재판 등에 직간접으로 관여하여 고무라(小村)공사의 의도를 관철한 '행동대장'격인 인물이었다.

2. 일본정부의 두 차례에 걸친 김창수 체포시도

치하포 사건 발생 후 사건장소인 이화보 여점에 출동하는 등 김창수와 관련인 체포에 나선 것은 조선정부가 아닌 일본정부였다. 일본정부가 조선인들을 체포하는 등 불법활동에도[62] 조선정부는 아무런 항의도 하지 못했

---

62 '치하포사건'은 일본인이 범죄자로 지목된 사건이 아니기에 원칙적으로 '치외법권'이나 '영사재판권'과는 관련이 없으나 회심권(청심권) 행사는 일본인이 가해자가 아닌 피해자인 경우도 해당된다. 그러나 일본정부가 조선인을 체포하거나 체포를 시도한 것 자체가 이와 관련이 없는 불법이었다.

고 심지어 순검 등 인력을 지원하기까지 했다.

김창수와 관련자 체포를 위한 일본정부의 시도는 크게 두 번 있었다.

첫 번째 체포시도는 1896년 3월 15일에 이루어졌다.

1896년 3월 9일 새벽 치하포 사건발생 직후 현장을 빠져나온 쓰치다의 피고용인 임학길이 3일 후인 3월 12일 평양에 도착하여 평양에 파견(출장) 나와 있던 일본 경성영사관 소속 히라하라 아쓰무(平原篤武)경부(警部)에게 사건 전모를 알렸고, 다음날인 13일 히라하라경부는 일본 순사(巡査) 2명, 조선 순검(巡檢) 5명을 대동하여 평양에서 치하포로 출발하였다.

1896년 3월 15일 치하포에 도착한 히라하라경부 일행은 혈흔이 낭자한 현장을 조사하여 한전(韓錢)과 고리짝을 수거하였으나 쓰치다의 시신은 찾기 못하였다.

히라하라경부는 지방관에게 범인체포를 의뢰하는 한편, 여점주인 이화보의 처, 선인(船人) 2명, 방례(坊隸) 1명, 동민(洞民) 3명 등 7명을 평양으로 끌고 갔다.[63] 이때에도 김창수에 대한 체포시도가 있었을 것이나 조선과 일본정부 문서 어디에도 구체적으로 기록된 것이 없다.

첫 번째 체포시도 때 있음직한 내용이 『백범일지』에 기록되어 있다. "이화보의 말에 의하면 그의 집 벽에 붙인 포고문은 왜놈이 가서 조사할 제 전부 떼어 감추고, 순전히 살인강도로 교섭한 것이었다."

두 번째 체포시도는 1896년 6월 21일에 있었다.

두 번째 체포시도와 체포상황에 대하여는 여러 문서에 기록되어 있다. 1896년 6월 18일 해주부 관찰사서리 김효익이 이완용에게 보고한 문서[64], 6월 27일 하기와라(萩原)영사가 고무라(小村)외무차관에게 보고한 문서를

---

63 奎17986,「黃海道來去安」제1책, 보고 제2호, 1896. 4. 19(김효익이 이완용에게).

64 奎17986,「黃海道來去安」제1책, 보고 제2호, 1896. 6. 18(김효익이 이완용에게).

요약하여 6월 30일 작성한 일본외무성문서[65], 7월 18일 하기와라(萩原)영사가 고무라(小村)외무차관에게 보고한 문서를 요약하여 작성한 일본외무성 문서들에[66] 이러한 기록들이 있다.

"치하포에서 살해된 쓰치다 조스케의 가해자 체포와 평양으로 향하는 행상의 거동을 시찰하기 위하여 (일본)순사 3명은 애탕함(愛宕艦)에 타고 6월 5일 오전 10시에 인천항을 출발했다. 평양도착 후 순사들은 평양부 참서관를 면담하고 협조를 요청하였지만 평양부 관할 외로 해주부로 이첩했다는 답변만을 들었다. 이들 일본 순사들은 평양부 순검 2명을 지원받아 관할구역인 해주부로 향했다. 1896년 6월 17일 이들은 한성영사관 히라하라(平原)경부와 함께 해주부에서 관찰사서리 김효익을 만나 범인수색 명목으로 해주부 순검의 지원을 요구하여 순검 4명의 지원약속을 받았다.

다음날인 6월 18일 히라하라(平原)경부는 일본순사 3명, 평양부 순검 2명, 해주부 순검 4명을 대동하고 출발, 동월 21일 치하포 이화보의 여점에 도착하였으나 점주 이화보는 도주하여 체포에 실패하였다. 이에 이화보의 가족들을 설득한 결과, 다음날인 22일에 체포할 수 있었다. 이때 체포한 이화보와 집강 오용점(執綱 吳龍占)은 인천부(인천감리서)로 호송하고 인천영사관 소속 순사 3명은 6월 26일 평양 만경대에서 승선하여 귀임하였다."

두 번째 체포시도에 특징적인 것은 '쓰치다 조스케 가해자 체포'를 위하여 애탕함(愛宕艦)이라는 선박까지 동원하였다는 점과 이화보 체포의 현장 지휘관이 히라하라(平原)경부였다는 점이다.

---

65 재인천추원사무대리발신소촌외무차관완공신요지(在仁川萩原事務代理發信小村外務次官宛公信要旨), 1896. 6. 30, 「백범김구전집(3)」.

66 재인천추원사무대리발신소촌외무차관완공신요지(在仁川萩原事務代理發信小村外務次官宛公信要旨), 1896. 7. 18, 「백범김구전집(3)」.

3. 김창수 체포시기와 체포기관

일본정부는 두 차례의 걸친 '치하포사건' 관련자 체포시도를 통하여, 이화보의 여점을 수색하고 해당 물품 등을 압수하는 한편, 공범(방조범)으로 의심을 받던 이화보와 참고인을 체포하였다. 그러나 김창수 체포를 위해 김창수의 집을 방문하는 등의 조치에 대한 기록은 발견할 수 없다. 더욱 이해하기 어려운 것은 김창수가 체포된 이후에도 '치하포사건'과 관련된 수많은 조선과 일본의 정부문서 어디에도 김창수를 체포한 날, 체포한 기관 등을 명시적으로 기록한 문서를 찾을 수가 없다는 점이다.

1896년 6월 27일 해주부에서 김창수를 신문한 결과를 토대로 다음날인 6월 28일에 해주부관찰사서리 참서관 김효익이 외부대신 이완용에게 보고한 문서에도[67] 이화보는 일본 경부(警部)가 착거(捉去: 잡아 감)했다고 하면서도 김창수의 체포에 대하여는 언급하지 않았을 뿐더러, 모든 과정을 꼼꼼히 기록하던 일본정부도 1896년 7월 18일자 내부문서에[68] 자세한 설명 없이 김창수를 "해주부에서 취박(就縛: 체포)했다."고만 기록하고 있다.

약속이라도 한 듯 조선과 일본정부에서는 김창수를 체포한 날과 체포한 장소, 체포한 기관, 체포를 주도한 지휘관 등 구체적 체포과정에 대하여는 문서에도 기록하지 않고 함구하고 있다.

이와 달리 『백범일지』에는 체포된 날과 장소, 체포한 기관 등이 상세히 기록되어 있다.

---

67 奎17986, 「黃海道來去安」 제1책, 보고 제3호, 1896. 6. 28.
68 재인천추원사무대리발신소촌외무차관완공신요지(在仁川萩原事務代理發信小村外務次官 宛公信要旨), 1896. 7. 18, 백범김구전집(3).

『백범일지(친필본)』

投獄

그럭저럭 三朔餘에 아모 消息이 없드니 丙申 五月 十一日 舍廊에서 아즉 잔자리에서 니더러 나기 전인데 어머님이 급히 舍廊門을 열고 "이애 우리 집 앞뒤에는 無數히 보지 못하든 사람들이 돌나싸누나." 말삼이 끗나자 數十名이 鐵鞭 鐵椎를 가지고 달려들며 "네가 金昌洙냐" 뭇는다. 나는 "그러 커니와 그대들은 무슨 사람인데 이갗이 搖亂하게 人家에 侵入하느냐." 그제야 內務部令을 等因한 逮捕狀을 보이고 海州로 押上에 길을 떠난다. 巡檢과 使令이 都合 三十餘名이오. 내의 몸은 쇠사슬노 여러 겹으로 동이 고, 압뒤에 서서 쇠사슬 끝을 잡고, 其餘는 擁衛하여 간다.

백범일지(현대문)

투옥

그럭저럭 석 달이 넘도록 아무런 소식이 없더니, 1896년 5월 11일(양력 6월 21일)에 사랑방에서 아직 잠자리에서 일어나기도 전인데, 어머님이 급하게 사랑문을 열고는 "애! 우리 집 앞뒤를 보지 못하던 수많은 사람들이 둘러싸고 있구나" 라고 말씀하신다.

이 말이 끝나자마자 수십 명이 철편과 철퇴를 들고 달려들며 "네가 김창수냐?"고 묻기에 나는 "그러한데, 그대들은 무엇 하는 사람들이기에 이같이 요란하게 인가(人家)에 침입하느냐?"고 물었다. 그제야 내부령(內部令)을 등인(等因)한 체포장을 보이고 해주로 압상의 길을 떠났다.

순검과 사령이 모두 삼십여 명으로 내 몸을 쇠사슬로 여러 겹으로 동이고, 앞뒤에 서서 쇠사슬의 끝을 잡고, 나머지는 나를 에워싼 채 갔다.

이처럼 『백범일지』에는 김창수가 체포된 장소가 자신의 집임과 체포된 날이 1896년 6월 21일(음력 5월 11일)임을 기록하고 있다.

히라하라(平原)경부가 순사와 순검 등을 대동하고 이화보 체포를 위해 1896년 6월 18일 해주부를 출발하여 치하포의 이화보 여점에 도착한 날이 6월 21일로 다음날인 6월 22일 체포했다.

그런데 1896년 9월 12일에 인천감리 이재정이 외부대신 이완용에게 보고한 문서에[69] "평양부에 머물던 히라하라(平原)경부가 순검을 대동하고 안악군의 거처(居處: 이화보의 여점)로 갈 즈음에 그 범인 김창수가 이미 체포되어 엄문하는데....(平壤府留ㅎ든 平原警部가 帶同巡檢ㅎ고 向住安岳郡之際에 該犯金昌洙가 已爲就捉되야 嚴問ㅎ노데...)"라고 한 기록이 있다. 히라하라(平原)경부가 이화보 체포에 나섰던 무렵에 이미 김창수는 체포되었다고 한 것이다.

이 문서를 통하여 정확한 체포일을 알 수는 없지만 이화보 체포시기와 같은 시기에 김창수도 체포되었음을 알 수 있어, 『백범일지』의 1896년 6월 21일에 체포되었다는 기록을 신뢰할 수 있음을 알려 주고 있다.

다음은 김창수를 체포한 기관이 어디인가에 대한 것이다.

이화보 체포 때 동원된 인원이 히라하라경부를 비롯하여 일본순사 3명, 평양부 순검 2명, 해주부 순검 4명 등 10명 정도였다. 이들이 김창수 체포에도 주도적 역할을 한 것이 아닌가 하는 생각을 할 수 있으나 『백범일지』에 기록된 '순검과 사령 삼십여 명'과는 동원된 인원에서 큰 차이를 보인다. 특히 『백범일지』에는 체포될 당시 일본 순사를 보았다는 기록도 없다.

이 때 김창수 체포에 나섰던 '순검과 사령 삼십여 명'의 소속을 유추할 수 있는 기록이 『백범일지』에 있다. 그것은 김창수가 자신을 체포하러온 사람들에게 "무엇 하는 사람들이냐?"고 한 물음에 그들이 내부령(內部令)을 등인(等因)한 체포장을 보여주었다고 한 기록이다.

당시 박정양(朴定陽)이 내부대신으로 있던 내부(內部)는 서울(한성)에 있

---

69 奎17863-2, 『仁川港案』 제1책, 보고서 제10호, 1896. 9. 12(이재정이 이완용에게).

는 중앙기관이다. 즉 김창수를 체포하러 온 순검이 '내부령'에 의한다는 '체포장'을 갖고 있었던 것이다. 이를 보면 내부가 주관이 되어 직접 파견한 순검 등이 주축이 되어 해주부 순검 등과 함께 김창수를 체포한 후 해주부에 인계하였을 가능성이 높다.

해주부나 평양부 등 지역의 관리들이 김창수 체포에 적극적으로 나서지 않는다고 판단한 조선의 중앙부서에서 직접 나서서 움직였던 것이다.

이는 수차례의 일본정부의 체포 압박과 이에 호응한 이완용 외부대신이 박정양 내무대신에게 압력을 가하여 내부에서 김창수 체포에 직접 나서도록 했다고 추정할 수 있다. 그리고 6월 21일에 김창수와 이화보를 함께 체포하되, 김창수의 체포에는 조선정부에서 나서고, 이화보의 체포에는 일본정부에서 주관하기로 중앙정부 단위에서 사전 밀약이 있었을 가능성이 높다.

체포 후에 김창수를 치하포(안악군) 관할관청인 해주부로 호송한 것은 당연한 일이었으나 이화보 등은 자신들에게 유리하다고 판단한 일본정부에 의해 인천영사관이 소재한 인천의 인천감리서로 호송되었다. 이후 이화보는 '대질(對質)' 등의 명분에 따라 인천감리서에서 해주부로 이감되었다. 그러나 인천영사관 하기와라(萩原)영사가 "외국인의 생명과 관련된 사안(外國人命安)으로 인천감리서에서 심문하는 것이 옳다"고 주장하여[70], 도리어 해주부에서 인천감리서로의 김창수의 이감과 이화보의 재이감을 관철시켰다.

김구는 해주부에서 신문을 받을 때에 내부(內部)와 관련된 이야기를 다음과 같이 『백범일지』에 남겼다. "본인의 체포장을 보면 내부 훈령(訓令) 등인(等因)이라 되어 있으니, 본 관찰부에서 처리할 수 없는 사건이므로 '내

---

70 奎17863-2, 「仁川港案」 제2책, 보고서 제10호, 1896. 9. 12(이재정이 이완용에게).

부'에 보고만 하여 주시오."라고 하였고, 인천옥으로 이감되어서는 "내가 해주에서 다리뼈가 다 드러나는 악형을 당하고 죽는 데까지 이르렀으면서도 사실을 부인했던 것은, '내부'에 가서 대관들을 보고 내 뜻을 이야기하기 위함이었다." 라고 하였다.

김구는 '체포장'을 보고서 자신의 체포를 주도한 기관이 해주부 등 지역 관청이 아닌 중앙기관인 '내부'라는 사실을 알고 이에 대응을 했던 것이다. 즉 '체포장'을 통하여 '치하포사건'이 단순한 사건이 아닌 '내부' 등 중앙정부 차원에서 지대한 관심을 갖고 중대한 사건으로 다루고 있다는 것을 인식하게 된 계기가 되었다.

제4절 인천감리서에서의 수사와 재판에 대한 일본 정부의 개입과 압력

1. 수사와 재판에 일본정부의 관여

인천감리서에서의 수사와 재판을 앞두고 일본정부에서 가장 먼저 조선 정부에 요구한 것은 해주부에서 인천감리서로의 김창수 이감이었고, 다음 으로는 김창수와 이화보에 대하여 일본 관리들이 직접 심문하겠다고 한[71] 것이었다.

1896년 8월 26일 하기와라(萩原)영사가 "쓰치다 조스케(土田讓亮)를 살 해한 김창수와 관계인 이화보를 일본관리들이 직접 심문하겠다(同我官吏審 問等因),"고 이재정 인천감리에게 요구한 것으로 '회심권(會審權)'을 내세운 것이다. 이는 일본정부가 김창수에 대한 수사(신문)와 재판에 직접 참여하 여 김창수 처벌에 대한 자신들의 뜻을 관철시키겠다는 의미가 담겨있다. 이들의 요구는 수사와 재판과정에서 '회심(會審)'이나 '회동심리(會同審理)'의 형태로 관철되었다.[72]

이 회심관(청심관)제도는 1882년 5월 27일 「조미수호통상조약」, 1883년 7월 25일 「조일통상장정」, 1883년 11월 26일 「조영수호통상조약」 등에 근 거를 두고 있다. 주요내용은 "피고측의 관원이 자기 나라의 법률에 의하여 심의·처리한다. 원고측의 나라에서는 관원을 파견하여 심의를 듣게 할 수 있다."는 것과 "청심관이 당사자를 불러 신문하거나, 현지에 나가 조사·신 문하거나, 증인을 서로 바꾸어 신문하거나 검증해 보려고 한다면 그 편의

---

71 奎26048, 보고서 제1호, 1896. 9. 13(판사 이재정이 법부대신 한규설에게).
72 奎26048, 보고서 제1호, 1896. 9. 13(판사 이재정이 법부대신 한규설에게).

를 들어준다."는 것이었다. 이들 조약의 공통점은 '치외법권 인정'과 '최혜국 대우'에 있다[73].

청심관(聽審官)제도는 주로 재판단계에 적용되었으나 점차 재판이전 수사단계부터 관여하는 회심관(會審官)제도로 변형되었다.

한철호 교수의 논문 「갑오개혁·아관파천기(1894~1897) 일본의 치외법권 행사와 조선의 대응」에 다음과 같은 내용이 있다.

2. 일본의 회심권 요구 거부와 청심권 고수[74]

실제로 일본측은 청심권을 내세워 재판과정에 적극 참관 혹은 관여함으로써 판결에 압력을 가하는 합법적인 수단으로 활용했을 뿐 아니라 이를 확대시켜 재판 이전에 양국의 관원이 서로 사건을 논의·처리하는 회심권을 행사해왔기 때문이다.

또 같은 논문에 이러한 내용도 있다.

2. 일본의 회심권 요구 거부와 청심권 고수[75]

일본의 치외법권 행사 방법 중 하나는 원고 소속국 관리가 재판에 참석하여 증인을 심문 혹은 반대 심문하며 판결이 불공정하다고 여길 경우 논박할 수 있는 청심권, 그리고 이를 확대시킨 회심(회동)권을 적용하여 조선인 가해자의 재판에 적극적으로 관여함으로써 일본인피해자의 권리를 최대한

---

73 「조일통상장정」에는 '치외법권 인정' 등의 조항은 없으나 일제는 「조미수호통상조약」 등을 근거로 동등한 대우를 요구하였다.

74 한철호, 「갑오개혁·아관파천기(1894~1897) 일본의 치외법권 행사와 조선의 대응」, 18쪽, 2009.

75 한철호, 「갑오개혁·아관파천기(1894~1897) 일본의 치외법권 행사와 조선의 대응」, 17쪽, 2009.

옹호·확보하는 것이었다.

그러나 민비시해와 단발령 및 아관파천을 계기로 반일감정이 고조되는 상황 속에서 일본측이 일본인을 폭행 혹은 살해한 조선인범법자를 처벌하라고 강경하게 요구했음에도 불구하고, 조선정부는 이를 무시하거나 소극적인 태도를 취하였다(『일관기록』9, 1-2쪽, 공문제19호, 2-3쪽 별지). 나아가 조선정부는 조약 내 규정된 청심권 조항을 근거로 일본측의 회심권 요구를 거부하고 조선인 범법자의 권익을 옹호하는데 진력하는 모습을 보여준다. 비록 이러한 조처는 일본인 범법자에 대한 일본측의 치외법권 행사와 직접 관련이 없지만, 치외법권 악용과 폐해에 대한 조선정부의 인식과 대응 양상을 잘 보여준다는 점에서 주목할 만하다.

이 논문에는 조선정부에서는 당시에 일제의 회심권 요구를 거부하고 청심권만 허용하는 등 '조선인 범법자의 권익을 옹호하는 노력'을 한 것으로 사례를 들어 설명하고 있다. 하지만 '치하포사건'에서는 '회심권'을 거부하였다는 기록을 발견할 수 없다. 하기와라(萩原)영사가 인천감리 이재정에게 자신들이 직접 심문할 것을 요구(同我官吏審問等因)하였고, 이에 따라 수사단계인 '초초(8.31)'와 '재초(9.5)'부터 인천영사관 일본 관리들이 김창수와 이화보 등에 대한 신문 등에 참석하였다. 특히 1896년 9월 10일에 있었던 재판에서는 인천영사관 경부 카미야 키요시(神谷淸)와 이재정 간에 '회동심리'가 열렸고, 경부 카미야 키요시는 조서(김창수의 삼초)에 판사 이재정과 함께 어깨를 나란히 하여 이름을 올렸다.

『백범일지』에는 1896년 9월 10일의 재판(삼초)에 대하여 다음과 같이 기록하였다.

"제3차 신문은 감리서에서 하였는데, 그날도 항내 거주자는 다 모인 것 같더라. 그날은 감리사 이재정이 친문을 하였는데, 왜놈은 보이지 않았다.

감리가 매우 친절히 물었고, 마지막에 신문서 꾸민 것을 열람(閱覽)케 하
고, 교정(校正: 수정)할 것은 교정한 후 백자(白字)에 서명하였다. 신문은 끝
이 났다."

여기에는 1,2차 신문과 달리 삼초(재판)에는 인천영사관의 일본 관리
들이 재판정에 보이지 않았다고 기록되어 있다. 그러나 분명 9월 10일
(삼초)에는 판사 이재정과 경부 카미야 키요시의 '회동심리(會同審理)'가 있
었다.[76]. 이는 김창수에 대한 재판정에서의 신문과는 별도로 '회동심리'는
공개된 재판정이 아닌 김창수가 출석하지 않은 밀실에서 판사 이재정과 경
부 카미야 키요시(神谷淸) 간에 이뤄졌다는 것을 의미한다.

2. 김창수의 목을 베어 죽이라고 주장한 일본정부

1896년 9월 10일 김창수에 대한 인천항재판소에서의 재판이 끝났고,
이후 법부를 거쳐 임금에게 사형집행에 대한 재가를 주청하는 절차만이 남
아있다.

이에 따라 9월 13일 인천항재판소 판사 이재정은 법부대신 한규설에게
재판결과에 대한 보고를[77] 하였는데, 이 문서의 주요내용은 다음과 같다

— 하기와라 슈이치(萩原守一)인천영사가 외국인의 생명과 관련된 사안(外國
人名案)으로 인천감리서에서 심리함이 옳다고 요구함에 따라 범인 김창
수와 증인 이화보를 해주부에서 인천항(인천감리서)으로 옮겨 가두었다,
— 8월 26일 인천영사 하기와라 슈이치가 김창수와 이화보에 대하여 "우

---

76 奎17863-2, 「仁川港案」제2책, 보고서 제10호, 1896. 9. 12(이재정이 이완용에게).
77 奎26048, 보고서 제1호, 1896. 9. 13.

리관리들이 직접 심문하겠다(同我官吏審問等因)"고 요구하였고, 8월
31일에 회심(會審), 9월 10일에는 일본경부 카미야 키요시(神谷淸)가 참
석한 회동심리(會同審理)가 이루어졌다.

— 김창수가 일인 쓰치다(土田)를 먼저 범하여 당하장살(當下戕殺: 상해를 입혀
 죽임) 하였음을 낱낱이 자복하였다.
— 이화보는 사건과 무관함으로 보방(保放)하였다.[78]
— 김창수, 이화보의 공사(供辭: 진술서, 조서, 공초)와 일영사의 조회(照會)를
 별첨하여 보고(上送)하겠다.

이 문서 말미에는 "김창수, 이화보의 공초와 일본영사 조회를 별첨하여
보고하니 조량(照亮)하시어 김창수의 범행에 대하여 조율재처(照律裁處)하시
고 이화보는 석방(放還本籍)함이 타당하니 지령(指令)을 기다리겠다."고 기
록되어 있다.

이처럼 당시에 인천항재판소 등 일심재판소에서의 중죄인에 대한 재판
결과는 법부를 통하여 승인(承認) 또는 추인(追認) 받는 듯한 형태를 갖추고
있었다. 이것은 「형률명례(刑律名例)」에 '종신형 이상의 형률에 해당되는 죄
인에 대하여는 반드시 법부대신의 지령(指令)을 기다려 선고를 해야 한다.'
고 규정하고 있었기 때문이기도 하다.[79]

---

78 보방(保放)이란 현재의 보석(保釋)과 거의 같은 의미로 보석금을 제출케하거나 거주지
  역을 한정하여 석방하는 것을 말한다. 이 문서를 보면 이화보는 이미 심문(9.5)이 끝나
  고 풀려나 있었다. 10월 2일 전보를 통하여 법부에 고향으로 돌려보낼 것(放還本籍)에
  대한 승인을 요청한 것은 행정상 요식행위이다. 그리고 이 문서에는 "전관찰사(임오준)
  소속 순검과 인천 일영사관 소속 순사가 안악군에서 이화보를 잡아서 인천감리서에서
  심문하였으나 죄상(罪狀)이 없어 석방하였다."는 기록도 있어 치하포 사건 발생초기에
  이화보를 인천감리서에서 체포하였다가 석방했던 사실이 있었음을 알 수 있다. 이후
  재구속 한 후 인천감리서에서 해주부로 이감(대질을 위한 이감이었으나 실지로 대질이 이
  루어졌다는 기록은 없다.)과 해주부에서 인천감리서로 재이감 등이 있었던 것으로 보이
  나 문서상 명확한 과정을 파악하기 어렵다.
79 「형률명례(刑律名例)」, 제17조(각 재판소에 있는 노역형 종신 이상의 율(律)에 해당될 만한

그런데 이재정의 '보고서'에는[80] 오늘날 '판결선고문' 등에 꼭 기록되는 '적용법조'와 '형량(사형)'이 기록되어 있지 않다.

그러나 9월 22일자 『독립신문』은 "9월 16일 인천감리 이재정씨가 법부에 보고하였는데, 해주 김창수가 안악군 치하포에서 일본 장사(꾼) 토전양량을 때려죽여 강물속에 던지고 환도와 은전 많이 뺏었기로 잡아서 공초를 받아 올리니 '조율처판(照律處辦)'하여 달라고 하였더라."고 하여 살인과 강도죄를 범함 것으로 인천감리(인천항재판소판사)가 확정짓고 법부에 보고한 것으로 보도하고 있다.

이 무렵에 인천항재판소에서 다른 사형수들에 대하여 이재정이 법부대신에게 보고한 '보고서'가 또 있다. 1896년 11월 16일에 보고된 것으로, '보고서 제7호(김복성)', '보고서 제8호(이창익, 나춘국)', '보고서 제9호(한상근, 조수명, 강만석, 김백원)'가 있는데 이들 보고서에는[81] 적용법조와 형량(사형)들이 기록되어 있다.

예를 들어 '보고서 제8호'를 보면 "본년법률 제2호 적도처단례 제7조 제7항의 1인 또는 2인 이상이 주야를 불문하고 한적한 곳 혹은 대로상에서 권, 각, 간, 봉을 사용하여 위혁(威嚇) 또는 살상하여 재물을 겁취(劫取)한 자는 수종(首從)을 불문율에 조(照)하고 이창익, 나춘국을 교(絞)에 처함이 타당하니 조량하여 지령하길 바란다."고 하여 적용법조(「적도처단례」 제7조 제7항)와 형량(교형, 사형)이 기록되어 있다. 즉 앞의 제7호, 제8호, 제9호의 보고서들에는 김창수 관련 제1호 보고서와 달리 적용법조와 형량이 빠짐 없이 기록되어 있는 것이다.

죄인은 반드시 법부 대신의 지령을 기다려 선고할 일).
80 奎26048, 보고서 제1호, 1896. 9. 13.
81 奎17278-v.1-128, 「사법품보(갑)」 15책, 1896. 11. 16.

이처럼 재판이 끝남에 따라 당연히 기록되어야할 적용법조와 형량이 김창수 관련 보고서(제1호)에는 빠져있다. 이에 대하여는 이재정이 법부에 보고한 '보고서(제1호)' 내용 중 "일본영사 조회를 별첨하여 보고한다."란 문구에 주목할 필요가 있다. 여기서 말하는 일본영사의 조회문서는 보고서 작성 전일인 1896년 9월 12일 인천영사 적원수일[萩原守一: 萩原守一(하기와라 슈이치)]이 이재정에게 조회(照會)한 문서(인부 제150호)를[82] 말하며 전문은 다음과 같다.

인부(仁府) 제150호(국역문)

서한으로 말씀드립니다.

아상(我商: 우리나라상인) 쓰치다 조스케의 살해자 김창수의 심문이 이번에 종료됨에 따라 법부의 지령을 기다려 처리해야 한다는 취지에서 구공서(口供書: 진술서)의 송부와 본관의 의견 여부를 물으신 내용은 잘 알겠습니다. 심문의 결과 해당 범인은 귀 국 법률인 대명률(大明律) 인명(人名) 모살인조(謀殺人條)의 무릇 '모살인(謀殺人: 계획적 살인)'의 조의자(造意者: 주모자)는 참(斬: 참수형)으로 다스린다는 조문에[83] 비추어 처벌이 마땅히 이루어져야 한다고 생각하며, 위의 내용은 본관의 의견으로 법부에 보고해 주시기 바랍니다. 이와 같이 조회하니 유념하여 주시기 바랍니다. 경구

1896년 9월 12일

영사대리 하기와라 슈이치

인천항감리 이재정 귀하

---

82 奎26048, 仁府 제150호, 1896. 9. 12.
83 大明律卷第十九 刑律 人命 第305條 謀殺人, 1.凡謀殺人, 造意者 斬, 從而加功者 絞, 不加功者 杖一百流三千里, 殺訖乃坐.

仁府第一五〇号(원문)

以書翰致啓上候陳者我商土田讓亮殺害者金昌洙ノ審問令般結了二付法部
ノ指令ヲ待チ處斷可相成趣ヲ以ナロ供書御送付ノ上本官ノ意見有無御問
合相成承知致候審問ノ結果該犯人ハ貴國法律大明律人名謀殺人ノ條凡謀
殺人造意者斬ノ文二照ラシ御處斷相成可然ト存候間右ノ趣本官ノ意見ト
シテ法部二御報告相成度此段照會得貴意候敬具

明治 二十九年 九月 十二日

領事代理 荻原守一

仁川港監理 李在正 貴下

　'치하포사건' 관련 일본정부는 '회심권' 등을 내세우며 수사와 재판에 참
여하여 김창수와 이화보 등을 신문하는 등 사실확인에 직접 나서는가 하면
그들의 주장을 조선정부에 제시하여왔다.

　그러나 하기와라영사가 작성한 이 문서(照會)를 의견정도를 제시한 단
순한 '의견서'성격의 문서라고 가볍게 넘길 사안이 아니었다. 판사 이재정
과 함께 재판을 주관한 당사자로서 '판결문' 등에 기록될 핵심 내용들을 언
급하는 등 재판결과에 대한 최종 결론을 제시한 것이기 때문이다.

　이 문서 내에 "該犯人ハ貴國法律大明律人名謀殺人ノ條凡謀殺人造意
者斬ノ文二照ラシ御處斷相成可然"이란 문구가 있다. 김창수를 대명률(형
률 인명)의 '모살인조(謀殺人條)'를 적용하여 참(斬)하라고 하는 등 적용법조
(律)와 형량을 명시적으로 규정하고 있다.

　이에 따라 인천항재판소 판사이재정이 직접 '적용법조(適用法條)와 형량
(刑量)을 적시하지 않고, 하기와라영사의 '인부(仁府) 제150호'를 자신이 보
고하는 '보고서 제1호'에 첨부하는 편법이 등장했다.

이 문서 중에 "위의 내용을 본관(하기와라영사)의 의견으로 법부에 보고해 주기 바란다."고 한 문구도 살필 필요가 있다. 이는 자신의 주장을 인천항재판소 판사인 이재정에게 제시함에 머물지 않고, 김창수를 '모살(謀殺: 계획적 살인)'죄로 '참(斬: 참수형)'하라고 주장하는 문서를 법부에 보내라고 한 것으로, 판사 이재정이 보고서에 다른 적용법조(죄명)와 다른 형량을 적시하는 것을 원천적으로 봉쇄하려는 듯 압박을 가하고 있다.

이에 따라 이재정은 당연히 보고서에 기록해야할 적용법조와 형량을 제시하지 않고 하기와라영사의 '인부 제150호'를 첨부함으로써 갈음했던 것으로 보인다.

여하튼 일본정부는 사형수단으로 교(絞: 목을 매담)를 규정한 「적도처단례」나 「형률명례」가 아닌 참(斬: 목을 벰)으로 규정한 「대명률」을 적용하였다. 이 「대명률」에는 싸움 중에 상대방을 구타하여 우연히 살인 한 경우 등 단순살인에는 교형(絞: 교수형)으로 처단할 수 있는 것과 달리, '모살(謀殺: 계획적 살인)'의 주모자인 경우는 참형(斬刑: 참수형)으로 처단한다는 중벌조항이 있어 이를 적용코자 하였다.

일본정부에서 참형(참수형)으로 형량을 정한 것은 교형(교수형)보다 중한 형벌이기도 하지만 참수형 집행모습을 민중들에게 보여주고, 집행 후에는 효수(梟首: 목을 메달아 둠)를 함으로써, 일본에 저항하거나 일본인을 공격하면 이러한 처벌이 이루어진다는 본보기로 삼아 의병봉기를 억제할 계획까지 염두에 두고 있었을 가능성이 높다.

이러한 하기와라영사의 압박 이후인 1896년 10월 22일 법부에서 임금에서 김창수를 비롯한 사형수 11명에 대하여 사형집행에 대한 재가를 청하는 '상주안건'을[84] 작성하였다. 이 상주안건의 '김창수 안건'에는 "본년법률

---

84 奎17277-2, 법부(형사국)『기안』제11책, 상주안건(안제7호), 1896. 10. 22.

제2호 제7조 제7항의 1인 또는 2인 이상이 주야를 불분하고 한적한 곳 혹은 대로상에서 주먹과 다리, 나무몽둥이 또는 병기를 사용하여 위혁(威嚇) 혹은 살상하여 재물을 겁취한 자는 주범·종범을 불분한다는 법률에 조(照)하여 교(絞)에 처한다는 건"이라고 기록되어 있다.

앞의 '본년법률 제2호'는 1896년 4월 1일 반포된 「적도처단례(賊盜處斷例)」를 말하며, 이 법률 제7조 제7항의 조문은 오늘날 형법상 '강도살인죄' 및 '강도상해죄'의 조문과 유사한 항목(적용법조)이다. 즉 김창수의 행위에 '강도살인죄'를 적용한 것이다. 이 조항은 주범과 종범 여부를 불문하고 '사형(교형)'만을 형벌로 규정하고 있다. 이 법은 이후에도 오랫동안 '의병'에 대한 처벌과 탄압에 악용되었다.

일본정부에서 요구한 '대명률(형률) 인명 모살인조'에서 '적도처단례 제7조 제7항'으로 적용법조가 바뀌었지만 '모살(謀殺)' 자체가 계획을 세워 사람을 죽이는 범죄, 즉 쓰치다의 재물을 탈취하기 위하여 미리 계획을 세워 살해한 것이라는 주장이므로 그 결과는 동일하다. 또 「적도처단례」에는 사형수단이 교수형(絞)밖에 없었으므로 일본정부가 주장한 참수형(斬)을 받아드리지 못한 것뿐으로 일본의 주장은 상주안건의 '김창수안건'에 오롯이 반영되었다.

「적도처단례(賊盜處斷例, 법률 제2호)」, 1896년 4월 1일 반포

제7조 강도의 죄목과 형벌의 율례는 아래와 같다.

(强盜의 罪目과 其 該當한 律例는 左와 如함.)

제7조 제7항 1인 또는 2인 이상이 주야를 불문하고 한적한 곳 혹은 대로상에서 주먹과 다리, 나무몽둥이 또는 병기를 사용하여 위혁하거나 혹은 살상하여 재물을 겁취한 자는 주범·종범을 불문하고 교수형에 처한다.

(1人 或 2人 以上이 晝夜를 不分하고 僻靜處 或 大道上에서 拳脚·桿棒 或 兵器를 使用

하여 威嚇 或 殺傷하여 財物을 劫取한 者는 首從을 不分하고 絞.)

위의 「적도처단례」의 조문처럼 김창수를 '강도살인범'으로 몰아가기 위하여는 쓰치다를 폭행·협박하여 재물을 빼앗는(탈취, 강취, 강탈, 약탈) 행위를 하였거나 또는 살해행위가 쓰치다의 재물을 빼앗기 위한 것이어야 한다.

김창수는 쓰치다 살해 후에야 쓰치다가 타고 온 배에 소지금품이 있다는 것을 알게 되었다. 그 돈 중 800냥은 이화보에게 임치하고 75냥으로 나귀를 매입하였으며, 동행인 3인에게 노잣돈(25냥) 명목으로 나누어준 것은 별론으로[85] 하고, 김창수가 쓰치다의 재물을 탈취하기 위하여 살해한 범의(犯意: 故意)는 없었다. '강도죄'나 '강도살인죄'가 성립할 여지가 전혀 없는 것이다. 그럼에도 하기와라영사의 조회(인부 제150호) 이후에 작성된 '상주안건'에는 김창수에게 강도의 죄목을 적용하여 '강도죄인'이라 하였다. 쓰치다 살해의 대의명분(동기)은 '국모보수'가 아닌 쓰치다의 돈을 탈취(강취)하기 위한 것이라고 최종 결론 낸 것이다.

이처럼 인천항사람 등 수 많은 사람들의 지지를 받았던 '치하포사건'이 중앙정부에 이르러 쓰치다의 재물을 빼앗은 단순한 강도사건으로 확고해진 이유는 '의병대장'으로서 '국모보수' 등을 행한 의거가 아닌 쓰치다의 돈을 노린 파렴치한 강도범로 몰아가기 위한 일본정부의 압력과 이에 야합한 이완용의 입김이 강하게 작용했던 결과였다.

---

85 시대적 상황과 살해동기 등을 고려하지 않고, 금전 취득과 처분행위만을 따로 떼어 현재의 법으로 본다면 '점유이탈물횡령'이나 '절도' 등으로 논할 수는 있을 것이다.

제4장
'치하포사건' 관련 문서 검토

제1절 '치하포사건' 관련 주요문서

'치하포사건' 관련 주요문서 목록

일시	주요 내용	발신자 및 수신자
1896. 3. 9	• 김창수, 황해도 안악군 치하포에서 쓰치다 살해[86]	86)고무라공사가 이완용에게
3. 15	• 일본정부, 김창수 등 1차 체포시도 — 경성영사관 경부 히라하라가 일본순사 2명, 조선순검 5명 대동하고 3.13. 치하포로 출발, 3·15. 도착[87] — 여점주인 이화보의 처, 선인 2명, 방례(坊隷) 1명, 동민 3명 등 총 7명을 체포하여 평양으로 끌고 감[88]	87)하기와라영사가 하라외무차관에게 88)해주부관찰사서리 김효익이 이완용에게
3. 31	• 고무라공사 사건개요 통보하며 가해차 체포와 처벌 요구하였고[89], 이완용외부대신 조치하였다고 회답[90] • 고무라공사 '치하포사건'을 '탈취(강도)사건'으로 규정[91]	89)고무라공사가 이완용에게 90)이완용이 고무라공사에게 91)고무라공사가 이완용에게
4. 6	• 이완용, 봉기한 의병을 '폭민', '흉도', '밥상 위의 파리 떼'로, 살상된 일본인들을 '무고한 일본인'이라 규정[92]	92)고무라공사와 이완용의 3월 27일 면담 내용
4. 6	• 쓰치다를 상업적인 용무로(商用) 활동하는 자로 기록[93] (1895년 10월 진남포 도착 11월 4일 황주로가 활동, 1896년 3월 7일 진남포로 귀환도중 피해, 유품과 자산은 용주에게 인도)	93)하기와라영사가 하라외무차관에게(내부문서)

---

86 주한일본공사관기록 9권, (5)일본인 쓰치다 조스케의 피살사건과 범인체포요구 건(공문제20호), 1896. 3. 31.

87 재인천추원사무대리발신원외무차관완공신요지(在仁川萩原事務代理發信原外務次官宛公信要旨), 1896. 4. 6, 백범김구전집(3).

88 奎17986,「黃海道來去安」제1책, 보고 제2호, 1896. 4. 19.

89 주한일본공사관기록 9권, (5)일본인 쓰치다 조스케의 피살사건과 범인체포요구 건(공문제20호), 1896. 3. 31.

90 주한일본공사관기록 9권, (6)쓰치다 조스케의 피살사건과 범인체포요구에 대한 조복, 1896. 4. 4.

91 주한일본공사관기록 9권, (5)일본인 쓰치다 조스케의 피살사건과 범인체포요구 건(공문제20호), 1896. 3. 31.

92 주한일본공사관기록 9권, (11)조선국에서의 일본인민 피해에 관한 건(비밀제23호), 별지 경호(일본인 살해사건에 관한 한국외부대신과의 면담내용 개요, 1896. 3. 28. 필기).

93 재인천추원사무대리발신원외무차관완공신요지(在仁川萩原事務代理發信原外務次官宛公信要旨), 1896. 4. 6, 백범김구전집(3).

일시	주요 내용	발신자 및 수신자
4.19	• 칼을 뽑아 살해(拔劍剛殺), 나귀 매입하고 잔여 금액 이화보에게 임치[94]	94)해주부관찰사서리 김효익이 이완용에게
5.1	• 이완용, 김창수를 '비도(匪徒)'로 규정[95]	95)이완용이 해주부관찰사서리 김효익에게
5.30	• 일본정부가 조선정부에 쓰치다 등 피살상자 62명에 대한 배상으로 일화(日貨) 14만 6,000원(圓: 엔) 요구[96] • 쓰치다 조스케의 신분을 매약상으로 기록[97] (別紙 甲號 帝國民庶遭害에 관한 朝鮮政府와의 交涉月日表)	96)고무라공사가 이완용에게 97)고무라공사가 무쓰외무대신에게(내부기밀문서)
6.5	• 일본정부, 김창수 등 2차 체포시도 보고[98] – 인천영사관에서 일본순사 3명을 '쓰치다 조스케 가해자 체포'를 위하여 애탕함(愛宕艦)에 승선시켜 출발	98)하기와라 영사가 임시대리공사 가토(加藤)에게
6.18	• 김효익, 일본정부의 김창수 등 2차 체포시도상황 보고[99] – 6월17일 경성영사관 경부 히라하라 아쓰무가 해주부 방문, 순검 4명과 함께 6월 18일 안악군으로 출발	99)김효익이 이완용에게
6.21	• 김창수, 자가에서 체포되어 해주부로 압송[100] ※ 6월 21일 도주했던 이화보 6월22일 체포하여 인천 감리서로 압송[101]	100)백범일지(음력 5월 11일 체포) 101)하기와라 영사가 고무라 외무차관에게
6.28	• 일인경부가 이화보를 체포하여 인천으로 갔다고 보고[102]	102)해주부관찰사서리 김효익이 이완용에게,
6.30	• 김효익이 해주부에서 신문(6.27)한 김창수 공안 첨부하여 보고[103]	103)해주부관찰사서리 김효익이 법부대신에게
8.13	• 김창수와 이화보, 인천옥으로 이감[104]	104)하기와라 영사가 특명전권공사 하라 다카시에게

94 奎17986, 「黃海道來去案」 제1책, 보고 제2호, 1896. 4. 19(김효익이 이완용에게).

95 奎17986 「黃海道來去案」 제1책, 지령 제1호, 1896. 5. 1(이완용이 김효익에게).

96 주한일본공사관기록 9권, 일본인 가해자의 처벌촉구와 피해자에 대한 배상청구(문서번호 제38호), 1896. 5. 30.

97 주한일본공사관기록 9권, (13)아국인민 피해에 관한 건(기밀제41호), 1896. 5. 30.

98 주한일본공사관기록 10권, (214)愛宕艦의 平壤行에 관한 件, 1896. 6. 5.

99 奎17986, 「黃海道來去案」 제1책, 보고 제2호, 1896. 6. 18(김효익이 이완용에게).

100 『백범일지』

101 재인천추원사무대리발신소촌외무차관완공신요지(在仁川萩原事務代理發信小村外務次官宛公信要旨), 1896. 6. 30, 「백범김구전집(3)」.

102 奎17986, 「黃海道來去案」 제1책, 보고 제3호, 1896. 6. 28(김효익이 이완용에게).

103 奎26048, 김효익보고서(6. 27 신문한 김창수공안 첨부), 1896. 6. 30(김효익이 한규설에게).

104 주한일본영사관기록 10권, (22)인천항 정황보고(京第37號), 1896. 8. 25.

일시	주요 내용	발신자 및 수신자
8. 26	• 하기와라 영사, 김창수와 이화보 조사시 일본관리가 직접심문(회심권)할 것을 요구(同我官吏審問等因)[105]	105)하기와라 영사가 인천감리 이재정에게 '조회'
8. 31	• 인천항경무서 경무관 김순근이 주재하는 김창수 1차 신문조서(초초), 이화보 1차신문조서(초초)[106] 작성	106)판사 이재정이 법부대신 한규설에게(보고서1호에 첨부)
9. 5	• 인천항경무서 경무관 김순근이 주재하는 김창수 2차 신문조서(재초), 이화보 2차신문조서(재초)[107] 작성(재물탈취)	107)판사 이재정이 법부대신 한규설에게(보고서1호에 첨부)
9. 10	• 인천항재판소 판사이재정과 경부 카미야 키요시가 주재한 김창수 3차 조서(삼초)[108] 작성(국모보수)	108)판사 이재정이 법부대신 한규설에게(보고서1호에 첨부)
9. 12	• 하기와라영사, 김창수에 대한 적용법조(대명률 인명 모살인조)와 형량(참형) 제시(인부제150호)[109]	109)하기와라 영사가 판사 이재정에게(보고서1호에 첨부)
9. 13	• 이재정이 하기와라 영사의 '조회(인부제150호)'와 김창수·이화보의 공초(조서)등을 첨부, 조율재처(照律裁處) 바란다고 법부에 보고[110]	110)판사이재정이 법부대신 한규설에게
10. 22	• 법부에게 고종에게 김창수 포함 11명에 대한 사형집행을 재가 할 것을 주청하는 '상주안건'[111] 보고(시행일 10월 28일)	111)법부대신이 고종에게
12. 31	• 법부에게 고종에게 김창수 제외, 46명에 대한 사형집행을 재가 할 것을 주청하는 '상주안건'[112] 보고	112)법부대신이 고종에게
1897. 1. 22	• 법부에서 고종에게 김창수 제외, 35명에 대한 사형집행을 재가 할 것을 주청하는 최종 '상주안건'[113] 보고	113)법부대신이 고종에게
1. 22	• 1.22. 최종 '상주안건'에 따른 고종의 재가(사형집행명령)[114]	
1898. 3. 20	• 인천옥 탈옥[115]	

105 奎17863-2, 「仁川港案」 제2책, 보고서 제10호(이재정이 이완용에게), 1896. 9. 12.

106 奎26048, 김창수 초초, 이화보 초초(보고서 제1호에 첨부), 1896. 8. 31.

107 奎26048, 김창수 재초, 이화보 재초(보고서 제1호에 첨부), 1896. 9. 5.

108 奎26048, 김창수 삼초(보고서 제1호에 첨부), 1896. 9. 10.

109 奎26048, 仁府 제150호, 보고서 제1호(9. 13)에 첨부(하기와라가 이재정에게), 1896. 9. 12.

110 奎26048, 보고서 제1호(이재정이 한규설에게), 1896. 9. 13.

111 奎17277-2, 법부(형사국) 『기안』 제11책, 상주안건(안제7호), 1896. 10. 22.

112 奎17277-2, 법부(형사국) 『기안』 제13책, 상주안건(안 제32호 및 안 제33호), 1896. 12. 31.

113 奎17277-2, 법부(형사국) 『기안』 제14책, 상주안건(안제15호), 1897. 1. 22.

114 고종실록 35권, 승정원일기 139책.

115 奎17278, 「사법품보(갑)」 31책, 보고서 제3호, 인천항판사 서상교가 법부대신 이유인에게, 1898. 3. 21.

제2절 '치하포사건'을 강도사건으로 규정한 일본정부

'치하포사건' 발생 초기에 이 사건을 바라보는 일본정부의 시각과 판단이 어떠했었는지를 상세히 파악할 수 있는 문서가 있다.

'치하포사건' 발생 22일후인 1896년 3월 31일 고무라공사(小村公使)가 '치하포사건' 발생 후 처음으로 조선정부의 외부대신 이완용에게 보낸 문서로,[116] '치하포사건'에 대한 경위 설명과 함께 범인 체포와 처벌을 강력히 요구하고 있다.

일본인 쓰치다 조스케 피살사건과 범인체포요구 건(공문 제20호) (번역문)

서한으로 알립니다. 우리 인천영사의 보고가 다음과 같이 있었습니다.

나가사키 평민(長崎縣 平民) 쓰치다 조스케(土田讓亮)라는 자가 조선인 1명(평안도 용강 거주 임학길, 20세)과 함께 황주에서 인천으로 돌아오기 위하여 진남포로 가던 길에 황주 십이포에서 한선(韓船) 1척을 빌려, 대동강을 내려가다 3월 8일 밤 치하포에 머물렀습니다.

다음날 9일 오전 3시경((翌九日午前三時梗) 그 곳에서 출범(出帆) 준비를 마치고 식사를 하기 위하여 그 곳 숙박업자 이화보의 집에 갔습니다. 그리고 다시 귀선하려 할 때, 그 집 마당 앞에서 그 여인숙에 숙박하던 한인 4,5명에게 타살되었습니다. 고용된 한인 임도 살해될 뻔했으나 다행히 위험을 벗어나 같은 달 12일 밤 평양으로 가서 그 곳 주재 히라하라(平原)경부에게 위와 같은 사건 전말을 알려왔습니다.

이에 히라하라(平原)경부는 순사 2명과 순검 5명을 인솔, 같은 달 15일 사건현장에 도착, 조사를 하려고 했는데, 여관 주인은 경부 등이 온다는 말

---

116 주한일본공사관기록 9권, (5)일본인 쓰치다 조스케의 피살사건과 범인체포요구 건(공문제20호), 1896. 3. 31.

을 듣고 도망하였고, 피살자의 시체는 이미 강에 던져져 검시(檢屍)할 수 없었고, 다만 여관 마당 앞에 혈흔이 흩뿌려져 있음을 확인하였습니다.

그래서 경부 일행은 그곳 군의 관리들에게 엄중하게 따진 결과로 가해 혐의자 7명을 데리고 와서 취조하였으나 아무도 본인이 가해자라고 하지 않고 단지 앞에서 일어난 사건에 대하여 들었을 뿐이라 하였습니다.

쓰치다 조스케의 유류 재산은 한전(韓錢) 10표(俵)와 고리짝(行李) 하나이며, 그중 한전 2표는 누군가에 의해 탈취 당했고, 나머지는 무사히 인천 영사관에 인수되었다고 합니다.

조사해 보건대 본건 피해의 전말은 앞선 우리 영사의 보고에 근거하여 사실이 명료할 뿐만 아니라 그 가해자도 쉽게 수색할 수 있다고 생각됩니다.

그러므로 귀 정부는 때를 놓치지 말고 곧 평양 관찰사(鄭敬源)와 해당 군수에게 엄중한 훈령을 내려 날을 기해 가해자를 체포한 후 합당한 처분을 하시기 바랍니다. 이점 조회하니 유의하시기 바랍니다.

　1896.3.31. 변리공사 고무라 쥬타로(小村壽太郎)가 외부대신 이완용에게

앞의 일본 고무라공사의 발신문서[117] 이후에 '치하포사건' 관련 조선정부에서 사건경위 등을 기록한 문서로는 1896년 4월 19일 해주부관찰사서리 김효익이 외부대신 이완용에게 보고한 문서와[118] 1896년 5월 1일 내부대신 박정양이 외부대신 이완용에게 조회한 문서가[119] 있다.

---

117 '치하포사건' 관련 일본측 최초문서인 고무라 문서에는 쓰치다가 황주에서 인천으로 돌아오던 길이었다고 했을 뿐 '철수명령'을 받았다거나 '상인'이었다는 기록은 없다. 이후 1896년 4월 6일 일본정부간 주고받은 문서에 이르러서 쓰치다가 상용(商用: 상업상 용무)을 위하여 1895년 10월 진남포에 도착 후 11월 황주에 도착했다고 기록하고 있으나 여기서도 쓰치다가 '철수명령'을 받았다거나 '진남포와 황주에서 장사'를 했다는 구체적 기록은 없다. 또한 고무라 문서 등에는 돈과 고리짝(行李) 1개를 인천영사관에서 인수했다고 기록하였으나, 장사를 하는 상인이나 매약상인이라면 소지해야 할 상품 또는 약품이 있었다는 기록도 없다.

118 奎17986, 「黃海道來去安」 제1책, 보고 제2호(김효익이 이완용에게), 1896. 4. 19.

119 奎17794 「黃海道來去安」 제3책, 지령 제1호(박정양이 이완용에게), 1896. 5. 1.

이 문서들은 안곡삼소방(安谷三所坊) 집강(執綱)의[120] 보고를 받은 안악군수 유기대(安岳郡守 柳冀大)가 다시 해주부관찰사서리 김효익에게 보고한 내용을 바탕으로 작성된 것으로 두 문서는 앞의 고무라공사의 발신문서 내용을 그대로 인용하고 있다는 점에서 내용에서 차이가 거의 없다.

'치하포사건'에 대한 일본과 조선정부의 초기 판단과 법부의 '상주안건' 비교

초기 사건경위 판단		상주안건의 '김창수 안건' (1896. 10. 22. 법부대신이 임금에게)
일본정부 (1896. 3. 31. 고무라공사가 이완용 외부대신에게)	나가사키 평민(長崎縣 平民) 쓰치다 조스케(土田讓亮)라는 자가 조선인 1명(平安道 龍岡 거주 林學吉, 20세)과 함께 황주에서 인천으로 돌아오기 위하여 진남포로 가던 길에 황주 십이포에서 한선 1척을 빌려 대동강을 내려가다 3월 8일 밤 치하포에서 머무르고, 다음날 9일 오전 3시경 그 곳에서 출범할 준비를 마치고 식사를 하기 위하여 그 곳 숙박업자 이화보 집에 갔습니다. 그리고 다시 귀선하려 할 때, 그 집 마당 앞에서 그 여인숙에서 숙박하던 한인 4,5명에게 타살(打殺)되었습니다. (중략) 土田讓亮의 남은 재산은 한전(韓錢) 10표(俵)와 고리짝 하나가 있는데, 한전 2표는 누군가 탈취(奪取)하고 나머지는 무사히 인천 영사관이 인수했다는 것입니다.	'인천항재판소에서 심리한 강도죄인 김창수가 자칭 좌통령이라 하고 일본상인 쓰치다 조스케를 당상타살(當傷打殺) 후 그 시체를 강물에 던지고, 재전(財錢: 재물과 돈)과 환도를 탈취(奪取)하여 800금(金)은 점주에게 임치하고 (나귀를 매입하였으며) 그 외 전관(錢貫)은 (동행) 삼인에게 나눠준 죄로 본년 법률 제2호(적도처단례) 제7조 제7항의 1인 또는 2인 이상이 주야를 불분하고 한적한 곳 혹은 대로상에서 주먹과 다리, 나무몽둥이 또는 병기를 사용하여 위혁하거나 혹은 상살하여 재물을 탈취한 자는 주범·종범을 불분하고 교수형에 처한다는 건.
조선정부 (1896. 4. 19. 해주부관찰사서리 김효익이 이완용 외부대신에게)	안악군수 유기대의 보고서내(內) 안곡삼소방 집강(執綱)의 문보에 따르면 '3월 초에 일인 1명이 황주 조응두의 배를 타고 치하포에 숙박할 때 해주 사는 김창수 등 4인이 용강에서 건너와 스스로 의병소좌통령(義兵所左統領)이라 말하고 칼을 뽑아(拔釖) 죽이고 시체를 강에 던졌으며, 일본인의 돈(日人錢) 75냥으로 당나귀(驢子)를 사고, 나머지 800냥은 점주 이화보에 맡기고 해주로 갔다.'고 함.	

이처럼 문서에 기록된 고무라공사의 판단과 주장이 이후 '치하포사건' 처리에 있어 어떠한 영향을 미쳤는지 살펴보아야 한다.

---

120 안악군(安岳郡)은 1895년 전국 23부제 시행 때 해주부 안악군이 되었으나 1896년에 전국 13도제 시행으로 황해도 안악군이 되었다. 안악군에 안곡방(安谷坊)이 있었으며, 안곡삼소방의 '집강'은 안곡방이란 면단위 규모 아래의 지역관리이다.

1896년 3월 31일, 고무라공사는 '치하포사건'에 대한 자신의 판단과 주장을 내세우며, 조속한 가해자체포와 처벌을 요구하였고, 이에 이완용은 1896년 4월 4일 범인을 기한 내에 체포하여 조사하고 처벌하겠다는 회답을[121] 하였다.

이완용은 고무라공사의 주장을 무조건 인정할 것이 아니라 쓰치다와 동행했던 임학길을 면담하는 등 자체적으로 사건조사를 철저히 한 후 진상을 밝히는 것이 정상적인 행동일 것이다. 하지만 이완용은 그러한 확인절차 없이 고무라 공사의 주장을 고스란히 인정하였다.

고무라공사의 주장에 이완용이 동의하는 등 조선과 일본의 실력자들이 치하포사건의 성격과 사실관계에 대하여 뜻을 같이하는 모양새를 갖춤에 따라 고무라공사의 이 문서는 '치하포사건' 처리에 있어 훼손할 수 없는 강력한 '지침서'와 같은 역할를 하였다. 이에 따라 조선정부문서에는 고무라공사의 문서내용을 그대로 인용하는 사례들이 자주 발생했다.

이 문서 이후에도 조선정부와 일본정부 간의 문서, 조선정부기관간의 문서, 일본정부기관간의 문서, 해주부와 인천감리서에서의 수사과 재판 등에 관한 문서(조서 포함) 등 수 많은 문서들을 통하여 여러 이야기들이 오고갔지만 결국은 고무라공사가 작성한 이 문서에서 주장한 내용들이 이로부터 6개월 가까이 흐른 후에 하기와라영사의 조회(인부 제150호)를[122] 통하여 형상화된 후, 상주안건의 '김창수 안건'에[123] 그대로 반영되었다.

고무라공사가 이완용에게 보낸 이 문서(공문제20호)에 '치하포사건'의 성

---

121 주한일본공사관기록 9권, (6)쓰치다 조스케의 피살사건과 범인체포요구에 대한 조복 (李完用이 照覆하여 該犯을 刻期 詞捕하여 按律 懲辦할 것임을 回答하다.), 1896. 4. 4.

122 奎26048, 仁府 제150호, 보고서 제1호(9.13)에 첨부(하기와라 슈이치가 이재정에게), 1896. 9. 12.

123 奎17277-2, 법부(형사국) 『기안』 제11책, 상주안건(안제7호), 1896. 10. 22.

격을 규정짓는 핵심 용어가 있다. 그것은 '타살(打殺)'과 '탈취(奪取)'이다. 즉 쓰치다를 칼로 살해한 것이 아닌 때려죽인 것이라는 의미에서의 '타살(打殺)'과 쓰치다의 재물을 탐하여 살해했다는 것, 즉 '강도죄'를 의미하는 '탈취'라는 용어를 선택했다.

특히 이 '탈취'라는 용어에는 고무라공사 등 일본정부의 주장과 계략이 그대로 담겨있다. 이는 "김창수가 돈을 빼앗기(탈취하기) 위하여 무고한 일본인(쓰치다)를 살해한 것이다."라는 주장으로 '국모보수'라는 살해동기(대의명분)를 전면 부정하고 있다. 굳이 '국모보수'를 부정하는 문구나 '강도'라는 문구를 사용하지 않고서도, 그들의 의도를 관철할 수 있는 효율적인 용어 선택인 셈이다. 이 '탈취'는 이완용에 의해서 '비도(강도)'로 구체화 되었다.

그러므로 '타살(打殺)'과 '탈취(奪取)'라는 고무라공사의 주장이 이후 작성된 각종 문서 그리고 김창수와 이화보에 대한 수사서류와 재판서류(조서 등), 상주안건의 '김창수안건', 『독립신문』보도에 어떠한 과정을 거쳐 수용되었는지 살펴보는 것은 중요하다.

고무라 쥬타로(小村壽太郎, 1855~1911)
일본 외교통으로 일제의 대륙팽창정책을 추진하였으며, 1910년 '한일병합조약'을 추진하는데도 주도적 역할을 한 인물이다.
을미사변 직후인 1895년 10월 17일 미우라 고로(三浦梧樓)공사의 뒤를 이어 주한변리공사에 임명되어 재직하다가 1896년 6월 29일 일본외무차관으로 자리를 옮겼다. 주한일본공사로 재직하는 동안 을미사변, 단발령, 아관파천 등에 따라 봉기한 의병이나 '치하포사건'의 김구 처리에 있어 배후에서 막강한 영향력을 발휘하였다.
이후 일본외무차관과 외무대신을 역임하면서도 쓰치다 등 일본인 피살상자에 대한 배상금을 조선(대한제국)정부에 집요하게 요구하였고, 1905년 2월 끝내 배상금을 받아냈다.

결과적으로 김창수는 재물을 탈취하기(빼앗기) 위하여 쓰치다를 때려죽인(打殺) '강도죄인'이 되었고, 칼을 뽑아(拔劍) 살해했다(刺殺)는 조선정부 관리들의 보고는 묵살되었다.

제3절 '치하포사건' 관련, 상주안건과 조서,『백범일지』 기록 비교검토

1. 김창수의 조서(초초, 재초, 삼초) 검토시 유의사항

김창수의 조서(공초)들을[124] 살펴볼 때 유의해야 할 사안 네 가지가 있다.

첫 번째는 이들 신문기록들은 조선관리들이 단독으로 자율적으로 기록한 것이 아니라는 점이다.

전술한 대로 일본정부 관리들은 '회심권' 등을 주장하며, 조선정부 관리들과 함께 조사와 재판에 참여하여 영향력을 행사했다. 그러므로 신문과 회동심리에 따라 작성된 조서들은 일본 관리들의 입김이 크게 작용하였다고 보아야 한다. 특히 '삼초'의 경우에는 심문(조서) 주관자로 인천항재판소 판사 이재정과 함께 일본영사관 경부 카미야 키요시(神谷淸)의 이름이 함께 기록되어 있다. 경부 카미야 키요시가 삼초에 서명하고 날인하기 전에 조서내용 기록을 일일이 검토하고, 자신들의 의사와 다른 내용이 기록되어 있었다면 수정을 요구하는 등의 절차를 분명히 거쳤을 것이다. 즉 일본정부의 의도가 대부분 반영되었다고 보아야한다.

두 번째는 김창수의 조서(초초, 재초, 삼초)뿐만 아니라 이화보의 조서(초초, 재초)에서도 공통적으로 중점적으로 밝히고자 하는 내용이 있다는 점이다.

그것은 '타살(打殺)'과 '탈취'이다. 전술한 대로 '타살'과 '탈취'는 '치하포사건'에 대한 성격을 규정한 것으로 고무라공사가 초기부터 주장하고 이완용이 호응한 문구이다. 그러므로 이 '타살'과 '탈취'는 일본관리들은 물론

---

124 奎26048, 김창수 초초(1896. 8. 31), 재초(1896. 9. 5), 삼초(1896. 9. 10.)

인천감리서의 경무관 김순근과 판사 이재정이 김창수의 자백과 이화보의 증언을 이끌어내야 하는 최대 과제가 되었다.

그럼에도 판사 이재정이 작성한 조서와 경무관 김순근이 작성한 조서에 차이을 보이는 부분이 있다. 판사 이재정은 '삼초'에서 '탈취' 관련하여서는 800냥은 이화보에게 임치하고 동행인 세 사람에게 얼마간을 노잣돈 명목으로 나누어 준 것으로 결론짓고 있고, '타살' 관련하여서는 김창수가 주도적으로 타살 한 것으로[125] 최종 결론(김창수의 답변을 빌려 기록하는 방식)을 내리고 있다.

그리고 중요한 사실 두 가지를 더 언급하였는데, 쓰치다가 칼을 뽑아 들었다는(拔劍) 것과 "국민 된 몸으로써 원통함을 품고 국모의 원수를 갚고자 이 거사를 행한 것이다(身爲國民含寃扵 國母之讐有 此擧也)"라고 하여 '국모보수'라는 살해동기(대의명분)를 기록한[126] 것이다.

이와 달리 경무관 김순근이 주관한 김창수에 대한 '초초'와 '재초'는 판사 이재정이 주관한 '삼초'와 많은 차이를 보인다. 먼저 '탈취' 관련하여서는 '초초'에는 800냥은 이화보에게 임치하고 동행인 세 사람에게 얼마간을

---

125 '삼초'에 동행인 등이 합세하여 타살 하였다는 기록은 있으나 김창수는 "내가 먼저 일을 저지르고 나서 나중에 여러 사람들이 합세한 것"이라거나 "모든 사람들을 지휘하여 일본인을 타살하고 무슨 딴 수작이 있겠는가."라고 하여 살해는 김창수가 주도적으로 하였음을 분명히 하였다.

126 살해동기(대의명분)로 재물을 탐한 '탈취(강도)'와 '국모보수'는 양립할 수 없다. 그럼에도 판사 이재정이 일본정부와 이완용의 압력 속에서 '탈취'를 언급하면서도 대의명분(살해동기)으로 '국모보수'를 의미하는 "신위국민함원어 국모지수유 차거야(身爲國民含寃扵 國母之讐有 此擧也)"란 기록과 쓰치다가 칼을 뽑아 들었다는(拔劍) 기록을 김순근과 달리 그나마 '삼초'에 남긴 것은 그가 당시 고뇌했음을 보여주는 대목이다.
『백범일지』의 "승지가 각 사형수의 '공건'을 뒤적여보다가 '국모보수'란 문구를 발견하고 임금에게 알렸다."는 내용은 '공건'에 포함된 '삼초'의 "身爲國民含寃扵 國母之讐有 此擧也"란 문구를 승지가 보았음을 의미한다. 쓰치다가 육군중위가 아니고 매약상인이었다는 이야기가 '무고한 일본인'으로 연결되듯, '국모보수'를 의미하는 문구가 삼초에 기록되어 있지 않았다면 살해동기로 "재물을 탐하여 살해했다."거나 "밥상을 먼저 받아서 살해했다."는 이야기들이 더욱 그럴듯하게 회자되었을 것이다.

노잣돈 명목으로 준 것으로 이재정과 같으나 '재초'에는 뜬금없이 800냥을 이화보에게 임치한 사실이 없다고 김창수가 진술한 것으로 기록하고 있다.

임치를 받은 이화보도 함께 조사를 받고 있는 상황에서 저러한 기록이 어떻게 가능한지 알 수가 없다. 심지어 경무관 김순근은 800냥을 이화보가 임치 받았다는 사실을 이화보의 '초초'와 '재초'에 전혀 기록하지 않는 이해할 수 없는 행태를 보였다.

또 김순근은 '타살' 관련하여서는 김창수의 '초초'에는 손(手)과 발(足)로 타살했다고 진술한 것으로 기록하였고, 이화보의 '초초'에서는 "잡아서 마구 때리고(拘執亂打)"라고 진술한 것으로 기록하였으며, 이화보의 '재초'에서는 "캄캄 밤중이라 지척을 분간하기 어려워 범행에 쓴 물건이 무엇인지 모르겠다."고 진술한 것으로 기록하여, 손과 발 외에 특별히 흉기를 사용한 것이 없었거나 알 수 없었던 것으로 기록하였으나 갑자기 김창수의 '재초'에서는 손과 발을 사용하여 타살했다는 것을 언급함이 없이, 돌(石)과 나무(木)만을 사용하여 타살했다고 진술한 냥 기록해 놓았다.[127]

이 기록들을 살펴보면 경무관 김순근은 쓰치다가 칼을 뽑아들었다는 것과 김창수가 그 칼을 빼앗아 사용한 사실[128] 그리고 '초초'에 손과 발 등을 사용하여 타살했다고 자신이 기록한 사실마저 무시하고 '재초'에서는 오직 '돌과 나무와 같은 흉기로 타살'했다는 것에 어떻게든 맞추려고 했다는 사실을 알 수 있다. 이러한 배경에 따라 경무관 김순근은 자신이 주관한 김창수와 이화보에 대한 조서(초초와 재초)에 앞뒤가 맞지 않는 억지스러

---

127 김창수의 '삼초'에는 '재초'와 달리 나무(몽둥이)를 사용하였다는 기록은 없고, 쓰치다가 칼을 뽑아 들기에 돌을 던졌다(拔劍故以 石直打)는 기록은 있으나 주로 발 등에 의한 타살로 기록하고 있다.

128 경무관 김순근은 김창수의 '초초'에서 "패도를 한 수상한 사람"이라고 하여 쓰치다가 칼을 차고 있었음을 기록하였으나 판사 이재정처럼 쓰치다가 칼을 뽑아 든 것을 기록한 것은 아니다.

운 기록들을 많이 남겨 놓았다.

이뿐만 아니라 김창수의 '초초'에 "칼을 찬 수상한 사람이 먼저 달라고 하여 밥상을 받는 것에 분개하였고, 이에 확인해 보니 일본인으로 원수(불공대천지수)라 생각되어 타살했다."고 하여 살해동기가 '국모보수'가 아닌 '밥상을 먼저 받은 것' 때문이라고도 읽힐 수 있는 기록들도 남겼다.

그러나 김순근이 작성한 이 조서(초초)에는 큰 허점이 있다. 그것은 김순근이 '국모보수'라는 살해동기를 의도적으로 감추려는 목적은 달성했다고 볼 수 있으나 마찬가지로 "쓰치다의 재물을 탐하여 탈취하기 위하여 살해했다"라는 자신이 의도하는 살해동기도 부정한 꼴이 되었다. 즉 '쓰치다가 밥상을 먼저 받아 살해했다.'라고도 읽힐 수 있는 내용들을 기록함으로써 '쓰치다의 재물을 노리고 탈취하기 위하여 살해했다.'라는 자신이 조서에 꾸며 놓고자 하는 살해동기와도 상반되는 주장을 하는 모순에 빠진 것이다.

이에 따라 김순근은 김창수의 '재초'에 이르러서는 "밥상을 먼저 받은 것에 분개" 운운하는 내용은 일체 언급하지 않은 채, 재물을 탐하여 살해했음을 입증하기 위해 전력하는 변신을 꾀하였다.

김순근은 '재초'에서 "일본인이 배에 가지고 있던 돈을 탈취하였으니, 그것은 그가 배 안에 돈과 재물을 가지고 있음을 미리 알고 재물을 탐하여 일본인을 살해한 것이 아닌가?" 라고 하였다. 이것은 김창수가 쓰치다가 타고 온 배에 돈이 있음을 미리 알고 이 재물에 욕심이 나서(탐하여) 이를 빼앗기(탈취) 위하여 살해한 것 아니냐는, '강도살인'의 전형적인 살해동기 형태를 들먹인 것으로, 김순근의 의중이 고스란히 드러나는 질문이었다.

결과적으로 김순근은 김창수의 조서(초초와 재초)에 김창수의 행위를 '타살'과 '탈취(강도)'로 몰아가기 위해, 쓰치다가 뽑아 든 칼을 김창수가 빼앗아 사용한 것과 살해동기인 '국모보수'를 의도적으로 기록하지 않았다.

경무관 김순근이 김창수를 바라보는 속내가 드러나는 문구가 있다. 이는 이화보의 '초초'에 기록된 "비도(匪徒) 김창수" 란 문구다. 김순근이 김창수를 '비도 김창수'라고 지칭한 것(이화보의 답변을 빌리는 방식)은 외부대신 이완용의 시각을 그대로 수용한 것으로, 김창수를 강도로 옭아매려 하였음이 김순근이 주관한 김창수와 이화보의 조서(초초와 재초) 전반에 걸쳐 나타나 있다.

김구는 『백범일지』에 김순근에[129] 대하여 '무항배(無恒輩: 심지가 곧지 못한 무리)'라고 평가한 기록을 남겼다.

세 번째는 김구는 현재 남아있는 이러한 신문기록(초초, 재초, 삼초)들을 읽어 보지 못했을 가능성이 아주 높다는 점이다.

'진술조서'가 효력을 가지려면 진술하는 자(피의자, 피고인, 참고인 등)의 자필서명과 날인이 있어야 한다. 서명날인을 하였다는 것은 조서가 본인이 진술한 대로 기록되었음을 확인하였다는 의미가 있다. 그러나 이들 조서에는 '죄인 김창수'라고 기록자가 기록한 문구는 있으나 김창수의 자필서명이 없다.

수사단계에서 작성된 '초초'나 '재초'와[130] 달리 재판단계에서 작성된 '삼초' 관련하여서는 『백범일지』에 기록된 내용이 있다. "제3차 신문은 감리서에서 하는데(중략), 감리가 매우 친절히 물어보았고, 마지막에 신문서(訊問書) 꾸민 것을 열람케 하고 교정할 것은 교정한 후에 백자(白字)에 서명하였다."고 하였는데, 조서에 자필로 서명하였음을 물론 작성된 조서내용에 대하여도 잘못 기재된 것은 수정까지 하였다는 것이다.

---

129 『백범일지』에 김윤정으로 기록되어있으나 김순근의 착오이다.
130 경무관 김순근이 주관한 김창수와 이화보에 대한 '초초'와 '재초'에서의 신문은 수사상 절차이다. 신문방식이 현재와 달리 공개신문방식이었으나 재판이 아닌 수사(조사) 였다. 『백범일지』에는 김창수가 첫 번째 신문시(초초) 인천감리 이재정이 김윤정(김순근의 착오)에 이어 신문을 했다고 기록되어 있다. 이는 이재정이 판사의 자격으로서가 아닌 인천감리서의 수사최고책임자로서 행한 것으로 보아야 한다.

그러나 현재 남아 있는 '삼초'는 김창수가 직접 읽어보고 수정한 후 자필서명하였다는 그 조서가 아니다. 이 '삼초'는 공개된 장소에서 이뤄진 신문과는 별도로 이재정이 인천영사관 경부 카미야 키요시 등과 함께 밀실에서 '회동심리'하면서 그들의 의도가 반영되어 작성된 조서(이마저도 날인 등이 없어 필사본일 가능성도 있다.)이다.

이 '삼초'에는 살해동기(대의명분)로 '국모보수'를 의미하는 '신위국민함원어 국모지수유 차거야(身爲國民含寃扵 國母之讐有 此擧也)'란 기록을 남긴 것이 전부이고, 변복을 하고 조선사람 행세를 했다는 등 쓰치다의 신분과 관련된 내용들은 기록되지 않았다. 그러므로 이러한 조서들은 김구의 진술이 그대로 반영되었다고 할 수 없다. 특히 이들 조서들간, 또는 조서와 『백범일지』를 단순 비교하여, 서로 다른 내용들이 김구의 진술에 문제가 있었기 때문이라거나 『백범일지』 기록이 잘못되었다고 일방적인 결론을 내릴 수는 없다.[131]

네 번째는 김창수의 조서들에 대한 성격을 먼저 살펴보아야 한다는 점이다.

김창수에 대한 세 차례에 걸친 심문(신문)에 따라 작성된 조서(공초)들 중 어떤 조서를 신뢰할 수 있는가?

---

[131] 오늘날 중요한 사건에서의 신문조서는 핵심적인 내용들이 빠짐없이 논리적으로 기록된다. 그러나 당시의 조서(초초, 재초, 삼초)는 기록된 분량 자체가 아주 적다. 이처럼 적은 분량이 기록된 조서에 질문(신문)에 따른 김창수의 답변 내용이 그대로 기록되고, 이에 대하여 신문 주관자가 추궁을 하거나 김창수가 다시 답변을 하는 등 실체적 진실을 규명하는 그 과정을 세세히 기록한다는 것은 애초에 불가능하다.
현재는 모든 수사와 재판이 증거에 의해서 진행되지만 당시에는 증거보다 수사와 재판에 관여하는 관료들의 심증이나 의도가 결과를 좌지우지하던 시대다. 핵심적인 사안에 대하여는 신문주관자가 품고 있는 심증이나 의도하는 사실을 질문(유도신문)을 통해서 드러내고, 답변(자백)을 받은 것으로 간략히 기록할 수 밖에 없는 구조이다. 그러므로 답변보다 신문 주관자의 질문에 더 큰 무게가 실려 있는 경우도 발생한다. 그럼에도 김순근 자신이 주관한 김창수의 '초초'와 '재초'의 핵심 사안(살해동기나 살해방법 등)에서조차 극명하게 차이를 보이는 것은 김순근이 그때그때마다 일본관리들과 이완용의 압박 등 외부환경에 크게 흔들리고 우왕좌왕 했음을 의미한다.

세 차례에 걸친 신문에 따라 작성된 조서내용을 다 그대로 신뢰할 수는 없다. '초초'에 기록된 내용을 모두 진실이라고 믿는다면 '재초'와 '삼초'의 기록들은 많은 부분에서 허구가 되고, '재초'에 기록된 내용이 모두 진실이라고 믿는다면 '초초'와 '삼초'의 기록들은 많은 부분에서 허구가 되기 때문이다.

이를 검토하기 위해서는 이들 조서의 성격을 살펴보아야 한다.

'초초'와 '재초'의 주관자(신문관)는 인천항경무서의 경무관[132] 김순근이고 '삼초'는 인천항재판소 판사 이재정이다. '초초'와 '재초'는 수사기관에서 신문하고 작성한 것으로, 수사의 속성상 수사단계에서는 수많은 혐의들과 수많은 이야기들이 거론된다. 그러나 재판단계에서는 이러한 여러 혐의들에 대한 검증과 확인과정을 거쳐 진위를 가려 기록하게 된다.

'삼초'도 일본정부와 이완용의 압박 속에서 진실이 온전히 기록되었다고 할 수는 없지만 어쨌든 '삼초'가 가장 핵심적인 조서가 될 수밖에 없다. 그러므로 '초초'와 '재초'를 '삼초'와 같은 비중을 두고 동일 선상에서 비교할 수는 없다. '삼초'를 중점에 놓고 '초초'와 '재초'에서 거론된 이야기들(이화보의 초초와 재초 포함)이 재판단계인 '삼초'에서 어떤 것들이 받아들여지고 제외되었는지와 어떠한 새로운 사실들이 포함되었는지를 살펴보는 것이 정도이다.[133]

---

132 당시 경찰관직은 경무사(警務使), 경무관(警務官), 총순(總巡), 순검(巡檢)으로 이루어졌으며, 경무관은 중하위직 관리이다. 순사(巡査)나 경부(警部)는 일본경찰 계급이다.

133 이 뿐만 아니라 조선정부와 일본정부에서 작성된 문서들은 조서들과 많은 차이를 보인다. 예를 들어 일본정부문서 중에는 쓰치다가 보유했던 금액이 한전 10표(俵는 가마니나 자루를 세는 일본식 단위)라고 하는 문서가 있고, 다른 문서['한국근대사자료집성 8권 국권회복, (2) 히라하라경부 평양출장 시말보고건(공신 제90호), 1896. 4. 2.' 그리고 '在仁川萩原事務代理發信原外務次官宛公信要旨, 1896. 4. 6. 백범김구전집3']에는 쓰치다가 보유했던 금액이 한전 6표라고 하는가하면 회수한 금액도 78관 870문이라고 기록되어 있다. 또 조선정부 문서 중에는 800냥을 이화보에게 임치할 때 김창수가 어음을 받았다(受於音)고 기록된 문서[奎17986,「黃海道來去案」제1책, 보고 제2호, 1896. 4. 19.(김효익이 이완용에게)]들도 있다. 이 문서들은 김창수와 이화보 그리고 참고인 등에 대한 정식 조사가 이뤄지기 전에 작성된 문서이다. 어음을 받았다는 것이 사실로 확인되었다

2. 김창수의 조서와 『백범일지』의 살해동기·살해방법 비교검토

김창수의 조서와 『백범일지』의 살해동기·살해방법 비교

구분 항목	김창수 조서(공초)			『백범일지』
	초초	재초	삼초	
살해 동기 (대의 명분)	1.밥상을 먼저 받은 것에 분개 2.일본인은 원수라고 생각(국모보수) (단발에 칼을 찬 수상한 사람이 먼저 밥상을 요구하여 노인보다 앞서 받은 것에 분개하였고, 확인해보니 일본인으로 원수라고 생각해서 살해했다.)	재물탈취를 위해 살해한 것 아니냐는 신문에 대하여 김구는 살해한 뒤 돈과 재물이 있다는 것을 비로소 알았다고 부인. (신문: 일본사람을 살해한 후 의병이라 자칭하고 일본인이 배에 가지고 있던 돈을 탈취하였으니, 그것이 그가 배 안에 돈과 재물을 가지고 있음을 미리 알고 재물을 탐하여 일본인을 살해한 것이 아닌가?)	국모보수 (身爲國民含寃抒 國母之讐有 此擧 也)	국모보수 ('저놈 한 명을 죽여서라도 국가에 대한 치욕을 씻으리라.') ('국모보수의 목적으로 왜인을 타살하였노라.')
살해 방법	발(足)로 차 넘어뜨린 후 손(手)으로 타살. (以足으로 推ᄒᆞ고 顚仆後 以手로 打殺)	처음에 돌(石)로 때리고 다시 나무(木)로 가격함에 따라 넘어졌던 그 일인이 다시 일어나 도주하기에 강변까지 쫓아가서 나무(木)로 연타하여 살해. (初以石打ᄒᆞ고 更以木擊ᄒᆞ즉 該日人이 顚仆타가 更起逃走ᄒᆞ옵기에 追至江邊ᄒᆞ야 以木連打ᄒᆞ야 殺害)	일본인을 발로 차서 넘어지게(踢墜: 척추) 하자 그때 그가 칼을 뽑아들기에(拔劍) 돌(石)을 던져 땅바닥에 쓰러지게 하고 즉시 칼을 빼앗아 찬 후(奪取佩劍) 동행 세 사람과 방안에 있던 여러 행인들이 모두 분기를 띠고 힘을 합해 타살(打殺).	그 왜놈을 발길로 차서 거의 한 길이나 거반 되는 계단 아래에 추락(墜落)시키고 쫓아 내려가서 왜놈의 목을 한 번 밟았다.(중략) 선언을 끝마치기 전에, 일시에 발에 채이고 발에 밟혔던 왜놈은 새벽 달빛에 검광(劍光)을 번쩍이며 나에게 달려들었다. 나는 얼굴에 떨어지는 칼을 피하면서 발길로 왜놈의 옆구리를 차서 거꾸러뜨리고 칼 잡은 손목을 힘껏 밟으니 칼이 저절로 땅에 떨어졌다. 그때 그 왜검으로 왜놈을 머리로부터 발까지 점점이 난도(亂刀)를 쳤다.

앞의 표는 쓰치다 살해동기(대의명분)와 살해방법에 대하여 비교정리한

면 김창수의 진술조서(초초, 재초 ,삼초)에 이러한 사실이 기록되어 있어야 하며, 최소한 어음을 작성하여 김창수에게 주었어야 했을 이화보의 진술조서(초초, 재초)에라도 기록되어 있어야 한다. 이처럼 정황과 관련된 문서기록들은 문서작성자가 보고를 받고 알게 된 사실이나 확인되지 않은 소문이나 풍문 등 견문한 사실에 따라 들쑥날쑥할 수밖에 없다. 이 또한 조사와 심리란 검증과정을 거친 후 재판과정에서 작성된 '삼초'와 비교하여 바라봄이 타당하다. 또 당시의 문서들을 봄에는 조선과 일본정부에서 동학도나 의병들을 적대시하고 있었음도 감안해야 한다.

내용이다.

먼저 살해동기이다.

'초초'에 "일본인은 원수라고 생각하고 살해했다."고 했는데, 일본인을 왜 '원수'라고 생각했는지가 조서에 기록되어 있지 않다. 하지만 '원수'라고 생각한 주된 이유는 국모를 시해한 국가의 국민으로서 조선에 적대적인 활동을 하는 '독균' 같은 존재라고 생각했기 때문이라는 점은 충분히 짐작할 수 있는 사안이다. 그러므로 "밥상을 먼저 받은 것에 분개" 운운하는 이야기가 기록되어있음에도 살해동기는 국모의 원수를 갚은 것 즉 '국모보수'인 것이다. 이처럼 살해동기가 '국모보수'라는 김창수의 '초초'와 '삼초' 그리고 『백범일지』 기록은 일치한다.

문제는 '재초'이다. 김순근은 '국모보수'는 아예 언급조차 하지 않은 채, 배 안에 돈과 재물이 있음을 미리 알고 이를 탈취하기 위하여 살해한 것 아니냐는 질문을 던지는 등 살해동기를 '재물을 탈취'하기 위한 것, 즉 김창수의 부인에도 불구하고 '강도'의 의도로 살해한 것으로 기정사실화했다.[134]

이처럼 김창수의 살해동기를 '국모보수'가 아닌 '재물탈취(강도)'로 몰아가기 위해 김순근이 작정하고 작성한 조서가 '재초'다.

다음은 살해방법이다.

전술한 대로 고무라공사와 이완용의 압력 속에 경무관 김순근과 판사 이재정이 조서작성에 있어 관철해야 할 두 가지가 있었다. 그것은 탈취(奪取)와 타살(打殺)이다. 살해동기를 '재물탈취(강도)'를 위한 것으로 꾸미기 위해서는 살해동기로 '국모보수'를 언급할 수는 없다.[135] 마찬가지로 살해방

---

134 신문주재자가 질문을 한 것으로 사실관계에 대한 결론을 내린 것이 아니라고 할 수도 있으나 이 질문내용이 상주안건의 '김창수안건'에 그대로 수용되었으므로 질문에 불과했다고 할 수 없다.

135 그럼에도 불구하고 인천항재판소판사인 이재정이 '삼초'에 기록한 '身爲國民含冤扵 國

법을 타살(때려 죽임)로 꾸미기 위해서는 김창수가 쓰치다에게 칼을 사용한 사실 즉 자살(刺殺: 칼로 찔러 죽임)을 언급할 수가 없다.

이처럼 『백범일지』와 달리 조서들(이화보의 조서포함)에는 살해방법으로 칼을 사용한 사실을 철저히 숨기고 타살(때려죽임)만을 기록하고 있다. 그리고 여기서도 특히 '재초'가 문제이다. 김창수가 쓰치다에게 처음 가한 행동이 "발길로 차서 넘어뜨렸다."는 것으로 '초초'와 '삼초' 그리고 '백범일지' 기록이 모두 일치한다. 그러나 '재초'를 보면 "처음에 돌(石)로 때리고 다시 나무(木)로 가격함에 따라 넘겨졌던 그 일인이 다시 일어나 도주하기에 강변까지 쫓아가서 나무(木)로 연타하여 살해했다."고만 기록되어 있다. 처음에 "발길로 차서 넘어뜨렸다."고 한 것이 아닌 "처음부터 돌과 나무로 가격하여 넘어뜨렸다."고 함으로써 다른 조서나 『백범일지』와는 전혀 다른 기록을 남겼다.

이는 발과 손 그리고 칼을 사용하여 살해한 것을 철저히 숨기고 돌과 나무 등의 흉기로 때려죽인 것으로 꾸미기 위한 과도한 설정임을 알 수 있다. 더욱 놀라운 것은 살해장소까지 이화보의 여점이 아닌 강변으로 변경한 것이다. 쓰치다를 이화보의 여점(마당)에서 살해했음이 다른 조서들과 각종문서, 『백범일지』에 일관되게 기록하고 있을 뿐만 아니라 심지어 현장조사까지 철저히 하였던 일본정부의 문서들에도 명확히 기록되어 있는 사안임에도 경무관 김순근은 김창수가 시신 투기장소인 강변까지 쫓아가서 나무(木)로 살해했다고 진술한 것처럼 기록해 놓았다.

이처럼 경무관 김순근이 주관한 '재초'는 왜곡된 내용들이 포함되어 있어 많은 문제점(살해동기나 살해방법 기록 등)과 허점이 발견된다.

母之讐有 此擧也'란 문구가 김창수를 살리는 결정적 계기가 되리란 것을 이재정 본인도 예상하지 못했을 것이다.

3. 상주안건, 조서, 『백범일지』 사안별 비교 검토

[상주안건의 김창수 안건과 김창수 삼초]

1896년 10월 22일에 법부대신 한규설이 임금에게 사형수 11명의 사형 집행에 대하여 재가(사형집행명령)할 것을 청하는 '상주 안건'이 작성되었는데, 이 상주안건에 '김창수 안건'이 다음과 같이 기록되어 있다.

상주안건의 '김창수 안건'[136]

'인천항재판소에서 심리한 강도죄인 김창수가 자칭 좌통령이라 하고 일본 상인 쓰치다 조스케(土田讓亮)를 당상타살(當傷打殺)하여 강물에 던지고, 재전(財錢)과 환도를 노잣돈 명목으로 나누어 탈취(奪取)하여 800금(金)은 점주에게 임치하고 (나귀를 매입하였으며) 그 외 전관(錢貫)은 (동행) 삼인(三人)에게 나눠준 죄로 본년법률 제2호 제7조 제7항의 1인 또는 2인 이상이 주야를 불분하고 한적한 곳 혹은 대로상에서 권, 각, 간, 봉 또는 병기를 사용하여 위혁 또는 살상하여 재물을 겁취(劫取)한 자는 수종(首從)을 불분하고 교에 처한다는 건'

다음은 김창수의 '삼초'이다. 경무관 김순근이 수사단계에서 작성한 '초초'나 '재초'와 달리 재판단계에서 작성된 '삼초'는 심문 주재자가 판사 이재정으로 인천영사관 경부 카미야 키요시(神谷淸)가 함께 이름을 올렸다.

김창수 삼초[137] (현대문)

[문] 그대는 본래 해주 사람인가?
[답] 해주에서 생장하였다.

---

136 奎17277-2, 법부(형사국)『기안』 제11책, 상주안건(안 제7호), 1896. 10. 22.
137 奎26048, 김창수 삼초(보고서 제1호에 첨부), 1896. 9. 10.

[문] 그대의 양친은 생존하고 있는가?

[답] 생존하고 있다.

[문] 몇 형제인가?

[답] 형제는 없고 7대독자이다.

[문] 그대의 행위는 이미 초초와 재초에서 파악하였거니와 무슨 불협(不協)한 마음이 있어서 이토록 인명을 상하였는가?

[답] 국민 된 몸으로써 원통함을 품고, 국모의 원수를 갚고자 이 거사를 행한 것이다. (身爲國民含寃扵 國母之讐有 此擧也)

[문] 그대는 신민 된 자로서 통분한 심정이 있었다고 하나, 지방관은 법을 장악하고 있는데 임의로 일인을 죽이는 거사를 하였느냐?

[답] 본인이 생각컨대 비록 지방관에 고한다 하여도 실시치 않을 것이므로 이 거사를 하였다.

[문] 그대의 1, 2회 진술에서 돌(石)과 몽둥이(棒)로 일본인을 타살하였다고 했는데 그때 일본인도 또한 칼을 차고 있었으면서(亦有佩刀) 왜 대적하지 않았는가?

[답] 일본인을 발로 차서 넘어지게(踢墜: 척추) 하자 그때 그가 칼을 뽑아 들기에(拔劍) 돌을 던져(石直打) 땅바닥에 쓰러지게 하고 즉시 칼을 빼앗아 찬 후(奪取佩劍) 동행 세 사람과 방안에 있던 여러 행인들이 모두 분기를 띠고 힘을 합해 타살(打殺)하였다. 그런 뒤 여러 사람들이 사후에 일어날 일에 대해서 그 조처를 걱정하므로 내가 그들에게 시체는 매장하지 말고 얼음이 언 강에 버리라고 하였더니 그렇게 한 것이다.

[문] 그대와 동행한 세 사람의 이름은 무엇인가?

[답] 이미 앞서 한 신문(招)에서 모두 밝혔다.

[문] 그대는 1, 2회 신문 때에는 혼자서 한 일이라 했으면서 지금은 여러 사람들과 힘을 합해 살해했다고 하니 앞뒤 말이 같지 않음은 어찌된 일인가?

[답] 내가 먼저 일을 저지르고 나서 나중에 여러 사람들이 합세한 것이므로 내 자신이 여러 사람들을 끌어들인 결과가 되었다. 그러므로 다른 사람들이

일을 도모한 것은 아니므로 그렇게 공술한 것이다.

[문] 그대는 이화보(李化甫)와 전부터 서로 알고 있었는가?

[답] 그 상점에 간 것은 그때가 처음인데 어찌 전부터 알고 있었겠는가.

[문] 이화보는 점주로서 그대가 사건을 일으키는 것을 목도하였는가?

[답] 이화보는 겁에 질려서 피신하고 없어서 사람을 보내 불러왔었다.

[문] 그대가 이 사건을 일으킨 것은 재물을 탐하여 한 일이 아니라고 하면서도 왜 재물을 탈취 하였는가?

[답] 동행한 세 사람이 고향으로 돌아갈 노자를 달라고 애걸하므로 그들이 요구 하는 대로 돈을 줘서 보내고 난 뒤 나머지 돈 8백 냥은 점주에게 맡겼다.

[문] 그대가 처음 사건을 일으킨 뒤 여러 사람들이 합세하여 타살하였다는 말은 이치에 맞지 않는데, 그것은 일을 일으킨 책임을 면하려고 이렇게 공술하 고 있는 것인지를 분명하게 대답하라.

[답] 나는 이미 혈분(血忿)으로써 손을 씻은 즉 어찌 감히 다른 사람들에게 죄를 씌워 내 자신이 모면하고자 하겠는가. 당장 모든 사람들을 지휘하여 일본 인을 타살하고 무슨 딴 수작이 있겠는가.

죄인 김창수 (金昌洙)

건양 원년 9 월 10 일

인천항재판소 판사 이재정 (李在正)

일본영사관　경부 신곡청 (神谷淸)

인천항재판소 주사 김창건 (金昌鍵)

① 타살(打殺)과 자살(刺殺)

타살(打殺)은 발이나 주먹 또는 흉기 등을 이용하여 때려죽이는 것을 말 한다. 칼(刀, 劍, 劒)로 찌르거나 베어 살해하는 자살(刺殺)과는 다르다.

타살(打殺)과 자살(刺殺)을 구별할 수 있는 요소는 칼이 존재했는가와 칼 이 존재했다면 그 칼을 살해에 사용하였는지 여부이다. 칼을 사용하여 살해했다면 자살(刺殺)이 되지만 주먹과 발 등을 이용하여 타격을 가해 살해했다면 이후에 칼의 사용여부와 관계없이 타살이 되기 때문이다.

그러므로 쓰치다 살해를 자살(刺殺)로 판단했다면, 칼의 주인은 누구이며, 칼을 사용하게 된 경위와 상황은 어떠했는지가 조선과 일본정부의 문서, 그리고 김창수와 이화보의 신문조서 등에 기록되어 있어야 한다.

'치하포사건' 발생 초기의 조선정부 문서들에는 칼로 살해했음을 의미하는 '발검(拔劍: 칼을 뽑아 듦)'이란 기록[138][139]과 '자살(刺殺)'이란 기록들이 [140][141] 있으나 김창수가 사용한 칼이 누구의 소유인가에 대한 설명이 없다. 얼핏 김창수 소유의 칼로 살해한 것처럼 읽힐 수도 있는 문구이다. 그러나 이들 문서 이후에는 '발검(拔劍)'이나 '자살(刺殺)'이라는 문구는 자취를 감춘다.

이후 인천감리서에서 경무관 김순근이 주관한 김창수의 '초초'에는 "패도(佩刀)를 한 수상한 사람"이라고 하여 쓰치다가 칼을 차고 있었음을 기록하였고, 김창수의 '삼초'에는 "쓰치다가 칼을 뽑아 들기에(拔劍) 돌을 던져 땅바닥에 쓰러지게 하고 즉시 칼을 빼앗아 찬 후 동행인 세 사람과 행인들이 힘을 합해 타살(打殺)하였다."고 하여 칼을 쓰치다가 뽑아들었다는 것을 기록하였지만 그 칼을 김창수가 사용하였음은 기록하지 않았다.

이처럼 '치하포사건' 발생 후 조선정부의 초기문서들과 달리 조서들에는 칼을 사용한 것을 철저히 숨기고 타살에 초점을 맞추고 있었음을 알 수 있다.

---

138 奎17986, 「黃海道來去案」 제1책, 보고 제2호(김효익이 이완용에게), 1896. 4. 19.

139 奎17794, 「黃海道來去案」 제3책, 지령 제1호(박정양이 이완용에게), 1896. 5. 1.

140 奎26048, 김효익보고서(6.27 신문한 김창수공안 첨부, 김효익이 한규설에게), 1896. 6. 30, 이 보고서 내에 "자살(刺殺)일인이 명약관화(明若觀火)"라는 문구가 있다.

141 奎17277의 1, 법부 수사국 편, 『기안』 제10책, 훈령 해주재판소건, 안 제23호(한규설이 김효익에게), 1896. 7. 9.

이와 달리 『백범일지』에는 '왜검(일본도)'을 사용한 상황을 자세히 기록해 놓았다.

"나는 서서히 몸을 일으켜 크게 소리를 지르며, 그 왜놈을 발길로 차서 거의 한 길이나 거반 되는 계단 아래에 추락시키고 쫓아 내려가서 왜놈의 목을 한 번 밟았다. 세 칸 객방에 전면 출입문이 모두 네 짝이라. 아랫방에 한 짝, 가운뎃방에 분합문(分合門) 두 짝, 윗방에 한 짝이었다. 그 방문 네 짝이 일시에 열리자 그 문마다 사람머리가 다투어 나왔다. 나는 몰려나오는 사람들을 향하여 간단하게 한마디로 선언하였다.

'누구든지 이 왜놈을 위하여 나를 범하는 자는 모두 죽이리라.'

선언을 끝마치기 전에, 일시에 발에 채이고 발에 밟혔던 왜놈은 새벽 달빛에 검광(劍光: 칼빛)을 번쩍이며 나에게 달려들었다. 나는 얼굴에 떨어지는 칼을 피하면서 발길로 왜놈의 옆구리를 차서 거꾸러뜨리고 칼 잡은 손목을 힘껏 밟으니 칼이 저절로 땅에 떨어졌다. 그때 그 왜검으로 왜놈을 머리로부터 발까지 점점이 난도(亂刀)를 쳤다."

『백범일지』를 비롯한 여러 문서들을 종합해보면 김창수가 쓰치다의 칼을 빼앗아 사용한 것은 분명하다. 하지만 칼로 살해했다고 읽혀지는 『백범일지』 기록과 조선정부 초기의 문서들에도 불구하고 칼을 사용하기 전에 주먹과 발 등을 이용하여 타격하였을 때 이미 쓰치다가 사망했는지, 아니면 타격을 가한 후에 칼을 사용함에 사망했는지 여부가 분명하지 않다. 이와 관련하여 김구의 의중을 알 수 있는 내용이 『백범일지』에 기록되어 있다.

"시간은, 아침해가 비석거리 위에 올라와 있었다. 고개를 넘은 후에는 빠른 걸음으로 신천읍에 도착하니, 그 날은 신천읍 장날이었다. 시장 이곳저

곳에서 치하포 이야기가 들렸다. '오늘 새벽 치하포 나루에 어떤 장사가 나타나서 일본사람을 한 주먹으로 때려죽였다지.'"

이처럼 칼을 이용한 것 보다 맨손으로 때려죽였다는 것이 많은 사람들에게 회자(膾炙)되었다는 점과 조선정부와 일본정부에서 칼을 사용하였음을 추궁하지 않는 상황 속에서 김구도 군이 신문을 받들 때 자살(刺殺)을 주장하지 않은 듯 보인다. 김창수 부모의 '청원서'에도 자살(刺殺)에 대한 언급 없이 '타살(打殺)'만을 언급하고 있다.

이와 달리 고무라공사가 '치하포사건' 초기부터 변함없이 타살(打殺)을 주장하는 의도는 전혀 달랐다.

일본정부는 1896년 3월 15일 쓰치다의 피고용인 임학길의 신고로 치하포 현장에 일본경찰 등을 급파하여 쓰치다의 돈과 소지품을 수거하고, 점주 이화보의 처와 참고인 등 무려 7명을 평양으로 끌고 가는 등 수사에 총력을 기우려, '치하포사건'의 진상에 대하여 이미 깊이 파악하고 있었다.

그럼에도 고무라공사는 '치하포사건' 경위를 문서로 기록할 때 아예 그 칼의 존재 자체를 언급하지 않았고, 쓰치다가 조선인 4, 5명의 무리들에게 타살(打殺) 당했다는 점만 강조하였다.

고무라공사가 쓰치다가 '칼'을 차고 있었던 사실과 김창수가 그 칼을 빼앗아 쓰치다에게 사용한 사실을 숨기고 타살(打殺)로 몰아갔던 이유가 무엇이었는지는 두 가지 측면에서 추정할 수 있다.

첫 번째는 칼을 차고 있었다는 것은 쓰치다의 신분과 연결되기 때문에 이를 감추려 했다고 볼 수 있다. 민간인(상인)이 '칼(倭劍)'을 차고 있었다는 것은 누가 보더라도 신분에 대한 의심을 받기 쉬운 상황이었다. 고무라공사는 쓰치다가 순수한 민간인이었음을 주장하는 데 방해가 되는 사실들을 숨기려 했다고 보아야 한다.

두 번째는 쓰치다 살해의 정당성을 부정하려고 했다고 할 수 있다.

『백범일지』는 물론 김창수의 '삼초'에도 일인(쓰치다)이 칼을 뽑아 든 사실(拔釰: 拔劍)을 기록하고 있다. 그러나 고무라공사는 쓰치다가 칼을 빼앗겨 제압당한 사실, 즉 무장한 일본인이 비무장한 조선인에게 패하였다는 것을 수치스럽게 생각하였고, 특히 조선 민중들에게 '의병대장' 김창수의 '영웅적 의거'로 비추어지는 것을 극도로 경계했다고 보아야 한다.

칼이 김창수 소유의 것이라면 '칼을 든 강도가 돈을 탈취하고 칼로 살해했다.'고 주장하면 그만이었겠지만 이도 어렵게 되자 아예 칼의 존재와 사용 등은 언급하지 않은 채, "조선인 4,5명의 무리들이 타살(打殺)하고 돈을 탈취한 사건"이라고만 하였다.

이에 따라 고무라공사는 쓰치다 살해가 칼에 의한 '자살(刺殺)'이 아닌 '타살(打殺)'에 의한 것임과 김창수가 '돈을 탈취'했다는 것만을 주장하였고, 끝내 조서들과 '상주안건'에도 그대로 관철시켰다.

1896년 9월 13일 인천항재판소 판사 이재정의 '보고서'가[142] 서울의 중앙기관인 법부에 보고된 이후에 「독립신문(1896년 9월 22일자 및 11월 7일자)」에도 "일상(日商)을 때려죽였다"고 하여 살해가 타살(打殺)에 의한 것임을 보도하고 있다. 관청에서 제공한 내용 그대로 작성된 기사였다. 특히 1896년 11월 7일자 『독립신문』 '잡보'기사는 1896년 10월 22일 법부에서 김창수 포함 사형수 11명에 대한 사형집행을 주청하는 '상주안건'[143] 보고시 '상주안건'에 기록된 사형수 11명의 '안건' 내용과 일치한다.

이후에 칼로 살해했음을 의미하는 '자살(刺殺)'이란 문구가 재등장하는데, 이는 김창수가 탈옥한 이후이다. 1898년 3월 21일 인천항재판소 판사

---

142 奎26048, 보고서 제1호(이재정이 한규설에게), 1896. 9. 13
143 奎17277-2, 법부(형사국) 『기안』 제11책, 상주안건(안 제7호), 1896.10.22

서상교(徐相喬)가 법부대신 이유인(李裕寅)에게 보낸 '보고서'에[144] '일인자살미판죄인김창수(日人刺殺未辦罪人金昌洙)란 문구가[145] 있는데, 여기서 일본인을 칼로 살해했다는 '자살(刺殺)'이란 문구가 등장한다.

이를 볼 때 김창수가 쓰치다 살해시에 칼을 사용하였음을 조선(대한제국)정부 관리들은 이미 잘 알고 있었으나 고무라공사와 이완용의 의도(타살)에 따라 쓰치다가 뽑아 든 칼을 김창수가 빼앗아 사용한 사실을 그동안 숨겨왔었다는 사실을 알 수 있다.

② 쓰치다의 변복

『백범일지』에서 김구는 쓰치다에 대하여 "단발(斷髮)에 한복을 입은 자"라거나 "백포주의(白布周衣: 두루마기) 밑으로 검갑(劍匣. 칼집)이 보였다."고 하였고, 이화보는 "그러나 한복을 하고 오는 왜는 금시초견(今時初見: 처음 봄) 올씨다"라고 말했다고 기록하고 있다. 즉 쓰치다가 두루마기를 입는 등 조선인으로 위장하고 있었음을 기록하고 있다.

그러나 일본과 조선정부 문서, 김창수와 이화보의 조서, 상주안건 등에는 쓰치다가 조선인복장으로 변복하고 조선인 행세를 했다는 언급이 없다.

이와 관련하여 김창수와 이화보의 신문(訊問) 기록(조서)들을 살펴보면 특징적인 것이 있다. 그것은 쓰치다의 신분에 대한 내용(질문과 답변)이 전혀 기록되어있지 않다는 점이다. 즉 김구의 3차례, 이화보의 2차례 등 총

---

144 奎17278,「司法稟報」제31책, 보고서 제3호(서상교가 이유인에게), 1896. 3. 21

145 여기서의 미판(未辦)은 조율처판(照律處辦: 법률에 비추어 처리한다는 뜻으로 조율재처와 같다.)이 이뤄지지 않았다는 의미이며, 조율처판이나 조율재처는 재판소에서 재판이 끝난 후에 법부에 보고서(질품서)를 작성하여 보고할 때 주로 쓰는 문구로, 판결(判決)이 이뤄지지 않았다는 의미의 미판(未判)과는 다르다. 미판(未辦)은 김창수에 대한 후속처리가 안되었다는 것으로, 법부의 상주안건(2차와 3차)과 이에 따른 고종의 재가(사형집행명령)에 김창수가 제외된 것을 의미하므로, 결국 사형집행이 이뤄지지 않았음을 말한다.

5차례에 걸친 신문기록에는 쓰치다의 신분에 대한 언급이 없이 일본인(日人)이라고만 기록되어 있다.

분명 신문과정에서 쓰치다에 대하여 많은 이야기들, "어떻게 일본인임을 알게 되었는가?"라거나 "쓰치다의 신분을 알고 있었는가?"라는 등의 질문이 있었을 가능성이 높다. 설령 없었더라도 김창수의 경우에는『백범일지』그리고 '청원서'나 '소장'의 의 기록처럼 '국모보수'의 대의명분에 따라 '독균 같은 존재'라고 판단되는 변복한 수상한 일본인을 살해했다고 주장하였을 것이고, 또한 '독균 같은 존재'와 '수상한 인물'임을 입증하기 위해 쓰치다에 대하여 많은 진술을 했다고 보는 것은 타당하다. 그럼에도 쓰치다가 한복을 입고 조선사람 행세를 하였다는 등의 쓰치다의 신분이나 활동목적 등을 유추할 수 있는 기록들을 조서에 전혀 기록하지 않았다. 이는 신문 등 수사와 재판에 참여하여 강력한 영향력을 행사한 일본정부 그리고 이에 협조한 이완용의 압력에 의한 것으로 보아야 한다.

이렇듯 조서(공초)라는 것, 특히 진술인이 확인할 수 없는 신문조서의 경우에 수사나 재판 주재자가 원치 않는 내용을 생략하거나 왜곡하는 일은 어려운 일이 아니다.

이와 달리 1898년 2월 16일 김창수의 어머니 김조이(곽낙원), 2월 21일 김창수의 아버지 김하진(김순영)이 법부대신 한규설에게 보낸 청원서(請願書)에는 쓰치다의 변복 등 신분과 관련된 내용이 상세히 기록되어 있다.

[김조이(곽낙원)의 청원서][146]

창수가 본래 원수를 갚고자하는 올바른 도리로 타살한 사람은 변복한 일본인이었는데, 누군가가 강도의 죄목으로 잘못 보고하였다고 하니 어찌 지

---

146 奎17281,『訴狀』제9책, 청원서(김조이가 법부대신에게), 1898. 2. 16.

극히 원통하지 않겠습니까? 그래서 일전에 원통함을 호소하며 새로 부임한 인천감리에게 나아가니, 제지(題旨) 안에 "소장을 보니 그 뜻은 가상하여 극히 가엾다하더라도 법부와 관계된 일이라 본관이 함부로 처리할 수 없다."고 하였습니다.

(원문: '昌洙가 本以 復讐之義로 打殺 變服흔 日人이옵노듸 或以 强盜之名目으로 誤報 ᄒ얏다ᄒ오니 亦豈不至寃乎잇가 故로 日前에 鳴寃于 仁川監吏新莅之下ᄒ온즉 題內에 觀此所訴ᄒ니 其義可尙이라 雖極矜悶이나 事係法部ᄒ니 官不得 擅便向事라爲 敎ᄒ옵시기로...')

[김하진(김순영)의 청원서]¹⁴⁷

일본인이 변복하여 우리나라 복색을 하고 있었으나 말투가 수상하고 동정이 자주 괴이하기에 변란을 일으키고 도주하는 자가 아닌가하는 의심을 하였습니다.

그래서 거주하는 곳을 물으니 장연에 산다고 했으나 마침내 본색이 탄로가 났고, 변란을 일으키고 도주코자함이 분명하기로 이에 원수를 갚을 차로 타살하였습니다.

(원문: '日人이 變服ᄒ야 着 我國服色ᄒ오니 言語가 殊乖ᄒ고 動靜이 頻恠ᄒ기로 疑其 作變逃走흔 者ᄒ야 問其居住 즉 長淵 地라 ᄒ오나 終乃本色이 綻露ᄒ야 作變逃走ᄒ미 分明ᄒ기로 以報讐次로 打殺이옵더니....')

이외에도 김창수가 탈옥함에 따라 김창수의 아버지가 구속되자 김창수의 어머니 김조이(곽낙원)는 1898년 12월과¹⁴⁸ 1899년 3월에¹⁴⁹ 법부대신에게 2건의 소장(訴狀)을 보냈는데, 이 문서들에도 "일인이 변복을 한 채 칼을

---

147 奎17281, 『訴狀』 제9책, 청원서(김하진이 법부대신에게), 1898. 2. 21.
148 奎17281, 『訴狀』 제13책, 소장(김조이가 법부대신에게), 1898. 12.
149 奎17281, 『訴狀』 제14책, 소장(김조이가 법부대신에게), 1899. 3.

차고 있었고(日人이 變服佩劍ㅎ고)"라고 하거나 "일인이 한복을 입은 채 칼을 차고(日人이 着韓衣佩劍ㅎ고)" 라는 기록이 있어 쓰치다가 변복을 하고 있었음을 끊임없이 주장한 사실을 알 수 있다.

이처럼 쓰치다가 변복을 하고 조선사람인 것처럼 거짓말을 했다는 것과 칼을 차고 있었다는 것, 그리고 말투와 행동이 수상하였다는 것 등을 청원서나 소장을 통하여 변함없이 언급하고 있다.

그러므로 이러한 진술들이 앞서 있었던 신문과정에서 없었기 때문에 조서에 기록되지 않았다고 판단할 수는 없다. 조서에 의도적으로 기록하지 않았다고 보아야 한다. 특히 청원서나 소장의 이러한 기록들은 이때로부터 30년이 넘게 지난 시점에서 집필한 『백범일지(상권)』에 기록된 다음의 내용들과 핵심사안에서 일치한다.

그때 가운뎃방에는 단발을 하고 한복을 입은 사람이 동석한 나그네와 인사를 나누고 있었는데, 성은 정(鄭)이라하고 거주하는 곳은 장연(그 무렵 황해도에서는 장연이 단발을 맨 처음 했으므로 평민들도 단발한 사람이 더러 있었다.)이라 한다.

말투는 장연말이 아니고 서울말인데, 촌노인들은 그를 진짜 조선인으로 알고 이야기를 나누고 있었으나, 내가 말을 듣기에는 분명 왜놈이었다. 자세히 살펴보니 흰 두루마기 밑으로 칼집이 보였다.

가는 길을 물어보니 "진남포로 간다."고 했다. 나는 그놈의 행색에 대해 곰곰이 생각해 보았다.

이곳 치하포는 진남포 맞은편 기슭이므로 매일매일 평범한 일본상인(商倭)이나 일본기술자(工倭) 등 여러 명의 왜인들이 자기들의 본래 행색대로 통행하는 곳이다. 그러므로 왜인이 조선인으로 위장한 것은 지금 서울에서 일어난 분란으로 인하여 민후(閔后: 명성황후)를 살해한 미우라 고로나 그의 일당이 몰래 도주코자함이 아닌가하는 의심이 들었다. 하여튼지 칼을 차

고 밀행하는 왜인이라면 우리 국가와 민족에 독균 같은 존재임이 명백하다
고 확신하였고, '저놈 한 명을 죽여서라도 국가에 대한 치욕을 씻으리라'
다짐하였다.

고무라 공사가 처음부터 쓰치다가 변복한 사실을 감춘 것은 쓰치다가
뽑아든 칼을 빼앗아 사용한 것을 감추는 것과 마찬가지로 쓰치다 살해의
정당성을 부인하기 위한 것으로 보아야 한다.

③ 탈취(奪取)와 강도죄

현행법에는 '강도죄'를 '폭행 또는 협박으로 타인의 재물을 강취하는 범
죄'라고 규정하고 있다. 여기에서의 '강취(强取)'는 재물의 취득에 있어 강력
한 폭력과 협박이 동반된다는 점에서 '탈취(奪取: 빼앗아 가짐)'나 약취(掠取)
또는 '강탈(强奪)'이나 '약탈(掠奪)'과 의미가 거의 같다. '절도죄(竊盜罪)'의 '절
취(竊取)'나 공갈죄(恐喝罪)의 '갈취(喝取)'와는 다른 개념이다.

고무라공사는 '치하포 사건' 발생 초기부터 이미 '치하포사건'에서의 김
창수의 행위를 '탈취(강도)'로 규정하고 있었다.

이렇게 일본정부에서 '탈취'라고 규정한 부분은 쓰치다 살해 후에 쓰
치다가 타고 온 배에 보관되어 있던 돈의 처분에 관한 것이다. 『백범일지』
에는 "쓰치다가 타고 온 배의 선주와 선원 7명을 부른 후 배에 있던 소지품
을 가져오게 하여 확인해보니 소지금이 800여 냥[150]이었다. 이 금액 중에
서 선가(船價)로[151] 일부 떼어주고 나머지는 이화보에게 가난한 집들에게 나

---

150 800냥 이상 900냥 미만
151 쓰치다는 1896년 3월 초부터(奎17986, 보고 제2호, 4.19) 배를 타고 강(대동강은 평양까
지 연결되어 있다.)을 따라 돌아다니고 있었다. 무려 선원만 7명(백범일지)이나 되는 배
(帆船)를 수일간 독자적(임학길 동행)으로 운행하였으므로 선가(船價)는 선박 대여비(貸
與費)나 대절비(貸切費) 또는 용선료(傭船料)로 봄이 타당하다.

누어주도록 하였다."는 요지가 기록되어 있다.

그리고 김창수의 '삼초'에는 동행한 세 사람에게 노잣돈으로 일부 나누어주고 800냥은 점주 이화보에게 임치(任置)한 것으로 기록하고 있으며, '상주안건'의 '김창수 안건'에도 '800냥은 이화보에게 임치하고 (나귀를 매입하였으며) 그 외 돈관은 (동행)삼인에게 나눠주었다.'고 기록하고 있다.

이 기록들을 비교하면 이화보에게 800냥을 임치했다는 점에 대해서는 일치한다.

다만 『백범일지』에는 선주에게 '선가(船價)' 명목으로 일부를 지급했다는 내용이 특별히 기록되어 있으나 이화보의 '초초', 김창수의 '초초'와 '재초' 그리고 상주안건의 '김창수안건'에 기록된 나귀를 매입하였다는 기록과 김창수의 조서(초초, 재초, 삼초) 그리고 '상주안건'의 '김창수 안건'에 기록된 동행인 3인에게 노잣돈 명목으로 나누어주었다는 기록이 없다. 특히 『백범일지』에는 이뿐만 아니라 살해시 또는 살해 후에 협조한 동행인이 있었다는 것 자체도 언급하지 않았다(다음의 '④ 동행인유무' 참조).

하여간 '상주안건'의 '김창수 안건'은 1896년 3월 31일의 고무라공사가 이완용외부대신에게 보낸 문서[152] 중에 기록된 "쓰치다 조스케(土田讓亮)의 남은 재산은 한전(韓錢) 10표(10俵)와 고리짝(行李) 하나가 있는데, 한전(韓錢) 이표(二俵)는 누군가 탈취해 갔다."는 주장을 그대로 받아들이고 있다. 다만 이 고무라공사의 '탈취' 주장은 김창수가 동행 3인에게 노잣돈[153] 명목으로 일부 나누어 주고 나귀를 매입한 후 나머지 800냥은 이화보에게 임치

---

152 주한일본공사관기록 9권, (5)일본인 쓰치다 조스케의 피살사건과 범인체포요구 건(공문제20호), 1896.3.31.

153 이때 나눠 준 금액이 100냥이나 200냥 같은 큰 금액이었다면 '조서'나 상주안건의 '김창수 안건'에 당연히 그 금액이 기록되었을 것이다. 그러므로 이때 나눠준 금액은 김창수의 '재초'에 기록된 25냥(100냥중 75냥으로 나귀를 매입하고 동행인에게 노잣돈으로 나누어주었다.) 정도의 적은 돈으로 봄이 타당하다.

한 것으로 상주안건의 '김창수안건'에서 구체화 되었을 뿐이다.

김창수 재초(1896년 9월 5일)[154]

[문] 그대는 일본인을 살해한 후 의병이라 자칭하고 일본인이 배에 가지고
있던 돈을 탈취하였으니, 그것은 그가 배 안에 돈과 재물을 가지고 있
음을 미리 알고 재물을 탐하여 일본인을 살해한 것이 아닌가? 사실대
로 바로 말하라

[답] 일본인을 살해한 뒤 선인(船人) 등으로부터 돈과 재물이 있다는 것을 비
로소 알고, 동행 세 사람을 다시 만나 함께 배 안으로 들어가 돈을 가
져 왔다.

김창수 삼초(1896년 9월 10일)[155]

[문] 그대의 행위는 이미 초초와 재초에서 파악하였거니와 무슨 불협(不協)
한 마음이 있어서 이토록 인명을 상하였는가?

[답] 국민 된 몸으로써 원통함을 품고, 국모의 원수를 갚고자 이 거사를 행
한 것이다(身爲國民含寃扵 國母之讐有 此擧也).

[문] 그대가 이 사건을 일으킨 것은 재물을 탐하여 한 일이 아니라고 하면
서도 왜 재물을 탈취하였는가?

[답] 동행한 세 사람이 고향으로 돌아갈 노자를 달라고 애걸하므로 그들이
요구하는 대로 돈을 줘서 보내고 난 뒤 나머지 돈 8백 냥은 점주에게
맡겼다 .

김창수의 '재초'와 '삼초' 그리고 『백범일지』에서 보듯 쓰치다 살해 후에
야 쓰치다가 타고 온 배에 돈과 소지품이 있다는 사실을 알게 되었다는 것

---

154 奎26048, 김창수 재초(보고서 제1호에 첨부).
155 奎26048, 김창수 삼초(보고서 제1호에 첨부), 1896. 9. 10.

은 명백하다. 쓰치다의 재물은 살해이유(동기, 대의명분)와 아무런 연관성이 없다. 그럼에도 1896년 10월 22일 상주안건의 '김창수 안건'에는 고무라 공사가 사건 초기부터 주장한 '탈취'가 수용되어 '강도죄(「적도처단례」 제7조 7항)'를 적용하였다.

앞서 있었던 김순근이 주관한 김창수의 '재초'에서 "일본인을 살해 한 후 의병이라 자칭하고 일본인이 배에 가지고 있던 돈을 탈취하였으니, 그것은 그가 배 안에 돈과 재물을 가지고 있음을 미리 알고 재물을 탐하여 일본인을 살해한 것이 아닌가?"라는 질문에 대하여 김창수는 재물은 살해동기와 전혀 관련 없다고 강력히 부인하였지만 아무 소용이 없었다. 이처럼 10월 22일 상주안건의 '김창수 안건'에는 판사 이재정이 주관한 '삼초'에 기록된 '국모보수'는 아예 언급조차 되지 않았고, '재초'에서 언급(질문)한 그대로 재물을 탈취하기 위한 살해가 관철되어 '강도죄인'이란 굴레가 씌어졌다.

김창수 '재초'(1896. 9. 5.)	상주안건의 '김창수 안건' (1896. 10. 22.)	독립신문(1896. 11. 7.)
그대는 일본인을 살해한 후 의병이라 자칭하고 일본인이 배에 가지고 있던 돈을 탈취하였으니, 그것은 그가 배 안에 돈과 재물을 가지고 있음을 미리 알고 재물을 탐하여 일본인을 살해한 것이 아닌가?	강도죄인 김창수가 자칭 좌통령이라 하고 일본상인 쓰치다 조스케(土田讓亮)를 당상타살(當傷打殺)하여 강물에 던지고, 재전(財錢)과 환도를 탈취(奪取)	강도 김창수는 자칭 좌통령이라 하고 일상 토전양량을 때려 죽여 강에 던지고 재물을 탈취

수사기관에서 작성된 것으로 문제가 많았던 김창수 '재초'의 기록이 재판기관에서 작성된 김창수의 '삼초'를 뛰어넘어 상주안건의 '김창수 안건'에 핵심내용으로 반영되는 어처구니없는 반전이 일어났다. 고무라공사의 탈취(奪取)와 이완용의 비도(匪徒)가 '강도죄인'으로 구체화 된 것이다.

그러나 이러한 극적인 반전은 한 번 더 일어난다. 상주안건이 궁중에 보고된 후 고종에 의해서 '삼초'에 기록된 '국모보수(身爲國民含寃扵 國母之讐

有 此舉也)'는 인정되어 사형을 면하게 되는 결정적 문구가 되었다.

이 당시 『독립신문』에는 김창수 관련 기사 세 건이 실렸다. '탈취(빼앗음)'와 '강도'를 언급한 기사가 두 건, 학문을 닦으며 죄수들을 공부시켰다고 언급한 기사가 한 건으로서 모두 인천감리서에서 옥중생활을 할 당시에 보도된 기사들이다. 내용은 다음과 같다.

1896년 9월 22일 『독립신문』 '잡보(현대문)'[156]

9월 16일 인천감리 이재정씨가 법부에 보고하였는데, 해주 김창수가 안악군 치하포에서 일본장사 토전양량을 때려죽여 강물속에 던지고 환도와 은전을 많이 뺏었기로 잡아서 공초를 받아 올리니 조율처판(照律處辦)하여 달라고 하였더라.

---

156 「독립신문(잡보)」 원문: 구월 십륙일 인천 감리 리지정씨가 법부에 보고 ㅎ엿는디 히쥬 김챵슈가 안악군 치하포에셔 일본쟝ᄉ 토뎐양량을 ᄶ려 죽여 강물속에 더지고 환도와 은젼 만히 ᄲᅧ섯기로 잡아셔 공쵸를 밧아 올이니죠률 쳐판 ㅎ여 달나고 ㅎ엿더라

180

1896년 11월 7일 『독립신문』 '잡보(현대문)'[157]

이번에 각 재판소에서 중한 죄인 여섯을 명백히 재판하여 교에 처하기로 선고하였는 데.... ㅇ그 전 인천재판소에서 잡은 강도 김창수는 자칭 좌통령이라 하고 일상 토전양량을 때려죽여 강에 던지고 재물을 탈취 한 죄로 교에 처하기로 하고...

---

157 「독립신문(잡보)」원문: 이번에 각 지판쇼에서 즁한 죄인 여섯슬 명빅히 지판 하야 교에 쳐 하기로 션고 하엿는데.... ㅇ그 젼 인쳔 재판쇼에서 잡은 강도 김창슈는 주칭 좌통령이라 하고 일샹 토뎐량양을 씨려 죽여 강에 더지고 재물을 탈취 한 죄로 교에 쳐 하기로 하고....

1898년 2월 15일 『독립신문』 '외방통신(현대문)'[158]

ㅇ인천항 감옥서 죄수 중에 해주 김창수는 나이 이십 세에 일본사람과 상판된 일이 있어 갇힌지가 지금 삼년으로 옥속에서 주야로 학문을 독실히 하며 또한 다른 죄인들을 권면하여 공부들을 시키는데, 그 중에 양봉구는 공부가 거의 성가가 되고 그 외 여러 죄인들도 김창수와 양봉구를 본받아 학문 공부를 근실히 하니 감옥 순검의 말이 인천 감옥서는 옥이 아니요 인천감리서 학교라고들 한다니 인천항 경무관과 총순은 죄수들을 우례로 대지하여 학문에 힘쓰게 하는 그 개명한 마음을 우리는 깊이 치사하노라.

---

158 「독립신문(외방통신)」원문: ㅇ인천항 감옥셔 죄슈즁에해쥬 김챵슈는 나이 이십 셰라 일본 사름과 상판된 일이 잇서 갓친지가 지금 삼년인되 옥 쇽에셔 쥬야로 학문을 독실히 ㅎ며 쏘흔 다른 죄인들을 권면 ㅎ야 공부들을 식히는되 그즁에 량봉구는 공부가 거의 셩가가 되고 기외 여러 죄인들도 김챵슈와 량봉구를 본밧아 학문 공부를 근실히 ㅎ니 감옥 슌검의 말이 인천 감옥셔는 옥이 아니요 인쳔감리셔 학교라고들 ㅎ다니 인쳔항 경무관과 총슌은 죄슈들을 우례로 대지 ㅎ야 학문을 힘쓰게 ㅎ는 그 기명흔 므음을 우리는 깁히 치샤 ㅎ노라

『독립신문』1896년 9월 22일자 기사와 11월 7일자 기사는 핵심 내용[일본상인(일본장사, 일상), 빼앗음(탈취), 때려죽임(타살)]에 있어 같으며, 1896년 10월 22일의 상주안건의 '김창수안건'의 기록과도 같다. 이를 보면 조사와 재판이 끝난 후에 관청에서 제공한 자료들을 바탕으로 작성된 기사임을 알 수 있다.[159]

그런데『독립신문』1898년 2월 15일자 기사는 김창수가 감옥에서 주야로 학문을 열심히 닦으면서도 다른 죄인들에게 학문 공부를 시켰다는 것이다. 앞선 두 신문기사는 김창수를 일본상인을 때려죽이고 재물을 탈취한 흉악한 강도범으로 보도하고 있다. 그런데 2월 15일자 기사는 김창수를 감옥을 학교로 만든 훌륭한 사람으로 칭송하는 내용이 주류를 이룬다. 같은 신문사에서 동일한 인물에 대하여 이토록 극단적인 차이가 나는 기사를 내보내는 것이 어떻게 가능했을까?

그것은 이 시점에서는 죄수 교육뿐만 아니라 김창수에 대한 이야기(살해동기와 고종의 배려로 사형을 면한 과정 등)가 독립신문 기사작성자의 귀에 들어갈 정도로 한성(서울)에서도 화제가 되어 '치하포사건의 실체'에 대하여 기사작성자도 인지하고 있었음을 의미한다.

기사내용도 앞선 두 기사와 달리 쓰치다의 신분을 상인이라 하지 않고 일본사람이라고만 한 것과 수감 중인 사유도 강도(탈취, 빼앗음)라고 하지 않고 일본사람과 상판된[160] 일이 있었기 때문이라고만 한 것도 눈여겨 볼 대목이다.

---

159 중대한 형사사건인 경우 핵심개요에 대하여는 관청에서 제공하는 자료에 따라 보도하는 것은 그 당시나 현재나 다름이 없다.

160 상판은 상반(相反: 서로 어긋나거나 반대됨)을 말하는 것으로 보인다.

④ 동행인유무

조선과 일본정부의 '치하포사건' 관련 초기 문서들에는 쓰치다 살해에 3,4명이 가담했다고 기록되어 있다. 그러나 『백범일지』에는 쓰치다 살해에 관여하였다는 동행인에 대한 언급이 없다.[161]

김창수의 '삼초'에는 좀 더 자세한 내용들이 기록되어 있는데, 김창수가 먼저 행동에 나선 후 동행인 세 사람도 합세하였다고 진술한 것으로 기록되어 있다. 이와 관련하여 김창수의 '삼초'에 김창수의 의중이 드러나는 대목이 있다.

[김창수 삼초, 국역문]

[답] 일본인을 발로 차서 넘어지게 하자 그때 그가 칼을 뽑기에(拔劍) 돌을 던져 땅바닥에 쓰러지게 하고 즉시 칼을 뺏어서 찬 후(奪取佩劍：奪取佩劍) 동행 세 사람과 방안에 있던 여러 행인들이 모두 분기를 띠고 힘을 합해 타살(打殺)하였다.

[문] 그대는 1, 2회 신문 때에는 혼자서 한 일이라 했으면서 지금은 여러 사람들과 힘을 합해 살해했다고 하니 앞뒤 말이 같지 않음은 어찌된 일인가?

[답] 내가 먼저 일을 저지르고 나서 나중에 여러 사람들이 합세한 것이므로 내 자신이 여러 사람들을 끌어들인 결과가 되었다. 그러므로 다른 사람들이 일을 도모한 것은 아니므로 그렇게 공술한 것이다.

[문] 그대가 처음 사건을 일으킨 뒤 여러 사람들이 합세하여 타살(打殺)하였다는 말은 이치에 맞지 않는데, 그것은 일을 일으킨 책임을 면하려고 이렇게 공술하고 있는 것인지를 분명하게 대답하라.

---

161 『백범일지』에는 "함께 고생했던 우리 동행인들도 방 세 칸에 나뉘어 들어가 헐숙(歇宿)하였다."는 기록이 있으나 함께 배를 타고 온 사람 모두를 지칭한 것으로 쓰치다 살해에 협조한 동행인이 있었음을 구체적으로 기록한 것은 아니다.

[답] 나는 이미 혈분(血忿)으로써 손을 씻은 즉 어찌 감히 다른 사람들에게 죄를 씌워 내 자신이 모면하고자 하겠는가. 당장 모든 사람들을 지휘하여 일본인을 타살(打殺)하고 무슨 딴 수작이 있겠는가.

이 '삼초'를 살펴보면 인천항재판소 판사 이재정과 인천영사관 경부 카미야 키요시는 쓰치다 살해에 공범이 있었음을 입증하려는 것이 아니라 김창수의 '단독범행'으로 매듭짓고 사건을 마무리하려는 의도가 있음을 알 수 있다. 초기에 4,5명이 일으킨 일로 주장하던 일본정부도 동행인들을 체포하지 못한 상황에서 김창수에게 모든 책임을 묻는 것이 더 효과적이라 판단하고 이를 수용한 것이라 짐작된다.

이에 따라 '상주안건'의 '김창수안건'에도 동행인 3인이 쓰치다 살해에 가담했다거나 또는 협조했다는 언급 없이 김창수가 노잣돈을 나누어 준 대상으로만 기록하고 있다.

김창수의 '삼초'와 이화보의 '재초', 그리고 여러 건의 조선과 일본정부의 문서들을 살펴보았을 때, 당시 김창수와 동행한 삼인도[162] 어떤 방식으로든 쓰치다 살해시 또는 살해 후에 협력한 것은 분명해 보인다.[163] 하지만 김창수는 책임을 다른 사람들에게 전가하여 자신의 책임을 모면하려는 비겁한 짓을 하지 않겠다는 강력한 의지를 내비치고 있다. 즉 위의 '삼초'의 문답에서 보듯 거사의 대장(주동자)으로서의 모든 책임을 자신이 지고 다른 사람들에게 피해를 주지 않겠다는 생각을 갖고 있었음을 알 수 있다.

이를 볼 때 '치하포사건' 관련 동행인의 조력 등 동행인과 관련된 언급

---

162 김창수의 '초초'에는 여행 중에 만난 정일명, 김장손, 김치형과 동행 중이었다고 진술한 것으로 기록되어 있다.

163 이화보의 초초에는 단독, 재초에는 세 명이 합세, 김창수의 초초와 재초에는 단독으로 타살한 것으로 기록되어 있다.

을 『백범일지』에 기록하지 않은 것은 같은 맥락에서 이해할 수 있다.

⑤ 당나귀 매입

쓰치다 살해 후 배에 있던 돈 중에서 800냥은 이화보에게 임치하고 일부는 동행인 삼인에게 노잣돈 명목으로 나누어 주었다는 것은 명백하다.

그런데 돈의 처리에 관한 이러한 기록 외에 김창수가 쓰치다의 돈으로 나귀(당나귀)를 매입했다는 기록이 있다. 『백범일지』에는 기록되지 않은 이야기다.

1896년 4월 19일 해주부관찰사서리 김효익이 외부대신 이완용에게 보낸 문서와[164] 5월 1일 내부대신 박정양이 외부대신 이완용에게 보낸 문서는[165] 안악군수가 김효익에게 보고한 내용을 바탕으로 작성하였는데, 여기에 김창수가 일본인 돈 75냥으로 나귀를 매입했다는 기록(以日人錢七十五兩으로 買得驢子 ᄒ고)이 있다. 이 안악군수의 보고는 집강 오용점의 보고(文報)를 바탕으로 작성했는데, 안악군 삼소방(三所坊) 집강(執綱) 오용점이 "김창수가 75냥으로 나귀를 매입했다."고 한 최초의 발설자임을 알 수 있다. 이후 집강 오용점은 이화보와 함께 인천감리서로 끌려가 조사를 받았다.

인천감리서에서 이뤄진 이화보의 '초초', 김창수의 '초초'와 '재초'에도 나귀매입과 관련된 내용이 기록되어 있다. 이화보의 '초초'에는 김창수가 "나귀 한 마리를 매입하여 타고 갔다(驢一匹를 買得 騎徃하야)"고 하였고, 김창수의 '초초'에는 "나귀 한 마리를 75냥을 주고 매입하였다(驢子 一匹을 給價 七十五兩 買家하여)"고 하였으며, '재초'에도 "나귀 한 마리를 엽전 75냥에 매입하여 타고 왔다(驢一匹을 葉錢七十五兩에 買得騎來 ᄒ얏스니)."고 진술한 것

---

164 奎17986, 「黃海道來去安」 제1책, 보고 제2호(김효익이 이완용에게), 1896. 4. 19.
165 奎17986, 「黃海道來去安」 제1책, 지령 제1호(이완용이 김효익에게), 1896. 5. 1.

으로 기록되어 있다.

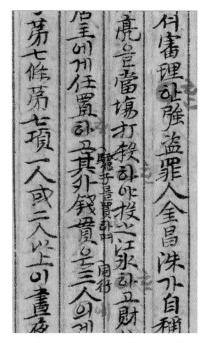

상주안건(1896.10.22.)의 '김창수안건' 원본

또한 김창수를 포함한 11명의 사형수에 대한 사형집행 재가를 주청하는 상주안건의 '김창수 안건'에[166] 나귀를 샀다는 문구(驢子를 買하며)가 추가되어 있다.

이 부분을 정리하면 "800금은 점주에게 임치하고 (나귀을 매입하였으며), 그 외 전관은 (동행) 3인에게 나눠준 죄..."가 된다. 이 문서를 기안했을 법부의 누군가가 상주안건 작성 후 경무관 김순근이 작성한 이화보의 '초초' 그리고 김창수의 '초초'와 '재초'에 기록된 내용들을 다시 검토하는 과정에서 중요한 내용이 빠졌다고 판단하여 추가했거나 또는 김창수에

---

166 규17277의 2-V, 1-42 052면, 『기안』 법부 형사국편 11책.

대한 강력한 처벌을 의도하는 누군가의 입김이 작용했을 가능성은 있으나 정확한 추가경위는 알 수가 없다. 그러나 이 문서는 기안문이다. 임금에게 올라가는 시행문에도 똑 같이 그러한 문구가 추가되어 보고되었는지는 확인할 수 없다.

전술한 내용들을 종합적으로 검토했을 때, 김창수가 나귀를 매입했다는 것은 사실이라고 봄이 타당하다. 그럼에도 남는 의문들이 있다. 인천감리서에서의 작성된 핵심조서인 김창수의 '삼초'와 '치하포사건'을 보도한 9월 22일자와 11월 7일자 『독립신문』에는 나귀매입이 왜 언급되지 않았냐는 점이다. 또한 일본정부의 '치하포사건' 관련 수많은 문서에도 나귀매입과 관련한 기록이 없다는 점도 의문이다.

제4절 일본의 기밀문서 '아국인민 피해에 관한 건(기밀 제41호)' 검토

　1896년 5월 30일 고무라공사는 이완용외부대신에게 일본인에 대한 가해자 처벌과 배상을 요구하는 문서를[167] 보냈다. 이 문서에는 일본인 피살자 43명 포함 총 62명에 대한 배상을 청구하고 있다. 또 가해자(흉행자) 처벌과 함께 4개항을 요구하였는데, 요구사항은 다음과 같다.

요구사항

一. 일본인 및 일본의 전신선에 훼손손해를 가한 자, 또는 이 같은 행위를 교사하거나 돕는 자는 모두 법에 따라서 엄벌에 처하겠다는 내용의 조칙을 시급히 또 널리 국내에 공포할 것.

一. 일본인의 보호를 게을리 한 조선 정부의 관리를 법에 의해 처벌할 것.

一. 조선사람에 의해 살해당한 자 및 폭해 학대를 당하여 신체에 손해를 받아 오늘날까지 귀 정부에 조회한 62명에 대한 배상으로 일화(日貨) 14만 6,000원(圓)을 지불할 것.

一. 조선에 의한 재산의 손해에 대하여 상응한 배상을 지불할 것. 단, 본 항에 관해서는 피해금액 등을 정밀하게 조사하여 추가로 요구하겠음.

　이 요구사항에는 배상금 청구와 함께 조선정부에서 조칙을 공포할 것과 조선정부 관리들을 처벌할 것을 강요하는 고압적인 내용들이 포함되어 있어, 이 당시 일제의 조선에 대한 내정간섭의 정도가 어느 정도였는지를 가늠할 수 있다.

---

[167] 주한일본공사관기록 9권, 일본인 가해자의 처벌촉구와 피해자에 대한 배상청구(문서번호 제38호), 1896.5.30.

고무라공사는 이 문서를 이완용에게 보내고는 같은 날 이와 관련된 내용으로 일본 외무대신 무쓰 무네미쓰(陸奧宗光)에게도 보고[168] 하였는데, 일본 내부문서이자 기밀문서인 이 문서에 중요한 내용들이 많이 담겨 있다. 특히 쓰치다 조스케(土田讓亮)의 신분을 '매약상(賣藥商)'이라고 기록한 유일한 문서이기도 하다.

이 문서 '아국인민(我國人民) 피해에 관한 건'에는 '제국민서조해에 관한 조선정부와의 교섭월일표(帝國民庶遭害에 관한 朝鮮政府와의 交涉月日表, 별지 갑호)' 등이 첨부되어있다.

1. '아국인민 피해에 관한 건' 검토

(13) [我國人民 피해에 관한 件], 機密第41號(번역문)

지난 2월 11일 사변을 전후하여 당국 각지에서 우리 인민에게 위해를 가한 조선인의 처벌에 대해 조선 정부와 담판한 상황 및 이에 관계되는 제 의견을 지난 4월 6일자 기밀 제23호로 자세히 보고했습니다. 그 후 계속해서 각 영사들의 보고에 따라 본관은 조선 정부에 처벌을 요구하고 있습니다. 오늘까지 피살자 43명, 부상 및 피학대자 19명에 달하였습니다. 그리고 조선 정부는 우리 요구에 대하여 조속하게 처단하겠다는 뜻을 그때그때 회답하였습니다. 그러나 우리가 제1차 요구를 제시한 이래 2개월여를 경과하여 수차의 엄중한 책임이행을 재촉한 오늘날에도 아직도 정출상태랑(井出常太郎)에 관한 건을 제외하고 아무런 결과를 보지 못했으니 참으로 괘씸한 처사로 생각됩니다.(정출상태랑에 대한 조치 건은 경성영사가 보고하였으므로 생략함).

우리 피해자에 대하여 조선 정부에 요구해야 할 것에 관하여는 지난 3월 11일 전보 및 기밀 제23호로 보고하였는데, 4월 10일자로, "우리 국민

---

168 주한일본공사관기록 9권, (13)아국인민 피해에 관한 건(기밀 제41호), 1896.5.30.

살해사건에 관해서는 3월 16일자 전신으로 훈시하였지만, 3월 11일자로 본관이 말씀하신대로 지금 다시 조선 정부에게 요구하라."고 전신이 왔습니다. 이에 적당한 시기를 택하여 조속히 위에 말한 요구를 제출할 예정이었습니다. 하지만 당시 러시아 공사와의 협의가 아직 결말을 보지 못하였고, 또 왕비시해사건의 심문, 정부 내의 동요 등 안팎으로 인민의 주의를 불러일으키는 사건들이 거듭 발생하여 오늘에 이르기까지 적당한 시기를 택하지 못하였습니다. 이번에 본관이 귀국 명령을 받고서 출발 전에 이것을 제기해 두는 것이 필요하다고 생각되어서 오늘 별지 을호와 같이 조회하였습니다.

오늘 새로 제출한 요구 중 생명 및 신체의 손해보상금액을 14만 6,000원(圓)으로 산출하였습니다. 먼저 전품(電稟)한 대로 피살자에 관하여는 1명에 대하여 5,000圓, 부상자 및 피학대자에 대하여는 각자 신고금액 혹은 본관이 결정한 액수(別紙 丙號)를 합산한 것입니다. 다시 이것을 사건 종목별로 나누면 피살자 29명에 대한 금액 14만 원(圓), 부상자 및 피학대자 14명에 대한 몫 6,000원(圓)입니다. 또 피살자 43명 중 29명에 한해서 손해배상을 요구하는 위 29명은 순전히 행상인 혹은 여행자로서 그들이 입은 손해에 대하여 조선 정부에 배상을 요구할 이유가 충분히 있는 자입니다. 기타는 전신공부·군속 또는 측량반원 등으로 조선 정부에게만 책임을 돌릴 수 없는 자입니다. 즉 전신공은 원래부터 전선수비대에서 보호해야 될 뿐만 아니라, 당국의 명령에 따라 위험을 무릅쓰고 행동하므로 만일의 경우 이것을 구제하는 책임이 당국에 있다고 말하지 않을 수 없습니다. 측량반원에 대하여는 표면상 여행자로서 내지에 출입하는 자이므로 조선 정부에게 책임을 부담시킬 수 없지는 않지만 이들도 관계자의 명령에 의하여 진퇴하므로 만일의 경우 이들을 구제하는 책임이 그 쪽에 있다고 말하지 않을 수 없습니다. 따라서 이들 인원의 피해에 대하여 조선 정부에 배상을 요구하는 것은 온당하지 않다고 인정되어 전조(前條)와 같이 조치하였습니다. 부상자, 피학대자에 대해서도 위와 같은 이유로 19명 중 5명을 제외하였습니다. 단 위와 같은 결정은 본관의 결정으로서 조선 정부에게

는 피해자 전체에 대한 배상으로서 전기의 금액을 요구하였으니 그리 알아
주시기 바랍니다. 또한 재산의 손해에 관해서는 조사하는 데 곤란한 사정
이 있어서 별신(別信)으로 훈령을 청하였으니 추후에 지시를 기다려서 상응
한 수속을 다한 뒤에 요구해야 한다고 생각합니다.
위와 같이 본건에 대한 오늘날까지의 진행상황을 별지를 첨부하여 보고합니다.

1896년 5월 30일 고무라 공사(小村 公使)

무쓰 외무대신(陸奧 外務大臣)

이 문서에는 몇 가지 눈여겨 볼 사안들이 있다.

먼저 일본인 피살자 43명, 부상 및 피학대자 19명 등 총 62명에 대한
것이다. 고무라공사는 조선정부에 피살자 43명 포함 총 62명에 대한 배상
금 14만 6,000원(圓: 엔)을 요구하였다고 보고하였다.

하지만 이 문서에서 고무라공사는 피살자 43명 중 29명, 부상자 및 피
학대자 19명 중 14명에 대해서만 배상금을 지급할 계획임을 내부적으로 밝
히고 있다. 이는 총 62명 중 43명에 대해서만 배상금을 지급할 계획임을
밝히고 있는 것으로, 그 이유로 '전신공부(電信工夫)·군속(軍屬)과 측량반원
은 일본정부의 명령에 따라 활동하던 자들로서 일본정부에서 직접 보상할
책임이 있다는 것'을 들었다.

특히 측량반원(측량수)에 대하여는 "표면상 여행자로서 내지에 출입하
는 자이므로 조선 정부에게 책임을 부담시킬 수 없지는 않지만…"이라고
하여, 측량반원에 대하여는 조선정부에 '여행자로 내지에 출입하는 자'라
고 거짓으로 알렸으므로 조선정부에 책임을 부담(배상금 요구)케 할 수도
있다는 것이다. 이는 일본군 소속이었던 측량반원들을 순수한 민간 여행자
로 둔갑시켰다는 이야기다.[169]

---

169 측량반원(측량수)들과 직접적 관련이 있는 것이 지도제작이다. 지도는 타국 침략을 위

이렇듯 누가 전신공부나 군속 또는 측량반원 등으로서 배상금지급 대
상에서 제외했는지 등 일본정부 내부의 결정을 조선정부에 통보하지 않았
으며, "당국(군부 등 일본정부)의 명령에 따라 행동하던 자"들이 있었음도 조
선정부에 시인하지 않았다.

하여튼 일본인 피살자 등 62명에 대한 배상금 14만 6,000원(圓)은 이후
에도 일본정부가 조선(대한제국)정부에 배상금 지급을 강요할 때마다 그 기
준(인원 및 배상금)이 되었다.

2. '제국민서조해에 관한 조선정부와의 교섭월일표[별지 갑호]' 검토

1) '교섭월일표'와 신분조작

帝國民庶遭害에 관한 朝鮮政府와의 交涉月日表[別紙 甲號]

遭害區別	照會月日	回答月日	身分	姓名
殺害	3월 18일	3월 26일	賣藥行商	井上誠之助
〃	〃	〃	電信工夫	池畑兼太郎
〃	〃	〃	電信工夫	三橋藤次郎
〃	〃	〃	陸軍雇△旅行	米田豊吉
〃	〃	〃	〃 △ 〃	近藤卓爾

한 군사작전시 필수불가결한 요소로 일제는 조선지도제작에 총력을 기우렸다. 일제는
1869년 육군부 참모국에 '간첩대'를 두어 측량 등을 통한 군사지도제작 임무를 수행토
록 하였으며, 몇 번의 조직개편을 통한 후 1889년부터 참모본부장 직속의 '육지측량
부'를 설치하였다.
참모본부 '육지측량부'에서는 청일전쟁 이후인 1895년 9월 24일 총 200명의 측량반원
(간첩)들을 한반도에 투입하였는데, 측량과 정탐행위에 대한 조선민중들의 반발이 거
세자 "첩보행위를 은폐하기 위해서라면 한복을 입고 위장하는 것도 무방하다."는 등
의 4개항의 훈령을 내렸다(남영우 편, 『구한말한반도지형도』, 성지문화사, 1997). 이를
살펴보면 측량수들은 비밀측량과 정탐을 위하여 한복으로 변복하는 것은 늘상 있었
던 일임을 알 수 있다. 측량수들은 인솔자가 첩보장교로 되어있는 군사집단의 일원이
었다. '교섭월일표'에 기록된 측량수에는 정규군인인 '첩보장교'는 포함하지 않았을 가
능성이 높다. 이러한 측량수들이 피살되면 일본정부에서는 '민간인 여행자'라고 조선
정부에 그 동안 통보(조회)해 왔다는 것을 충분히 짐작할 수 있다.

遭害區別	照會月日	回答月日	身分	姓名
〃	〃	〃	電信工夫	新井林吉
〃	〃	〃	役夫	船越福松
〃	〃	〃	電信工夫	立石參次郎
〃	〃	〃	囑託	中田保吉
〃	〃	〃	雜貨行商	吉岡藤十
〃	〃	〃	陸軍雇△旅行	橋本留三
〃	〃	〃	電信工夫	辻繁吉
〃	〃	〃	〃	田中彌市
〃	〃	〃	〃	井出常太郎
〃	〃	〃	賣藥及雜貨行商	遠藤松五郎
〃	〃	〃		同人妻リヨ
〃	〃	〃	行商	近藤榮藏
〃	〃	〃	賣藥商	吉崎祐太郎
〃	3月31日	4月4日	賣藥商	土田讓亮
〃	4月4日	4月7日	漁業者	土橋佐久馬
〃	〃	〃	〃	村上多市
〃	〃	〃	〃	村上多作
〃	〃	〃	〃	田中貞吉
〃	〃	〃	〃	山崎金次郎
〃	〃	〃	〃	田中伊三郎
〃	〃	〃	〃	田川仁右衛門
〃	〃	〃	〃	大藏
〃	〃	〃	〃	平仁右衛門
〃	〃	〃	〃	小川平吉
〃	〃	〃	〃	尾崎德二郎
〃	〃	〃	〃	尾崎庄太郎
〃	〃	〃	〃	角岡米市
〃	〃	〃	〃	山池甚太郎
〃	〃	〃	〃	宮田初太郎
〃	4月9日	4月10日	〃	今弘重吉
〃	〃	〃	〃	川添秀明
〃	〃	〃	〃	中村熊市
〃	〃	〃	〃	木曾與右衛門
〃	〃	〃	醫師	山野矧好敏
〃	4月28日	4月29日	電信工夫	山田友吉
〃	〃	〃	〃	下村藤吉
〃	〃	〃	陸軍測量手	植田鹿太郎

遭害區別	照會月日	回答月日	身分	姓名
〃	〃	〃	〃	小川茂幾
〃	〃	〃	電信工夫△軍役夫	新井房吉
〃	〃	〃	△陸軍雇旅行	東儀文美
〃	〃	〃	△陸軍雇旅行	泥堂谷之助
〃	〃	〃	△ 〃	美田萬壽之助
〃	〃	〃	△車夫	瀧野與三郎
〃	〃	〃	賣藥	吉富幸三郎
〃	〃	〃	大工職	岡田直吉
〃	〃	〃	商	林田貞十
〃	〃	〃	〃	酒見敬吉
〃	〃	〃	漁業	桑岡竹次
負傷	〃	〃	〃	山村善太郎
〃	〃	〃	〃	橋浦寅太郎
〃	〃	〃	〃	鷹野一次郎
〃	〃	〃	雜貨及賣藥行商	太田良三郎
〃	〃	〃	〃	白石龜三郎
受害者	5월 28일	5월 30일	雜貨行商	山口久治郎
〃	〃	〃	〃	大國保國太郎
〃	〃	〃	〃	平田兼作
〃	〃	〃	〃	坂口己一郎

注意 : 身分上의 △표시는 朝鮮 政府에 대한 照會 때에 사용한 명칭임.

위 표는 '아국인민 피해에 관한 건'에 첨부된 표로서 총 62명에 대한 자료이다.

이 표 안에는 1896년 3월 31일 고무라공사가 외부대신 이완용에게 조회(照會)하여[170] 4월 4일 이완용의 회신을[171] 받은 '치하포사건'의 피살자 쓰치다 조스케(土田讓亮)가 매약상(賣藥商)으로 기록되어 있다. 그러나 원본(원문이미지)을 보면 '土田讓亮'은 괘선 안에 표기되지 않고 괘선 밖에 끼워 넣

---

[170] 주한일본공사관기록 9권, (5)일본인 쓰치다 조스케의 피살사건과 범인체포요구 건(공문제20호), 1896.3.31

[171] 주한일본공사관기록 9권, (6)쓰치다 조스케의 피살사건과 범인체포요구에 대한 조복, 1896.4.4

듯 표기되어 있고, 신분을 기록하는 위치에도 '商(상)'이라 추정되는 한 글자만 기록되어 있다. 이 외자가 어떻게 『주한일본공사관기록』에는 '매약상(賣藥商)'으로 표기가 되었는지 의아스럽다.[172]

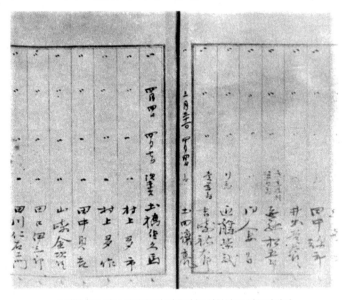

쓰치다 조스케(土田讓亮)가 기록된 '교섭월일표' 원문이미지

이 표에 기록된 피살자 등의 인원수가 본문과 다르다. 총인원이 62명인 것은 같으나 피살자와 기타 인원수가 다른 것으로, 본문에는 피살자 43명, 기타(부상 및 피학대자) 19명으로 기록되어 있는데, 이 표에는 피살자가 53명에 기타(부상 및 수해자)가 9명이다. 다른 이유를 알 수가 없다.

그런데 이 '별지 갑호'의 '교섭월일표(帝國民庶遭害에 관한 朝鮮政府와의 交涉月日表) 맨 하단에 중요한 표기가 있다.

"注意 : 身分上의 △표시는 朝鮮 政府에 대한 照會 때에 사용한 명칭

---

172 쓰치다의 우측 칸의 요시자키 유타로(吉崎祐太郎)는 매약상(賣藥商)으로 기록되어 있다.

임."이라는 기록이다. 이 문구는 교섭월일표의 신분상에 '△'와 함께 기록된 신분은 조선정부에 항의를 하고 배상을 받아내기 위한 문서를 보낼 때 (조회) 자신이(고무라공사) 거짓으로 기록한 신분이니 무쓰외무대신이 주의해서 보라는 의미이다.

여기서 신분에 '△' 표시가 되어있는 피살자는 8명이다. '陸軍雇△旅行'이나 '△陸軍雇旅行'이[173] 6명, '電信工夫△軍役夫'가 1명, '△車夫'가 1명이다. 즉 '육군속'을 '단순여행자'로 하거나 본래의 신분을 기록하지 않고 '육군속 신분으로 여행 중이었던 자'로 하였고, '전신공부'를 '군역부(軍役夫)'로, 본래의 신분을 기록하지 않은 피살자를 '차부(車夫)'로 조작하였다.

이를 살펴보면 일본정부는 목적을 갖고 활동하던 군부 등 일본정부기관 소속의 일본인들을 단순 여행자나 잡부 등 순수한 민간인이라고 주장하며, 조선정부에 조선인에 대한 처벌과 배상을 요구했음을 알 수 있다.

이를 근거로 쓰치다 조스케(土田讓亮)의 신분으로 이 표에 기록된 '상인(매약상)'도 조작되었다고 단정 지을 수는 없다. 하지만 이 '별지 갑호'의 교섭월일표의 일부 피살자 신분이 이처럼 조작되었음이 확인되어 이 표에 기록된 피살자들 신분이 그다지 신뢰할 만한 자료가 아니라는 점은 분명하다.

특히 일본군부 등 관련기관에서는 소속된 피살자가 '첩자'로 활동 중이었다고 하더라도 고무라공사에게 '첩자'였다라고 통보하지 않았을 가능성이 높다. 그러므로 이 문서(교섭월일표)의 피살상자 신분은 일본 군부 등 일본 각 관련기관에서 통보한 신분을 그대로 기록한 경우도 많았다고 보아야 한다. 설령 진정한 신분을 고무라공사가 인식하고 있었다고 하더라도 조선

---

[173] 1896년 3월 24일 고무라공사가 이완용외부대신에게 보낸 문서(주한일본공사관기록 9권, 2.일본인 살상자의 체포처벌요구 건, 공문제19호)에 근등탁이(近藤卓爾)는 육군속여행자(陸軍雇旅行者)로 기록되어 있다.

정부을 압박하고 배상을 받아내기 위한 것 등, 유리한 상황을 만들기 위하여 이를 밝히지 않고 앞의 '교섭월일표'의 기록과 같이 신분을 조작하는 사례도 있었음도 확인할 수 있다.

이처럼 일본정부는 피살자에 대한 신분을 마음대로 조작하며 조선정부를 농락하고 있었다.

고무라공사는 피살된 일본인의 진정한 신분이 무엇이었는지, 또 이 일본인들이 조선에서 적대적인 활동을 하였는가는 관심 밖으로, 오로지 조선인 처벌과 배상을 받아내는 것에만 총력을 기울였다.

이 표에 기록된 피살자 53명을 신분별로 구분하면 어민 20명, 전신공부 10명, 상인 10명, 육군속 5명, 육군 측량수 2명, 역부 1명, 촉탁 1명, 의사 1명, 차부 1명, 대공직 1명, 기타 1명이다. 여기의 피살된 상인 10명에, 부상 및 수해자(受害者) 중 상인 6명을 더하면 상인은 총 16명이었다. 이 상인 16명을 세분하면 '매약상' 4명, '매약 및 잡화행상' 4명, '잡화행상' 5명, '상인'과 '행상' 3명으로, 많은 행상인들이 매약과 관련된 신분으로 기록된 점에 주목할 필요가 있다.

또한 피살자 53명의 명단에 일본육군의 '수비대(守備隊)'나 '후비보병대(後備步兵隊)' 와 함께 활동하던 전신공부, '육지측량부' 소속의 측량수 그리고 육군속 등 일본군에 소속되어 있거나 일본군과 함께 활동을 하던 사람이 최소한 17명이나 된다는 점도 간과할 수 없다.

특징적인 것은 '교섭월일표'에 '첩자'나 '일본정규군'이라는 신분으로는 단 한 명도 기록되어 있지 않다는 점이다. 첩자는 동서고금을 통해 첩자임을 자진하여 밝힌 사례가 없음을 보았을 때 그렇다손 치더라도, 일군(日軍)과 관련하여서는 이 당시 피살된 일본 전투병력(정규군)도 있었다.[174] 고무

174 주한일본공사관기록 9권, (16)일본인 피해자에 대한 자료송부 건, 기밀제33호, 1896.6.8

라공사는 '교섭월일표'에 전투병력을 포함시키거나[175] 조선정부에 이를 밝히지 않았을 뿐만 아니라 군과 관련된 일로 자신들의 내부 기밀문서에 언급조차 하지 않고 있다.[176]

2) '교섭월일표'에 기록된 피살자 사망경위

'교섭월일표'의 피살된 일본인들은 일본군과 함께 활동하던 전신공부, 육군속, 육군측량수 그리고 일본정부에서 첩자로 많이 활용하였던 행상인과 조선어부들의 어업권과 상권을 침탈하였던 일본어민 등이 주류를 이룬다.

그러나 고무라공사는 일부 피살자의 신분을 단순한 여행자나 잡부 등으로 그 신분을 조작하는 등 그들이 조선에서 '독균' 같은 활동을 하던 존재가 아닌 '무고한 민간인'들임을 강조하고 있다.

그러므로 '교섭월일표'에 기록된 피살자 53명이 어떻게 사망했는가를 살펴보는 것은 의병활동에 따른 결과인지 아니면 일본정부의 주장대로 일본인들의 재물을 노린 '비적'이나 '도적' 같은 조선인들의 행위의 결과인지를 확인하는 첩경이다. 하지만 조선정부 자료에서 이와 관련된 기록들을 거의 찾아보기가 어렵다. 조선에서 발생한 사건들임에도 구체적 기록들을 남겨놓지 않았다.

그나마 일본정부에서 지대한 관심을 갖고 있었던 쓰치다가 살해당한 '치하포사건' 관련하여서는 방대한 문건들이 존재하지만 다른 피살자에 대하여는 대부분 사망경위 등을 확인할 수 있는 문건들을 찾기가 쉽지 않다.

---

175 일본군 사망자의 경우 전투 중에 전사한 것으로 처리되어 보상은 일본정부에서 했을 것이다.

176 '주한일본공사관기록 9권, (13)아국인민 피해에 관한 건(기밀 제41호), 1896.5.30.'에는 일본 군부를 '관계자'나 '그 쪽'으로 조심스럽게 지칭하고 있다. 당시 일본군부의 위상을 알 수 있는 부분이다.

더욱이 가해자가 누구였으며, 어떠한 동기로 그러한 행위를 하였는지에 대하여는 문헌 등 자료들을 발견하기는 더욱 어렵다.[177]

이는 대부분 '의병'들에 의한 것으로 '가해자'의 신원을 확인하여 검거하는 일이 쉽지 않았기 때문도 한 가지 이유였다. 이와 달리 김구가 쓰치다 살해 후 '국모보수'란 대의명분과 자신이 사는 곳과 이름을 떳떳이 밝히고 [178] 체포되기를 기다린 것은 특별한 사례였다.

다음은 이 교섭월일표에 기록된 피살자 53명 중 당시 문서로 사망경위 등이 확인되는 사람들에 대한 것이다. 어쩔 수 없이 일본정부의 문서들을 많이 인용하였다.

① 매약상 요시토미 코자부로(吉富幸三郎)

53명 피살자 명단에 매약상으로 기록된 요시토미 코자부로(吉富幸三郎)에 대하여는 언제, 어디서, 어떻게 살해되었는지 기록은 발견 할 수 없으나, 살해당하기 직전에 어떠한 임무들을 수행하였는지를 알 수 있는 자료가 있다.

이는 1896년 3월 4일 고무라공사가 일본 외무대신 사이온지(西園寺)에게 보고한 문서로[179] "강원도 철원은 적에게 점거된 지 이미 20여 일이 지났지만 먼저 번 이 방면으로 파견된 친위대가 그곳의 적을 공격해서 일거에 소탕했다. 그래서 적에게 잡혀 감옥에 붙들려 있던 본 공사관에서 파견한 한인비각(韓人飛脚: 조선인파발꾼)과 일본인 매약상 요시토미 코자부로(吉

---

177 죽변만에서 도바시(土橋佐久馬) 등 15명이 일시에 피살된 사건과 관련하여서는 『구한국외교문서(일안)』등이 있다.

178 사는 곳과 이름을 밝혔다는 기록은 『백범일지』뿐만 아니라 1896년 4월 19일 김효익이 이완용에게 보고한 문서(보고 제2호) 등에도 "일인 피해시에 해주에 사는 김창수라고 자칭했다."라는 기록이 있다.

179 주한일본공사관기록 9권, (13) 사변 후의 정황 속보, 기밀 제18호, 1896.3.4

富幸三郞)는 간신히 생명을 구해 관병 4명에게 호송되어 지난 달 29일 무사히 이곳에 돌아왔다."라는 내용이 있다.

매약상 요시토미 코자부로는 비각과 함께 일본영사관의 지시에 따라 철원 의병봉기지역에 파견되어 정탐활동을 하다가 의병들에게 잡혔고, 이후 구조된 자임을 알 수 있다. 피살 경위를 알 수는 없지만 전력으로 보아 첩자활동을 지속하다 의병들에게 발각되어 살해당했을 가능성이 높다.

② 매약상 이노에 세이노스케(井上誠之助)

1896년 3월 24일 고무라공사가 외부대신 이완용에게 보낸 문서에[180] "올해 1월 21일 우리 상인 이노에 세이노스케(井上誠之助)라는 자가 충청도 제천에서 귀국 폭민에게 살해당했다." 는 기록이 있다. 이노에 세이노스케는 '교섭월일표'에 '매약상'으로 기록되어 있다.

③ 전신공부 야마다 유우키치(山田友吉) 등 4명

1896년 4월 28일 고무라공사가 외부대신 이완용에게 보낸 문서에[181] "일본인 야마다 유우키치외 3명이 조선인에게 살해되었다."는 기록이 있다. '야마다 유우키치 등 4명'은 피살자 53명 명단에 4월 28일 조선정부에 조회(照會)한 전신공부 야마다 유우키치와 전신공부 시모무라(下村藤吉), 육군측량수 우에다(植田鹿太郎), 육군측량수 오카와(小川茂幾) 등을 언급한 것으로 보인다. 이들이 어디서, 어떻게 피살되었는지는 기록되어 있지 않다.

---

180 주한일본공사관기록 9권 (2)일본인 살상자의 체포처벌요구 건, 공문 제19호, 1896.3.24
181 奎17794, 「內部來去文」 제8책, 照复, 1896.5.6(박정양이 이완용에게)

④ 전신공부 이케다 켄타로(池田兼太郎)와 미하시 토지로(三橋藤次郎)

1896년 6월 8일 일본 외무대신 후작(侯爵) 사이온지 키미모츠(西園寺公望)가 임시대리공사 가토 마스오(加藤增雄)에게 보낸 문서(일본인 피해자에 대한 자료 송부 건)에[182] "앞서 조선국 강원도 금성군 부근에서 폭도 봉기시에 살해당한 육군하사졸 및 전신공부 등의 이름과 사망 장소 등은 별지와 같다는 육군대신의 통첩이 있었습니다. 이것이 일본인 피해사건에 관한 조선 정부와의 담판에 필요하다고 생각되어 사본을 보냅니다." 라고 한 기록이 있다.

이 기록에 의하면 1896년 2월 4일 강원도 금성군 회현에서 전신공부 이케다 켄타로(池田兼太郎)와 미하시 토지로(三橋藤次郎)는 '원산수비대' 소속 일본군들과 함께 있다가 의병과의 전투 중에 피살당했음을 알 수 있다. 이 문서는 일본 정규군인 6명이 의병과의 전투 중 전사했음이 신원과 함께 밝혀진 흔치 않은 기록으로 다음과 같다.

문서제목: 1896년 2월 4일 조선국 강원도 금성군 회현에서 조선국 폭도에게 우연히 습격당해 살해된 인명표

後備步長 第6聯隊 第2中隊	陸軍步兵二等軍曹	孝久久告
同	陸軍步兵上等兵	田中千弘
同	陸軍步兵上等兵	安立砂治郎
同	陸軍步兵一等卒	渡邊寅藏
同	陸軍步兵一等卒	廣瀬元次郎
同	陸軍步兵一等卒	青田金治郎

위 6명은 전선수리를 위하여 전신공과 인부 등을 파견할 때 강원도 폭동봉기로 인하여 원산수비대로부터 호위 임무를 띠고 파견된 자임.

---

182 주한일본공사관기록 9권 (16)일본인 피해자에 대한 자료송부 건, 기밀 제43호, 1896.6.8

東京府 淺草區 馬道二丁目 22番地 弓削甚三郎 同居 士族 戶主

臨時當部兵站電信部附 元山通信所 出張員 電信工夫 池田兼太郎

神奈川縣 藤澤大富町 大鋸 267番地 平民 幸八長男

同 三橋藤次郎

위 2명은 전선수리를 하기 위하여 원산에서 파견된 자라고 함.

이 당시에 일본정부가 조선 각 지역과 통신을 하기 위해서는 전신선이 연결된 곳은 전보(전신)를 주고받거나 또는 전신선이 설치되지 않은 지역은 파발꾼 또는 첩자를 파견하여 소통하거나 또는 문서를 직접 주고받는 방법 밖에 없었다. 하지만 인편에 의한 통신은 전신(전보)에 의한 통신보다 신속성 등 효율성에서 훨씬 뒤떨어 질 수밖에 없었다.

이에 따라 일본정부는 군용 전신선 설치와 유지에 총력을 기울였으나 이와 반대로 의병들 입장에서는 전신이 일본군과 관군을 끌어들이는 등 불이익한 통신수단으로 여겼기에 의병에 의한 전신선의 절단과 파괴가 끊임없이 이어졌다. 이러한 때에 전신선 수리와 유지를 위해 전신공 2명이 일본군과 함께 활동하다가 의병들에 의하여 피살되었음을 알 수 있다.

이 사건은 몇 명의 의병들이 이들과의 전투에 참가하였는지는 자료를 발견할 수 없어 알 수는 없지만 월등한 성능의 총기류를 갖고 있던 일본군인 6명과 전신공 2명 등 8명과 전투를 하여 모두 살해하였으니 상당수의 의병들이 이 전투에 참가했음을 짐작 할 수 있다.

이 사건에서 안타까운 것은 이 전투에서 의병들도 많은 사상자가 발생했을 것이라는 것을 짐작할 수 있으나 조선에서 발생한 사건임에도 조선 측 사상자에 대한 기록이 전혀 없다는 점이다. 청일전쟁 이후에 관청의 기강이 무너졌다는 점도 있지만, 의병을 일제와 마찬가지로 '도적', '적도', '폭도', '비적' 등으로 바라보고 등한시하던 조선정부의 시각을 알 수 있는 부분이기도 하다.

일본정부는 침략국의 입장에 있었으면서도 자국인에 대한 피해에는 그 피해자신원, 피해사실, 피해경위 등을 기록하고, 배상을 조선정부에 요구하는 등 철두철미하였으나 조선정부는 일본 측의 가해자 처벌, 배상요구 등의 압력에 전전긍긍하는 모습만 보일 뿐 사건의 진상을 파악하거나 조선인(의병 등) 사망 등 조선 측 피해사실에 대한 기록을 거의 남겨놓지 않았다. 물론 강점기를 거치면서 사라진 문건들도 있었을 것이다.

이에 따라 오늘날 이러한 사건 등을 파악하기 위해서는 일제의 입장에서 기록된 일본정부의 문서들을 들쳐보아야 하는 아픔을 겪고 있다.

⑤ 어업자 도바시(土橋佐久馬) 등 15명

이 사건은 1896년 3월 13일 울진군 죽변((竹邊)에서 도바시(土橋佐久馬) 등 15명의 일본인이 피살된 사건이다. '별지 갑호의 교섭월일표'에[183] 단일 사건으로는 가장 많은 피살자가 발생한 것으로 기록하고 있다.

이 사건이 발생한 시대적 배경에 대하여는 한철호교수의 논문 「일본의 동해 침투와 죽변지역 일본인 살해사건」에[184] 상세히 기록되어 있다.

"일본은 1883년 7월에 조일통상장정을 맺음으로써 전라·경상·강원·함경 4도의 연안 어업권을 획득했으며, 아울러 조선해에서 통어하는 일본인의 범법 행위에 대해 영사재판권(치외법권)을 적용한다는 규정도 얻어냈다. 이는 일본 어민이 조선 연해에서 마음대로 활동할 수 있는 제도적 장치를

---

183 주한일본공사관기록 9권 (2)일본인 살상자의 체포처벌요구 건, 공문 제19호, 1896. 3. 24
184 한철호,「일본의 동해 침투와 죽변지역 일본인 살해사건」, 동국사학 54집, 174~175쪽, 2013.

마련한 것이었다.

그 후 1888년에 인천 연안도 일본인에게 개방되었으며, 1889년 11월 조일통어장정이 조인됨으로써 일본 어민은 어업면허세를 납부하고 강원도 등 4도 연해의 3리 이내에서 자유롭게 어업활동을 하고 잡은 어류도 매매할 수 있게 되었다. 이처럼 개항 후 일본 관민이 강원도와 함경도를 포함된 동해에서 자유롭고도 합법적으로 측량하거나 어업활동을 벌이면서 각종 폐단을 야기하며 해안지역의 조선인과 마찰을 불러일으켰다. 그 과정에서 생존권을 위협당한 조선인은 일본 어민과 충돌하면서 적극적인 저항을 펼쳐나갔다.

그 대표적인 사례 중 하나이면서 지금까지 잘 알려지지 않은 사건이 바로 아관파천 직후인 1896년 3월 죽변에서 일본 어민 15명이 살해된 일이었다."

장수호는 『조선시대 말 일본의 어업 침탈사』에[185] 다음과 같이 기술하였다.

"이와 같이 죽변은 천혜의 지리적·자연적 여건으로 말미암아 동해안에서 일본어민이 가장 적극적으로 침투 혹은 진출하는 근거지 중 하나가 되었다. 일본어민은 조선어민보다 훨씬 우월한 어구·어선과 선진적인 어법을 갖춘 탓에 점차 조선의 바다를 장악해났고, 그 과정에서 생계를 위협받은 조선어민의 저항이 거세지고 반일감정이 고조되었다. 죽변도 예외는 아니었다. 그 대표적인 사례가 바로 1896년 죽변인이 강릉의병과 합세해서 일본어민 15명을 사해한 사건, 또 1904년 후쿠오카에서 도래한 정어리 입어선을 상대로 대대적으로 어장분규를 일으킨 사건이었다."

---

185 장수호, 『조선시대 말 일본의 어업 침탈사』, 블루엔노트, 2011, 191쪽.

이 사건과 관련하여 1896년 4월 4일 고무라공사가 이완용 외부대신에게 가해자 체포와 처벌을 요구한 문서에[186] 사건내용이 다음과 같이 기록되어 있다.

(7) [울진지방에서의 일본인 15명 피살사건에 대한 진상규명과 가해자 엄벌 요구]

서신으로 말씀드립니다. 우리나라 장기현 평민 도바시(土橋佐久馬) 외 23명이 지난 달 3월 13일 귀국 강원도 울진군 죽변만(竹邊灣)에서 조난되었습니다. 이를 조사하기 위하여 출장명령을 받은 순사 이소무라(磯村武經)가 군함 조해호(鳥海號)를 타고 3월 22일 죽변만에 도착하여, 부산에서 데리고 간 조난생존자 중 한 사람인 야마무라(山村三太郎)의 인도와 우리 해군대군의관(海軍大軍醫官) 미야가와(宮川兵市) 등의 도움을 받아 귀국 순검 최경수를 입회하여 피해상황을 조사하였습니다.

그 결과로서 부산포 일본국 일등영사(一等領事) 가토 마스오(加藤增雄)의 보고에 의하면, 상기 도바시(土橋佐久馬)가 무라카미(村上多市) 외 22명과 함께 잠수기계선(潛水機械船) 2척, 소형선 1척에 승선하여 지난 3월 6일 부산포를 출발, 동월 12일 강원도 울진군 죽변만에 도착하였습니다.

다음날 13일 죽변동에 상륙하여 동(洞) 책임자의 허락을 받아 죽변만 변용추갑(邊龍啾岬)에 가건물을 짓고 쌀·소금·장작 등을 상륙하려할 때 갑자기 가건물 뒤편 대나무밭 쪽에서 곤본·창·총 등을 가진 300명 정도의 폭도의 습격을 받았습니다. 마침내 도바시(土橋佐久馬) 이하 별지에 기재한 15명은 폭도들에 의하여 피살되었고, 야마무라(山村三太郎) 이하 9명은 옷을 입은 채 바다에 뛰어들어 앞바다에 정박 중인 기계선으로 헤엄쳐가 간신히 부산포까지 피해 온 실정이었습니다.

---

186 주한일본공사관기록 9권, (7)울진지방에서의 일본인 15명 피살사건에 대한 진상규명과 가해자 엄벌 요구(제21호), 1896. 4. 4.

그리고 지난날에 전기 어민들이 지어놓은 가건물에서 도바시(土橋佐久馬) 이
하의 14명 시체를 발굴하여 미야가와(宮川兵市)군의관이 이를 검시하였는
데 누구 할 것 없이 총상·자상·절상·구타상 등을 당해 눈으로 볼 수 없는
처참한 상태이었습니다. 또 피살자의 한 사람인 오자키(尾崎德太郎)의 시체
는 발견하지 못했는데 이는 조난시에 바다에서 총탄을 맞고 그대로 바다에
가라앉은 것으로 생각됩니다.

또 최순검 입회하에 죽변동 인가를 검색하였는데 집집마다 상기한 어부들
이 조난 당시 가지고 있던 물품 및 선박과 가건물을 파괴하여 땔감으로 한
것을 발견하였습니다.

이전부터 우리의 무고한 양민들이 귀국의 난민들의 손에 죽어간 자가 전후
하여 벌써 35명에 달하였습니다만 이번 일은 가장 참혹한 것이었다고 생
각됩니다. 따라서 귀국 정부가 조속히 지방관에게 엄명하여 빨리 가해자
를 색출 체포하여 국법에 의해 엄중하게 처벌하여 주실 것을 조회합니다.

1896년 4월 4일 고무라(小村) 공사

이 외부대신 앞

이 문서에는 "1896년 3월 12일 도바시(土橋佐久馬) 등 22명의 일본인들
이 배 3척을 타고 울진군 죽변만(竹邊灣)에 도착한 후 1896년 3월 13일 가
건물(막사)을 지은 후 쌀·소금·장작 등을 갖고 상륙하려할 때, 300명[187]
정도의 폭도들의 습격을 받고, 15명이 살해당했고 나머지 인원은 도주하
였다."는 내용이 기록되어 있다.

이 문서에는 이들이 타고 온 배를 '잠수기계선(潛水機械船)'이라고 명명
한 기록이 있다. 이 배는 잠수부(머구리)가 바닷속 해산물을 직접 채취하는

---

187 한철호, 「일본의 동해 침투와 죽변지역 일본인 살해사건」, 동국사학 54집, 192쪽,
    2013, 일본은 "강원도 강릉에서 봉기를 일으킨 20명, 울진과 평해에서 각각 합류한
    30명과 20명 등 70명이 일본인을 습격했으며, 그 과정에서 죽변인들도 가담했다고 결
    론 내렸다."

데 사용했던 선박으로 보인다. 죽변만은 울릉도나 독도와 가까운 거리에 위치해 있으니 황금어장을 선점하기 위한 목적이 있었다고 볼 수도 있다.

당시에 일본어부들을 근대화된 어선이나 기구들을 보유하고, 조선 각 해안에서 해산물 등을 남획하여 판매하는 등 어업권과 상권을 장악함에 따라 생계에 위협을 느낀 조선어부들과의 마찰이 잦았다. 또한 일본어부들의 패악행위로 조선인들과 물리적 충돌을 빚기도 했다.

1891년 8월 22일 의정부(議政府)에서 임금에게 보고한 문서에[188] 이러한 기록이 있다.

"전라 감사(全羅監司) 민정식(閔正植)과 제주 전 목사(濟州前牧使) 조균하(趙均夏)의 장계(狀啓)를 연이어 보니, '일본 배들이 아무런 증명서도 없이 갑자기 와서 정박하고는 어부들이 잡은 물고기를 걸핏하면 약탈하며 어부들을 묶어 놓고 때려서 물에 처넣었습니다. 백성들이 배에 올라 저지하자 저들은 칼과 총으로써 인명을 많이 해쳤으며 민가에 돌입하여 부녀자들을 위협하고 양식과 옷과 닭과 돼지 등을 약탈하여 가는 등 온갖 행패를 자행하므로 온 섬의 백성들이 뿔뿔이 흩어지게 될 형편입니다. 일본인들을 금지시킬 대책과 섬 백성들을 안정시킬 방도를 모두 묘당(廟堂)으로 하여금 품처(稟處)하게 하소서.'라고 하였습니다."

1896년 7월 17일 제주부관찰사가 법부대신에게 보고한 내용을 기록한 문서에는[189] 이러한 내용도 있다.

"대정 군수(大靜郡守) 채귀석(蔡龜錫)의 보고를 받아보니, '5월 27일에 본 대

188 고종실록 28권, 1891.8.22
189 사료고종시대사 20, 조회 제 9호, 1896.7.17

정군 신우면(新右面) 애월리(涯月里) 동임(洞任)이 보고하기를, '이번 달 15일
에 일본 선박 일곱 척이 본 포구에 정박하여 여섯 척은 바다로 나가 고기
를 잡고 한 척은 그대로 정박하였다가, 같은 달 22일에 남자는 모두 들에
나가고 여자는 집을 지키고 있었는데 일본인 세 명이 민가에 돌입하여 닭
을 빼앗고 파를 뽑으면서 방자하게 돌아다니니, 부녀자가 놀라서 다투어
피할 때에 들에 나간 남자가 이러한 사단을 듣고 엎어지면서 급히 돌아와
서 못하게 하면서 금지하고 책하였더니, 일본인 세 명이 깃발을 휘둘러서
배를 불러 잠깐 사이에 50여 명이 모여들어 칼을 휘두르고 총을 쏘아 행패
를 부리고 악한 성질을 부림이 끝간 데가 없다가 이렇게 인명이 상하는 변
고를 보고 오히려 겁내는 마음이 생겨 곧 돛을 들고 갔으니, 그 중 행패를
부린 선척은 '관음환(觀音丸)'이라고 하며, 이 때 총탄에 맞고 칼날에 맞서
던 중 이길홍(李吉弘)은 그 자리에서 즉사하였고, 나머지 김일현(金一賢), 장
재준(張才俊), 강택여(姜宅汝), 김세권(金世權), 강자화(姜子化), 이평연(李平連),
이춘경(李春景), 송여옥(宋汝玉) 등 8명은 혹은 총탄으로 혹은 칼로 거의 죽을
지경에 이르렀는즉, 죽을 뻔 하다가 겨우 살아난 원통함을 씻는 것은 차치
하더라도 사람을 죽인 살인자를 죽이는 것은 국가의 법전이 존재하니, 이를
일본국 공사관에 조회하여 그들로 하여금 처판하도록 해주십시오.'

이 당시 일본어부들의 조선에서의 어업권 침탈행위의 실태를 알려주는
일본인의 저서가 있다.

이는 『조선잡기(朝鮮雜記)』란 저서로[190] 혼마 규스케(本間久介)가 저자
이다. 혼마 규스케는 조선을 식민지화 하고 대륙침략의 교두보 마련을 위
하여, 1893년 조선에 입국한 후 '매약상인'으로 위장을 한 채 정탐활동을
하였는데, 이때의 일본어선과 어부들에 대한 기록(214쪽, 어민보호)을 다음
과 같이 남겼다.

---

190 최혜주 역주, 『조선잡기(朝鮮雜記)』, 저자 혼마 규스케(本間久介), 김영사, 2008.

"해관 보고에 의하면 전라도·경상도 양도의 연안에서 어업에 종사하는 우리나라(일본) 어선 수는 1,500척에 달한다. 기타 이외에도 항상 1천 척 이상의 어선이 출입하고 있다. 지금 가령 한 척에 타는 사람을 5명이라고 하면 1만 2천 명의 어부가 매해 양도 연안에서 어업에 종사하는 것이다. 이들 어부는 대부분 히로시마, 야마구치, 쓰시마 등의 출신으로 매해 수확 총계 150만 엔을 내려가지 않는다고 한다."

당시 일본거류민 수가 1894년 기준 9,354명인 것과 비교했을 때, 전라도와 경상도에 진출한 배가 2,500척에 일본어민들이 1만 2천 명 정도였다고 하니 엄청난 수의 일본인들이 해상어업권을 이미 장악하고 있었음을 알 수 있다.

「일본의 동해 침투와 죽변지역 일본인 살해사건」에도[191] 당시의 일본어민들의 조선진출 실태가 기록되어 있다.

"조일통어조약 체결을 계기로 조선해에 진출하는 일본어선과 어민은 급격하게 증가하였다. 여기에는 조선해에 어족이 풍부하여 다양하다는 사실이 널리 알려지기 시작했던 것이다. 일본어선 수는 1890년 2천 척에서 1901년 3천 척 이상으로 급증했고, 그에 승선한 어민은 1만 4~5천 명으로 늘어났다. 하지만 면허를 받지 않은 자의 倍數 혹은 전체의 ⅔에 해당한다는 일본 관리의 보고에서도 알 수 있듯이, 실제로 그 수는 훨씬 많았다. 일본정부가 조선을 식민지로 삼아야만 한다는 장기적인 전략 아래 일본어민의 조선침투를 적극적으로 권장하거나 묵인해주었기 때문이다(이영학, 「개항 이후 일제의 어업 침투와 조선 어민의 대응」, 169~170쪽, 1995, 장수호, 『조선시대 말 일본의 어업 침탈사』, 블루엔노트, 2011, 145~151쪽)".

---

191 한철호, 「일본의 동해 침투와 죽변지역 일본인 살해사건」동국사학 54집, 182쪽, 2013.

혼마 규스케는 또 섬뜩한 말(215쪽, 어민보호)도 남겼다.

"누군가는 말한다. 우리나라 사람이 조선에 거주하는 자를 한 사람 늘리면 한 사람만큼의 국력을 키우는 것이라고. 어찌 알겠는가, 전라도·경상도 두 도에서 우리나라의 어부 한 사람을 늘리면 한 사람 만큼의 (조선의) 국력을 감소시키는 상태가 되는 것을......"

조선의 국력을 쇠퇴시키기 위한 일본어부 진출의 필요성을 역설하고 있다. 또 이런 말(216쪽, 어민보호)도 했다.

"조선연해 어업의 이익은 우리나라가 오랫동안 이것을 잡아서 식민사업과 같은 기대하지 않는 결과를 보기에 이를 것이다."

조선연해어업을 확대하고 지속하면 식민지화를 이룰 수 있다는 이야기다. 혼마 규스케의 이러한 글들을 당시(1894년) 일본 신문(이륙신보)에 기고하여 기사화 되었으니, 많은 일본인들에게 영향을 미쳤을 것이다.

종합하면 울진군 죽변만의 '일본인 15명 피살' 건은 어업권 독점에 따른 생존권 위협과 '국모시해' 등에 따른 어민들의 일제에 대한 반감이 극에 달한 분위기 속에서, 300명 가량의 의병(70명)과 죽변만 주민들에 의해 공격당한 사건이었다.

일본정부는 이들 일본어업자들이 동책임자의 허락을 받고 막사를 지었다고 하는 등 주민들의 동의를 받고 합법적인 행위를 한 것으로 기록하고 있다. 그러나 3월 12일 죽변만에 도착 후 다음날인 3월 13일까지 일본어민들이 벌인 일들에 대한 조선측 기록이 없으니 사건의 자세한 내막을 알 수가 없다.

이와 같이 '교섭월일표'에 기록된 피살자 53명 중 기록을 통하여 확인

가능한 사람들에 대하여 누구에 의해서 어떻게 사망했는가를 살펴보았다. 하지만 53명 모두를 확인한 것이 아니기에 혹 의병을 사칭한 무리 또는 범죄자가 재물을 노리고 살해한 일본인이 이들 중에 포함되었을 가능성이 전혀 없다고 단언할 수는 없다. 하지만 확인 가능한 기록에서 보듯 대부분 '국수(國讐)'나 '국모보수(國母報讐)'의 기치를 내걸고 봉기한 의병들의 활동에 따른 결과임을 알 수 있다. 이를 보면 당시에 조선사람들이 일제의 침탈과 만행에 크게 분노한 상황이었다고 하더라도 공격이나 반격대상은 평범한 일본인이 아닌 조선인을 공격하거나 조선에서 적대적인 활동을 하던 일본인들에 집중되어 있음을 충분히 확인 할 수 있다.

제5장
쓰치다의 신분(정체) 에 대한 기관 및 학자들의 판단

제1절 쓰치다의 신분 등 '치하포사건'을 바라보는 학자들의 시각

'치하포사건' 관련, 깊이 연구하여 많은 글들을 남긴 분들 중에 여기에 거론하고자 하는 두 분의 학자가 있다.

한 분은『백범일지』관련 많은 저서와 논문을 저술하는 등 이 분야 권위자인 도진순교수이고, 또 다른 한 분은『올바르게 풀어쓴 백범일지』를 저술한 배경식부소장이다.

도진순교수는 1997년에 「1895~96년 김구의 연중의병활동과 치하포사건」이란 논문을 통하여, '치하포 사건'에 대한 연구결과를 발표하였고, 배경식연구관은 2008년 출간한『올바르게 풀어쓴 백범일지』에 '치하포사건'에 대하여 많은 논지의 글을 남겼다.

먼저『정본 백범일지(2016, 돌베개)』와 「1895~96년 김구의 연중의병활동과 치하포 사건」에 기술된 쓰치다의 신분 관련 도진순교수의 논지이다[192].

『정본 백범일지(도진순 탈초·교감), 2016, 돌베개』주석113(178쪽)

일본 외무성 자료에 의하면 쓰치다(土田讓亮)는 츠시마 이즈하라(嚴原)의 상인으로, 1895년 10월 진남포에 도착한 후 11월 4일 황해도 황주로 가서 활동하였고, 1896년 3월 7일 진남포로 귀환하던 길이었다. 도진순, 앞의 「1895~96년 김구의 연중의병과 치하포 사건」참조.

(船人들에게 命令하여 倭놈의 所持品 全部를 드려다가 調査한 結果, 倭놈은 土田讓亮이고, 職位는 陸軍中尉오.)

---

192 도진순, 「1895~96년 김구의 연중의병활동과 치하포 사건」, 3. 치하포 사건 중 4)토전양량과 계림장업단 내용을 옮긴 것으로 계림장업단 관련기록은 생략하였다.

3. 치하포 사건, 4) 土田讓亮과 鷄林奬業團(19~20쪽 발췌)

이제 김창수에 의해 살해된 쓰치다(土田)에 대하여 살펴볼 차례이다.

조선정부 측 자료로 알 수 있는 것은 주로 사건 당시의 행적뿐이다. 이에 의하면 그는 평안도 용강사람인 임학길(20세)을 동반하고 황주에서 인천으로 오던 중, 황주 십이포에서 조응두의 배 한 척을 고용하여, 조선인 동행 7인과 함께 3월 8일 치하포에 도착하여 이화보의 점에 들렀고, 다음날 오전 3시경 김창수에 의해 살해당하였다.[119]

조선측 자료에는 쓰치다의 신원에 대하여는 거의 언급된 것이 없고, 일본공사의 조회를 인용하면서 "장기현상인"이라 언급한 것이 전부이다.[120] 아마도 이것은 일본측이 양민이 강도에 의해 살해된 것으로 사건을 마무리지으려는 의도에서 쓰치다의 신분을 소상히 공표하지 않은데서 비롯된 것으로 보인다. 반면 『백범일지』에서는 사건 이후 그의 소지품을 조사한 결과 "육군중위"라고 언급하고 있다.[121]

쓰치다의 신분은 과연 무엇이며, 사건 당시의 動線은 어떠하였는가. 이것은 역시 일본측의 내부 자료에 기대할 수밖에 없다. 일본은 사건의 신고를 접수한 첫 번째 수사에서 이미 피해자의 신원을 정확하게 파악하고 있었다.

土田은 長崎縣 對馬島 下郡인 嚴原(いづはら)사람으로 當港 貿易商 大久保機一의 雇人으로 상업을 위해 1895년 10월 鎭南浦에 도착한 후, 11월 4일 黃州로 가서 활동하였고, 1896년 3월 7일 진남포로 귀환하는 도중 이 같은 일을 당하였다. 그의 유품과 재산은 雇主에게 인도하였고, 기타 동인의 사망에 관해서 친족에게 통고할 것을 雇主에게 명령하였다.[122]

---

119) 「照會 17호 內部大臣 朴定陽이 外部大臣 李完用에게」, 1896. 5. 1, 『내부거래안』 제3, 8책; 「보고 제2호. 海州府觀察使署理參書官 金孝益이 外部大臣에게」, 1896. 6. 18, 『黃海道去來案 제1책; 李化甫 初招』.

120) 「보고 제2호. 海州府觀察使署理參書官 金孝益이 外部大臣에게」, 1896. 6. 18, 『黃海道去來案 제1책.

121) 백범일지 98쪽.

이 논지들을 살펴보면 도진순 교수는 외무성 등 일본 측 기록들을 근거로 쓰치다의 신분을 『백범일지』에 기록된 '육군중위'가 아닌 '상인'임을 분명히 하고 있다.

다음은 『올바르게 풀어쓴 백범일지(배경식, 너머북스, 2008년)』에 기록된 '치하포사건' 관련 해설과 '깊이읽기'에 기술된 배경식부소장의 논지들이다.

『올바르게 풀어쓴 백범일지』 해설(150쪽)

치하포 사건은 백범의 단독 행동이었나?

본문에서는 치하포 사건을 백범 혼자서 일으킨 '영웅'적인 일로 서술하고 있으나 이는 사실과 다른 것 같다. 김창수의 신문조서에 따르면 당시 백범은 평양에서 우연히 만난 정일명*김창손*김치형이라는 일행 세 사람과 함께 치하포에 왔으며, 쓰치다를 살해할 때에도 이들의 도움을 받았다고 진술했다. 그런데 백범의 진술과 달리 해주부 관찰사 서리 김효익이 외무대신에게 올린 보고서는 이때의 동행인들이 장연 산포수 봉기를 같이 모의했던 김형진과 최창조라고 적고 있다. 하지만 김형진의 『노정약기』에 치하포 사건에 대한 서술이 전혀 없는 것으로 보아서 이때 동행한 사람들은 백범의 진술대로 여행 중에 우연히 만난 동행이었을 것으로 짐작된다.

위 논지에는 "『백범일지』에 치하포사건을 김구가 혼자서 일으킨 영웅적인 일로 서술하고 있으나 이는 사실과 다르다."고 하였고, 그 이유로 김창수의 신문조서에 '동행인'들이 있었음과 살해시 이들의 도움을 받은 것이 기록되어 있다는 것을 들었다.

이에 대하여는 앞에서[193] 이들 조서와는 달리 『백범일지』에는 살해에 협

---

[193] 제4장 '치하포사건' 관련문서 검토(본서 145쪽)

력한 '동행인'에 대한 언급이 없었는지와 살해시 김창수의 주도적 역할에 대하여 언급하였다.

백범일지(상권)는 김구가 53세가 되던 해에 언제 죽을지도 모르는 위태로운 상황(임시정부) 속에서 두 아들에게 유서처럼 남긴 글이다. 현재처럼 출간되어 국민들의 애독서가 될 것을 예상하여 작성한 글이 아니다. 위 논지처럼 "혼자서 일으킨 영웅적인 일로 서술"할 이유가 없다.

『올바르게 풀어쓴 백범일지』 해설(153쪽)

쓰치다 살해방법

일본 공사관의 사건조사보고서는 사건발생 시각을 새벽 3시경으로 정하고 있다.

'칠흑 같은 어둠'이라 범행 사실을 잘 볼 수 없었다는 주막 주인 이화보의 진술을 고려한다면, "달빛에 칼날을 번쩍이며"라는 서술은 당시의 상황을 극적으로 묘사하기 위한 표현이라 할 수 있다.

1차 신문에서는 "발로 차서 넘어뜨리고는 다시 손으로 때려죽였다"고 진술했다가, 2차 신문에서는 넘어졌다가 다시 일어나서 도망가는 것을 뒤쫓아가서 강변에서 몽둥이로 연거푸 때려죽였다고 진술했다. 그리고 3차 신문에서는 돌을 던져서 일본인을 다시 땅에 쓰러뜨리고 잽싸게 칼을 뺏어서 동행인 3명과 방 안의 모든 투숙자들이 분격해서 함께 칼로 죽였다고 하여 투숙객들이 적극 협조했다고 진술했다.

이는 사건발생 시각이 오전 3시경으로 '칠흑 같은 어둠' 속에서 『백범일지』의 "달빛에 칼날을 번쩍이는 것을 보았다는 서술"은 실제 체험한 것이 아닌 당시의 상황을 극적으로 묘사하기 위한 표현이라는 논지다.

'치하포사건' 발생과 관련된 시각에 대하여 처음 언급한 것은 일본정부였다.

1896년 3월 31일 인천 고무라공사가 이완용외부대신에게 보낸 문서에
[194] 이러한 기록이 있다.

"황주 십이포에서 한선 1척을 빌려, 대동강을 내려가다 3월 8일 밤 치하
포에서 머무른 후, 다음날 9일 오전 3시경에 그 곳에서 출범할 준비를 마
치고 식사를 하기 위하여 그 곳 숙박업자 이화보의 집에 갔다. 그리고 다
시 귀선하려 할 때(三月八日夜治下浦二泊シ翌九日午前三時頃同所出帆ノ用意ヲ了ヘ
喫飯ノ爲メ同所旅宿業李化甫方二到リ再ヒ歸船), 그 집 마당 앞에서 그 여인숙에
숙박하던 한인 4, 5명에게 타살되었다."

또 1896년 4월 6일 고무라공사가 하라외무차관에게 보낸 문서에는[195]
"쓰치다가 승선한 배가 치하포에 야간에 도착 후 익일인 9일 3시 상륙하여
이화보 여점으로 가서 조반(朝飯: 아침식사)을 마친 후 승선을 위하여 출발하
려할 때 한인 4,5명에게 박살(撲殺: 때려죽임) 당했다."고 기록되어 있다.

즉 이들 문서에서 언급한 3시는 배로 떠날(출범) 준비를 마친 시각이나
배에서 내린(상륙) 시각을 말하고 있는 것으로 이화보 여점에 들려 아침식
사를 마치고 쓰치다를 기습하여 살해한 시각(귀선하려는 시각)이 아니다.

조선정부 문서에도 사건시각에 대한 기록이 있다. 1896년 6월 18일 해
주부 관찰사서리해주부참서관 김효익이 외부대신 이완용에게 보고한 문서
에[196] 기록된 내용으로 "3월 8일 밤은 치하포에서 배를 정박하고 익일(9일)
오전 3시경 그 곳에서 발선할 준비를 마친 후 밥을 먹기 위하여 그 곳 이화

---

194 주한일본공사관기록 9권, (5)일본인 쓰치다 조스케의 피살사건과 범인체포요구 건(공
　　문제20호), 1896.3.31
195 재인천추원사무대리발신원외무차관완공신요지(在仁川萩原事務代理發信原外務次官宛
　　公信要旨), 1896.4.6, 백범김구전집(3)
196 奎17986,「黃海道來去安」제1책, 보고 제2호, 1896.6.18.(김효익이 이완용에게)

보의 여점에 갔다가 (식사를 마친 후) 다시 귀선할 때에(三月 八日 夜에 治下浦에 泊ᄒ야 翌九日午前 三時量에 該處에서 發船ᄒ 準備를 차려 喫飯을 爲ᄒ여 該處旅宿 李化甫에게 갓다가 다시 歸船ᄒ 際에...)"라고 기록되어 있다.

이 문서에도 '3시에 발선(선박의 출발)할 준비를 마쳤다.'고 하였는데, 앞선 일본측 기록과 일치한다. 일본정부에서 보낸 문서내용을 근거로 작성하였음을 알 수 있다.

그런데 배경식부소장은 주한일본공사관 기록에 대하여 "일본 공사관의 사건조사보고서는 사건발생 시각을 새벽 3시경으로 정하고 있다."고 하여 출항준비를 마친 시각 또는 배에서 내린 시각 오전 3시를 쓰치다를 살해한 시각(사건 발생시각)으로 해석하고 있다. 그리고 '칠흑 같은 어둠'이라 살해현장을 잘 볼 수 없었다는 주막 주인 이화보의 진술을 고려할 때, "칼날을 번쩍이며"라는 서술은 있을 수 없고, 극적으로 묘사하기 위한 것뿐이라는 논지를 펼치고 있다.

사건발생시기에 대하여는 이화보의 '초초'와 '재초' 그리고 김창수의 '초초' 등 조서, 그리고 『백범일지』에도 기록된 것이 있다.

이화보의 '초초(初招)'에는[197] "그런데 김창수 일행도 투숙을 하고 날이 밝자(及基天明時하야) 밥을 재촉(催飯)하여 그들이 먹으로 할 즈음에 일본인도 다시 돌아와 밥을 먹은(喫飯) 뒤 그냥 앉아 있었습니다. 그런데 조금 뒤 통역하는 아이가 급히 달려와 싸움이 벌어졌는데...."라고 기록되어 있고, 이화보의 '재초(再招)'에는[198] 김창수가 살해시 사용한 흉기가 무엇인가를 묻는 질문에 대하여, "김창수가 범행을 저지를 때 동행한 세 사람도 같이 덤벼들기에 말리려고 하자 김창수가 달려와 때리고 그들 세 사람 중에 한

197 奎26048, 이화보 초초(보고서 제1호에 첨부), 1896. 8. 31.
198 奎26048, 이화보 재초(보고서 제1호에 첨부), 1896. 9. 5.

사람이 저놈도 때려죽이라고 고함을 치므로 무서워 도망하였습니다. 그 당시는 캄캄 밤중이라 지척을 분별하기 어려웠으므로(伊時黑夜에 咫尺을 難辨이온즉) 범행에 쓴 물건이 무엇인지는 분간하기가 어려웠습니다." 라고 한 것으로 기록되어 있다. 이처럼 이화보의 '초초'에는 날이 밝자 김창수 일행과 쓰치다가 밥을 먹은 뒤 싸움이 시작되었다고 진술한 것으로 기록되어 있으나 '재초'에는 뜬금없이 깜깜 밤중이었다고 진술한 것으로 기록되어 있다.

김창수의 '초초'에는[199] "이튿날 밝은 새벽에 조반을 마치고(淸晨에 早飯을 畢하고) 길을 떠나려 하였는데,......"라고 하였고, 『백범일지』에는 "이화보의 여점에 도착한 때가 자정(夜午)이 넘은 시각이었고, 잠을 잔 후 일어나 보니, 방에 있던 사람들이 모두 아침식사(朝食)를 시작하였다."는 요지의 내용이 기록되어 있다. 그리고 아침식사를 마친 쓰치다의 살해과정에 대해서는 "일시에 발에 채이고 발에 밟히었던 왜놈은 새벽 달빛에 검광을 번쩍이며 내게 달려든다." 라고 하였다.

위의 기록들을 살펴보면 살해시각을 정확히 알 수는 없지만 분명 아침밥(조식, 조반)을 먹고 난 후 날이 밝아오는 새벽이었다.[200] 즉 살해시각은 오전 3시경과 같은 캄캄한 밤중이 아니다.

이화보가 '초초'에서는 살해시각을 "날이 밝을 때"라고 했음에도 '재초'에서는 "캄캄 밤중이라 지척을 분별하기 어려웠으므로..."이라 한 것은 쓰치다의 살해에 개입하지 않았음과 점주로서 살해를 적극적으로 막지 못함에는 이유가 있었음을 입증하려는 이화보가[201] 무언가를 숨기려는 과정에

---

199 奎26048, 김창수 초초(보고서 제1호에 첨부), 1896. 8. 31.

200 3월의 황해도 일출시간을 고려했을 때, 사건발생(살해)시각은 대략 오전 7시로 추정할 수 있다.

201 이화보는 수사단계인 1, 2차 신문(초초와 재초)만을 받은 후 살해에 가담한 혐의가 없음이 인정되어 재판을 받지 않고 석방되었다.

서[202] 거짓진술을 하였거나 또는 경무관 김순근이 작위적(김창수가 칼을 뺏어서 사용한 것을 숨기기 위한 것 등)으로 기록 한 것으로 보아야 한다.

그리고 "김창수의 3차 신문(삼초)에서는 동행인 3명과 방 안의 모든 투숙자들이 분격해서 함께 칼로 죽였다."는 논지처럼 '삼초'에 칼을 사용하여 살해(刺殺)했다는 기록은 없다. 김창수와 이화보의 조서들에는 일관하여 타살(打殺)만을 기록하고 있고, 김창수의 '삼초'에도 쓰치다가 뽑아 든 칼을 뺏어서 찬 후(奪取佩劍) 타살했다고만 기록되어 있다.

『올바르게 풀어쓴 백범일지』 깊이읽기(157쪽)

[쓰치다의 신분에 대한 의혹]

쓰치다 살해 당시의 상황은 33년이 지난 일이라고 느껴지지 않을 만큼 생생하고 구체적으로 묘사되어 있다. 백범은 마치 한 편의 무협소설이나 『수호지』의 영웅담처럼 박진감 넘치게 쓰치다를 죽인 이유와 뒤처리 과정을 매우 논리 정연하게 서술하고 있다. 그러나 이러한 극적인 서술은 백범 본인이 진술한 신문조서와 많은 차이가 있다.

예를 들면 백범이 치하포를 떠날 때 신문조서에서는 나귀를 타고 갔다고 밝혔음에도 불구하고 본문에서는 사건 현장을 유유히 걸어서 떠난 것으로 묘사하고 있다.

치하포 사건에서 제일 논쟁적인 부분은 백범이 살해한 일본인의 신분 문제이다. 백범은 자신이 죽인 일본인을 '육군중위'라고 단정했으나, 지금까지 확인 가능한 어떠한 자료에도 쓰치다가 '육군중위'라는 기록은 없다. 해주부에서 작성한 보고서나 인천감리서에서 열린 세 차례의 재판에서도 쓰치다의 신분과 관련된 신문은 없었다. 만약 쓰치다가 비밀 정탐활동을 목

---

202 이화보는 쓰치다에 대한 폭행 등이 시작된 후 겁이나 도주하였는데, 여점주인으로서 김창수의 살해행위에 협력했다는 혐의로 일본경찰에 체포되어 인천옥에 수감 중이었다.

적으로 조선에 온 일본인이었다면 그렇게 많은 돈을 가지고 다니지도 않았을 것이다.

쓰치다의 신분에 대해서는 이 사건을 다룬 일본공사관 기록에 비교적 상세히 언급되어 있다. 이에 따르면 쓰치다는 나가사키현 쓰시마(대마도)의 이즈하라항 출신으로, 당시 그는 이즈하라항의 무역상 오쿠보키의 고용인으로 조선에 장사하러 온 매약행상이었다. 그는 1895년 10월에 진남포에 도착하여 11월 4일에 행상을 하러 황주로 갔다가 사건 당시 황주 십이포에서 조응두의 배 한 척을 빌려서 통역을 데리고 인천으로 돌아가던 길이었다.

쓰치다가 살해될 무렵 단발령으로 고조된 반일감정으로 일본인 60여 명이 피해를 입었다. 상황이 다급해지자 일본공사관에서는 조선 내지에 들어가 있는 일본인들에게 전원 인천으로 철수할 것을 지시했다. 재빨리 안전지대로 철수하지 못한 일본인들은 조선인의 위협을 막기 위해 한복을 입고 조선인으로 위장하기도 했는데, 황해도 오지로 매약행상을 갔던 쓰치다도 바로 이 경우에 속했다. 만약 쓰치다가 본문에서처럼 조선어를 유창히 할 수 있었다면 굳이 통역을 데리고 다니지 않았을 것이다.

일본공사관의 조사보고서와 조선 관리들의 보고서, 그리고 [독립신문]의 사건 보도는 한결같이 쓰치다의 신분을 '상인'으로 적고 있다. 또한 재판기록이나 일본공사관의 문서에서도 쓰치다의 신분 문제가 논란이 되었던 흔적은 발견되지 않고 있다. 결국 당시의 정황과 여러 기록을 종합해 볼 때, 백범의 주장대로 쓰치다를 육군중위로 보기는 어렵다.

백범은 쓰치다가 육군중위가 아니라는 사실을 알고 있었을 것이다. 그렇다면 왜 백범은 자신이 죽인 일본인을 한사코 '육군중위'라고 했을까? 조심스럽게 추론하자면, 아마도 의도된 기술이었을 가능성이 높다. 만약 자신이 죽인 일본인이 민비 시해와 아무런 관련이 없는 민간인(상인)이었다는 것을 인정하게 된다면 '민비 복수'라는 스스로 정당화시킨 대의명분이 성립되지 않기 때문이다. 그것은 백범이 목숨보다 더 소중히 여긴 평생 신념인 '의리'에도 위배되는 일이었다. 따라서 치하포 사건을 자신의 일생의 공적으로 [백범일지]에 자랑스럽게 서술하지도 않았을 것이다.

쓰치다의 사후 행적과 관련하여 충격적인 일은 치하포 사건이 있은 지 10년 뒤에 쓰치다의 후손이 한국정부로부터 공식적인 절차를 거쳐 배상금을 지급받았다는 사실이다. 일본정부는 아관파천을 전후하여 조선인들에게 피해를 입은 일본인들에 대한 피해 보상을 한국정부에 끊임없이 요구했다. 그러나 대한제국의 어려운 재정상황이나 당시의 분위기로 배상금 지불은 현실적으로 불가능했다. 한국정부는 여러 가지 핑계를 대면서 배상금 지불을 용케도 미루었다. 일본정부는 이 사실을 잘 알고 있음에도 불구하고, 책임자가 여러 번 바뀌는 과정에서도 계속해서 배상금 지급을 요구했다. 한국정부는 이러한 일본정부의 집요한 요구를 거절하지 못하고 사건이 발생한 지 10년이 지난 1905년 3월에 마침내 '내탕금'(고종의 개인 정치자금)으로 배상금을 지불했다.

피해보상 대상자는 피해자의 직계가족인 정상상속인과 공정위임장을 가진 사람으로 제한했는데, 쓰치다의 유가족은 정상상속인으로서 3,778원 59전의 배상금을 지급받았다. 태평양전쟁에 강제로 끌려가서 일본군의 성노예가 되었던 위안부 여성들(책에는 종군위안부로 서술되어 있습니다.)이 아직도 일본으로부터 제대로 된 배상은커녕 공식적인 사과도 받지 못하고 있는 가슴 아픈 현실을 생각할 때, 당시의 배상금 지급의 의미를 곰곰이 되짚어볼 필요가 있다.

앞의 글은 『올바르게 풀어쓴 백범일지』의 '깊이읽기'를 옮겨온 것으로 배경식부소장은 '쓰치다의 신분에 대한 의혹'이라는 제하에 많은 논지들을 펼치고 있다.

먼저 "백범은 마치 한 편의 무협소설이나 『수호지』의 영웅담처럼 박진감 넘치게 쓰치다를 죽인 이유와 뒤처리 과정을 매우 논리 정연하게 서술하고 있다. 그러나 이러한 극적인 서술은 백범 본인이 진술한 신문조서와 많은 차이가 있다.”고 하여 『백범일지』 서술을 ‘무협소설’이나 『수호지』의 영웅담에 비견하고 있다. 그리고 조서와 차이가 나는 사례로 나귀를 타고 갔다고 기록된 것을 들었다. 그러나 그러한 사례와 반대로 쓰치다가 변복을 하고 있었다거나 쓰치다에게 칼을 사용한 사실 등이 『백범일지』와 달리 조서에 전혀 기록되어 있지 않은 사례들은 어떻게 설명할 것인지 궁금하다.

특히 배경식부소장은 “백범 본인이 진술한 신문조서”라고 강조하여 조서에 김구가 진술한 내용이 그대로 담겨있는 것으로 단정 짓고 있다. 『백범일지』 그리고 수사와 재판에서 작성된 조서, 상주안건(김창수 안건) 간에 다른 부분들이 있는 가에 대하여는 종합적으로 판단하여야 한다. 김구의 친필서명이 들어있지 않은 조서들을 김구가 진술한 그대로 기록되었다고 판단하고, 『백범일지』 기록에만 문제가 있는 것처럼 서술한 것은 지나치다.

‘깊이읽기’ 논지의 문제점은 나누어 살펴보았다.

첫째, “치하포 사건에서 제일 논쟁적인 부분은 백범이 살해한 일본인의 신분 문제이다. 백범은 자신이 죽인 일본인을 ‘육군중위’라고 단정했으나, 지금까지 확인 가능한 어떠한 자료에도 쓰치다가 ‘육군중위’라는 기록은 없다. 해주부에서 작성한 보고서나 인천감리서에서 열린 세 차례의 재판에서도 쓰치다의 신분과 관련된 신문은 없었다. 만약 쓰치다가 비밀 정탐활동을 목적으로 조선에 온 일본인이었다면 그렇게 많은 돈을 가지고 다니지도 않았을 것이다.”라고 한 부분이다.

먼저 “지금까지 확인 가능한 어떠한 자료에도 쓰치다가 ‘육군중위’라는 기록은 없다.”고 하였는데 사실이 아니다. 1920년 3월 15일 상해총영사[203]

---

203 상해총영사관은 당시 중국에서 첩자와 밀정을 진두지휘했던 일본정부 기관으로 김구

야마자키(山崎聲一)가 일본의 외무대신 우치다 고사이(內田康哉)에게 보고한 문서에는[204] "김구는 황해도 출신으로서 민비사건에 분개하여 소위 국모복구(國母復仇: 국모보수)의 소요가 발생했을 때 일본장교(少尉라 함)를 살해한 관계자로 형벌을 받은 일이 있고...."라고 하여 '일본군장교(소위)'를 언급한 기록이 있다.

　그러나 일본군장교의 이름이 기록되어 있지 않은 것과 '치하포 사건' 발생 후 24년 후의 기록이라는 점에서 쓰치다의 신분이 "일본장교였다."라는 결정적 자료로 주장하긴 어렵지만 일본정부기록으로 '일본장교(소위)'라고 판단하게 된 다른 근거(문서 등)가 있었을 가능성이 있으므로 일본 측 사료 추적 등 연구해 볼 가치가 있는 자료이다.

 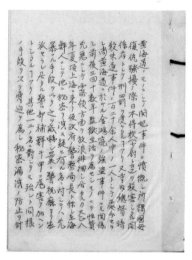

중요한 배일파(排日派) 선인(鮮人)의 약력(김구 쪽)

등 임시정부 요인 체포와 암살을 시도했다. 특히 밀정들의 끊임없는 투입으로 김구와 임정요인들은 내내 암살시도에 시달렸다.

204 일본외무성기록, 不逞團關系雜件 － 鮮人의 部 － 在上海地方 2, '重要한 排日派 鮮人의 略歷 送附의 件'의 첨부문서(중요한 배일파 선인의 약력), 1920.3.15.

또 "해주부에서 작성한 보고서나 인천감리서에서 열린 세 차례의 재판에서도 쓰치다의 신분과 관련된 신문은 없었다."고 하였는데, 해주부 보고서(김창수 공안 첨부)나 수사와 재판과정에서 작성된 조서에 쓰치다의 신분과 관련된 신문이 없었다고[205] 강조 한 것은 수사와 재판과정에서 쓰치다의 신분이 상인(민간인)이라는 것과 관련하여 아무런 문제 제기가 없었기 때문이라고 결론을 내린 듯하다.

하지만 이들 조서(초초, 재초, 삼초)에는 『백범일지』에 기록된 '육군중위'라는 기록은 없지만 '상인'이라는 기록도 없다. '일인(日人)'이라 기록되어있을 뿐으로, 쓰치다의 신분이 '상인' 또는 '육군중위'였다라고 판단할 수 있는 문서들이 아니다. 그러므로 이들 조서에 신분과 관련된 신문(질문과 답변)이 기록되어있지 않은 이유를 '육군장교'가 아닌 '상인'이었기 때문이라고 결론을 내릴 수는 없다.

수사와 재판단계에서의 작성된 김창수와 이화보에 대한 총 다섯 차례의 신문에 따른 조서에 소위 '피해자'인 쓰치다의 신분과 조선에서의 구체적 활동상황이 기록되지 않는 이해할 수 없는 현상이 왜 발생했는지 곰곰이 생각해 보아야 한다.[206]

또 "만약 쓰치다가 비밀 정탐활동을 목적으로 조선에 온 일본인이었다면 그렇게 많은 돈을 가지고 다니지도 않았을 것이다."라고 한 부분이다. 즉 첩자가 800여 냥 가량의 많은 돈을 가지고 다닌다는 것은 어울리지 않

---

205 "쓰치다의 신분과 관련된 신문이 없었다."고 한 것은 조서에 쓰치다의 신분과 관련된 기록이 없는 것을 근거로 내린 결론이다. 그러나 이는 쓰치다의 신분과 관련된 신문(질문과 답변)이 있었을 것이나 조서에 의도적으로 기록되지 않았다고 봄이 타당하다.

206 5차례에 걸친 조서에 쓰치다의 신분이나 정체와 관련된 기록은 김창수의 '초초'에 '단발을 한 수상한 사람'이라고만 기록한 것이 전부이다. 김창수가 '수상한 사람'이라고 진술했다면 왜 수상하다고 판단됐는지도 당연히 진술(변복과 조선인 행세 등)했을 것이므로 이도 조서에 기록되었어야한다. 경무관 김순근이 그 사실을 의도적으로 조서에 기록하지 않았다고 봄이 타당하다.

는다는 논지다. 800여 냥은 현재가치로 봤을 때 어느 정도 되는 지 정확히 알 수는 없지만 당시 나귀 한필에 75냥이라고 하였으니 나귀 12필 정도 살 수 있는 돈이다.

첩자가 정탐활동을 하거나 어떠한 주어진 임무를 수행하기 위해서는 활동비(공작금)가 필요한 것은 주지의 사실이다. 첩자의 활동목적이나 수준에 따라 보통 사람들이 상상할 수 없을 정도의 많은 돈을 소지할 수도 있다. 돈이 많고 적음에 따라 상인이냐, 첩자이냐를 구분 할 수 없다는 의미이다.

둘째, "쓰치다가 살해될 무렵 단발령으로 고조된 반일감정으로 일본인 60여 명이 피해를 입었다. 상황이 다급해지자 일본공사관에서는 조선 내지에 들어가 있는 일본인들에게 전원 인천으로 철수할 것을 지시했다. 재빨리 안전지대로 철수하지 못한 일본인들은 조선인의 위협을 막기 위해 한복을 입고 조선인으로 위장하기도 했는데, 황해도 오지로 매약행상을 갔던 쓰치다도 바로 이 경우에 속했다. 만약 쓰치다가 본문에서처럼 조선어를 유창히 할 수 있었다면 굳이 통역을 데리고 다니지 않았을 것이다."라고 한 부분이다.

1894년 발생한 청일전쟁에서 승리한 일제는 '내정간섭' 등 조선 땅에서 패권국으로서 위세를 더욱 떨치게 되었고, 침략의 야욕을 본격적으로 드러내기 시작했다. 이러한 배경 속에서 발생한 변란이 명성황후시해, 단발령 등이었고, 이런 만행들을 견디지 못하고 고종이 러시아 공사관으로 피신하는 일이 발생했다. 이러한 일련의 사안들과 조선정부의 무능과 부패가 이어지면서 조선백성들은 분노하였고, 전국적으로 의병이 봉기하여 일제에 대한 저항과 공격이 이뤄졌다. 이러한 배경 설명 없이 단순히 "단발령으로 고조된 반일감정으로 일본인들이 피해를 입었다."는 설명은 침략국의 사람들이 단순 피해자로 비춰지고 일제의 침탈과 만행에 대하여 저항을 하였던 의병 등 조선사람들은 일본정부 문서에 기록된 '폭도(暴徒)'나 '적도(賊徒)', '비도(匪徒)' 등의 포악한 가해자로만 비춰질 수도 있음에 유의하여야 한다.

당시에 조선인에 대한 일제의 만행 사례는 셀 수 없지만 '치하포사건' 발생시기와 거의 같은 시기에 발생한 것으로, 일본군이 안동부(安東府)의 민가를 모두 불태운 천인공노할 사건이 있었다. 1896년 3월말 일본군이 의병 7,000~8,000여 명과 전투를 치른 후인 4월 2일, 일본군 50여 명이 안동부에 들어와서 민가 1,000여 호를 모두 불태웠던 사건으로 생지옥 같은 일이 벌어졌으니 당시 안동부민들의 통곡소리가 진동했을 것이다.

일본군이 이러한 끔찍한 일을 벌인 사유는 안동부민들이 '의병들을 접대하고 물자를 공급해주었다는 것'으로 보복차원에서 행한 일이었다.

그러나 조선인들이 엄청난 피해를 본 사건이 발생했음에도 1896년 4월 26일 이완용외부대신은 고무라공사에게 보낸 항의성 문서를[207] 통하여 "귀 공사께서는 살펴보시고 각 지방에 주둔하고 있는 귀 병참부에 엄히 전칙(轉飭)하여 다시는 이러한 일을 범하지 않도록 하시기 바랍니다."라고 하여 피해보상과 책임자 처벌을 강력히 요구한 것이 아닌 '재발방지'라는 의례적이고 형식적인 요구만 하였다.

이에 따라 1896년 5월 15일 고무라공사가 이완용외부대신에게 회답한 문서를[208] 살펴보면 고무라공사는 후비보병(後備步兵) 제10연대 제1대대장 이즈노 센리(伊津野千里)가 보고한[209] 내용 그대로 "민가를 불태운 것은 교전 중에 뜻하지 않게 발생한 일로서 갑자기 불이 나고 큰 바람이 세차게 불어

---

207 주한일본공사관기록 11권, (32)日軍의 安東 民家放火에 대한 단속과 항의, 1896. 4.26
208 주한일본공사관기록 9권, 제36호, (12)日軍의 安東民家 放火事件(千餘戶 全燒)에 대한 解明, 1896.5.15
209 주한일본공사관기록 8권, 發第23號, (38)경북지방 暴徒擊退狀況 보고, 1896.4.30

와 불행하게도 사방으로 불길이 번져나갔다."고 뻔뻔스럽게 거짓말을 하고 있다.

그리고 배경식부소장은 "일본공사관에서는 내지에 들어가 있는 일본인들에게 전원 인천으로 철수할 것을 지시했다."고 했는데, 이는 '치하포사건'에서 "쓰치다가 인천으로 귀항 중 살해당했다."는 일본정부의 문서와[210] 연결시키기 위한 논지로 보인다.

또한 내지에 들어가 있는 일본인이라면 행상인뿐만 아니라 거류민, 어업인, 무역상, 군인, 경찰, 정탐활동 중인 첩자, 낭인 등이 포함 될 수 있는데, 이들을 전원 인천으로 철수할 것을 지시했다는 것인지 알 수가 없다. 의병들의 봉기에 따라 이러한 결과를 낳았다면 엄청난 성과 아닌가? 사실은 무엇인가?

1896년 2월 8일 외부대신 이완용이 일본 고무라공사(小村公使)에게 보낸 문서에[211] "우리나라 각 지방관들의 조회로 추한 백성(莠民: 유민)들이 이합집산하며 소요를 일으켜 그 상황이 심상치 않음을 듣고 놀랐습니다. 그래서 본 대신은 외국의 신상(紳商: 고급상인)들이 각 지방을 돌아다니며 행상을 하고 있는 이 때, 뜻하지 않은 변을 당할까를 걱정하여 각 지방관에게 피해자가 없도록 힘써 보호해 주라는 훈칙을 내려두었습니다. 그 비도(匪)들은 무식하고 완고(頑頑: 치완)하며, 그들의 불법적 소요를 볼 때 훈칙(훈령)을 따른다는 것을 바랄 수가 없습니다. 귀 공사께서 우리나라 각 지방에 포고하시되, 귀국의 신상(紳商)들을 잠시 한성으로 불러들여 비도(匪)들의 소요가 없을 때를 기다렸다가 다시 나가도록 하심이 선린의 우의에 부응하

---

210 주한일본공사관기록 9권, (5)일본인 쓰치다 조스케의 피살사건과 범인체포요구 건(공문제20호), 1896.3.31

211 주한일본공사관기록 9권, (4)騷擾가 발생한 지방의 日本人 行商者 京城召還 要請(조회제8호), 1896.2.8

는 길이기에 조회하니 귀 공사는 그리 아시기를 바랍니다."라고 했다고 기록되어 있다.

이 문서를 보면 이완용은 고무라공사에게 일본행상인들을 '한성(서울)'으로 불러들였다가 의병들의 봉기가 잠잠해지면 그 때 다시 상행위를 계속할 것을 권유하고 있다.

이에 따라 1896년 2월 17일 고무라공사가 하기와라영사에게 보낸 문서에[212] "내지에 들어가 있는 우리 국민에게 되도록 이번 사변을 통보하여 가능한 한 그 가장 가까운 우리 거류민 지역 혹은 우리 국민이 많이 거주하는 장소에 회합하여 철수할 준비를 하도록 유달(諭達)하였음.[213] 개성은 불온하다는 보고가 있었으므로 순사를 파견하여 그곳 거주민을 인천 또는 이곳으로 철수시켰음. 평양은 불온할 염려가 있으므로 이 지방의 국민을 일단 그곳에 집합시킬 필요가 있을 경우에는 도선(渡船)을 대동강구로 보낼 작정임."이라고 하였고, 1896년 6월 17일에 가토 마스오(加藤增雄)공사가 경성·인천·부산·원산영사에게 보낸 문서에는[214] "올해 2월 이후 이 나라의 내지상황이 불온하고, 이 나라 외부대신으로부터 의뢰받은 사정도 있어서 일시적으로 우리 행상자(行商者)들의 철수를 명령하고 또 일반인들에게 내지행상을 못하게 하였다."고 한 것을 보았을 때, 철수령은 내지(內地)에 들어가 있는 '행상인'들에 대하여 내려졌음을 알 수 있다.

거류민에 대하여는 개성의 거류민은 인천과 서울로 철수시켰고, 평양 거류민에 대하여는 상황이 악화되면 철수 등을 검토하겠다는 것으로, 다

---

212 주한일본공사관기록 10권, (59)在鮮 日本人 保護措置 報告 件, 1896.2.17
213 이 문서를 보았을 때 행상인에 대한 철수령은 1896년 2월 17일 이전에 내려졌음을 알 수 있다.
214 주한일본공사관기록 8권, (58) 평온한 지방에 한하여 內地行商을 許可하는 件, 發第54號~發第57號, 1896.6.17

른 문서에도 평양거류민에 대하여 철수를 검토하고 있다는 기록은 여러 건 보이나 실지로 철수 하였다는 기록은 발견할 수 없다. 즉 거류민이 실지로 철수한 곳은 개성 한 곳뿐이다.

그러나 '행상인'에게 내려졌던 철수령은 얼마 지나지 않은 1896년 4월에 이르러서 정세가 안정되어가고 있다고 판단한 일본정부에 의해 철수령 해제를 검토하기 시작했고, 안정된 지역부터 해제가 이뤄졌다.

이런 사실들이 있음에도 "일본공사관에서는 내지에 들어가 있는 일본인들에게 전원 인천으로 철수할 것을 지시했다."는 논지는 이해하기 어렵다.

의병 등의 봉기에 따라 "일본공사관에서 내지에 들어가 있는 일본인들에게 전원 인천으로 철수할 것을 지시했다."는 것은 일제가 일본인거류지 확대, 개항장 확대, 어업권 확대, 상권 확대, 일본군부대의 각 지역 주둔 확대 등 그 동안 조선에서 펼친 여러 지배력 확대정책을 포기하는 조치라고 볼 수도 있는데, 청일전쟁 이후에 패권국이 된 일본이 과연 전국에 분포되어 있던 내지의 일본인들을 전원 인천으로 철수할 것을 지시한 사실이 있었는지 궁금하다.

오히려 고무라공사는 의병탄압을 빌미로 일본군의 각 지역 주둔이 늘어남에 따라 이를 우려한 조선정부에서 그 일본군대의 철수를 요구했으나 이를 거부하기까지 했다.

1896년 3월 2일 이완용외부대신은 고무라공사에게 "일병(日兵)은 원래 각 지방의 소요를 진압하기 위하여 파견을 요청하였던 바이나 현재는 아국의 위병대졸(衛兵隊卒)이 정비되어 스스로 국내의 불우(不虞)를 방비할 수 있으니 아국경내 각처에 주둔하고 있는 일본병은 속히 철환(撤還)케 하라."고 조회하였고[215], 이에 대하여 고무라공사는 1896년 3월 11일 이완용 외

---

215 고종시대사 4집, 조회, (이완용이 고무라공사에게), 1896.3.2

부대신에게 보낸 문서를[216] 통하여 "현재 귀국 내지(內地)의 형세가 매우 불온(不穩)하다고 확인하고 있으므로, 우리 공사관과 영사관 및 거류민 보호를 위해 우리 수비대 병정을 주둔시키는 것은 특히 부득이한 정세이다. 따라서 향후 귀국 내지의 형세가 완전히 평온해지고 우리 공사관 및 거류민에 대하여 위험의 염려가 없어질 때까지 우리 수비대 병정을 철수시킬 수없다."라고 기만하면서 조선정부의 철수 요구을 거부하였다.

이처럼 조선에서의 영향력 확대에 혈안이 되어있던 일본정부가 의병들의 봉기에 따라 위해를 입을 가능성이 있다고 판단되는 지역의 일본행상인에 대하여 철수지시를 내리고, 극소수 거류민들을 철수시킨 것은 그들로서는 원치 않는 불가피한 선택이었다.

다음은 "재빨리 안전지대로 철수하지 못한 일본인들은 조선인의 위협을 막기 위해 한복을 입고 조선인으로 위장하기도 했는데, 황해도 오지로 매약행상을 갔던 쓰치다도 바로 이 경우에 속했다. 만약 쓰치다가 본문에서처럼 조선어를 유창히 할 수 있었다면 굳이 통역을 데리고 다니지 않았을 것이다."라고 한 부분에 대한 것이다.

"재빨리 안전지대로 철수하지 못한 일본인들은 조선인의 위협을 막기 위해 한복을 입고 조선인으로 위장하기도 했는데, 황해도 오지로 매약행상을 갔던 쓰치다도 바로 이 경우에 속했다."고 하여, 평범한 일본인들이 조선인의 위협을 막기 위해 한복을 입고 조선인으로 위장하는 것은 자연스러운 일이라는 '일반화'를 하고 있고, 이에 따라 쓰치다도 조선인의 위협을 막기 위해 조선인으로 위장했다고 단정 짓고 있다.

즉 "안전지대로 철수하지 못한 일본인들은 조선인의 위협을 막기 위해 한복을 입고 조선인으로 위장하기도 했는데, 황해도 오지로 매약행상을 갔

---

216 주한일본공사관기록 11권, (71)日兵 撤收 不能事由 照覆, 제9호, 1896.3.11

던 쓰치다도 바로 이 경우에 속했다."고 한 것은 매약상인 쓰치다가 철수가 늦어지자 조선인의 위협을 막기 위해 한복을 입고 조선인으로 위장한 것이므로 순수한 민간인(매약상)이라는 점에 의심을 할 요소가 없다는 논지이다.

그러나 이를 일반적인 상황으로 단정을 짓기 위해서는 "안전지대로 철수하지 못한 일본인들이 조선인의 위협을 막기 위해 한복을 입고 조선인으로 위장하였다."는 사례들이 있어야 한다.

'치하포사건' 발생과 거의 같은 시기에 일본인이 한인(조선인)으로 가장하여 정탐활동(첩자)을 한 사례는 있다.

1896년 5월 2일 하기와라영사가 고무라공사에게 보고한 문서[217] 중에 하기와라영사가 일본 육군 나카가와(中川) 대위(大尉)와 나눈 이야기가 포함되어 있는데, 나카가와 대위가 의주 주둔 중 일본인을 한인으로 가장시켜서 압록강을 건너 성경성(盛京省) 경내에 이르기까지 정찰토록 했고, 그 결과 "그 인원(3,000명) 중 1,000명은 기병이고 나머지는 보병이라는 것과 그들의 성질 등을 탐지 했다."는 내용이 기록되어 있다.

행상인 철수령과 관계없이 국경까지 일본군과 일본인이 활동하고 있었다는 것(나카가와대위 본인부터 변복을 하고 첩자임무를 수행 중이었을 가능성도 있다.)과 일본군이 일본인을 조선인으로 가장(변복)시켜 정탐활동에 이용했음을 알 수 있는 자료로, 이들 일본인들의 변복과 조선인 행세는 '조선인의 위협'과는 아무런 관련이 없으며 변복한 일본인은 첩자의 신분이다.

이처럼 첩자 등 특수한 목적을 가진 일본인이 조선인 복장을 하고 조선사람인 것처럼 활동한 사례들은 어렵지 않게 찾아 볼 수 있다.

---

217 주한일본공사관기록 10권, (5)청병에 관한 나카가와대위의 담화 보고 건(기밀제4호), 1896. 5. 2.

또 일본상인이 취향이나 조선인들에게 친근감을 주기 위한 상술에 따라 한복을 입는 것을 상상할 수 있고 그러한 일이 실지로도 있었다(본서 215쪽 참조). 그러나 쓰치다의 경우와 같이 한복을 입는 것뿐만 아니라 조선 사람인 것처럼 거짓말까지 하면서 조선인 행세를 하는 것과는 전혀 다른 상황이다. 더욱이 쓰치다는 조선인으로 위장한 것뿐만 아니라 품에 칼까지 숨기고 있었다.

다음은 "만약 쓰치다가 본문에서처럼 조선어를 유창히 할 수 있었다면 굳이 통역을 데리고 다니지 않았을 것이다."라고 한 부분에 대한 것이다.

이는 『백범일지』에 쓰치다가 "성은 정씨이고 장연에 살고 있다."라거나 "진남포에 간다."고 조선말을 했다는 것과 "그 왜인은 복색만 아니고 조선어가 능한데 네 어찌 왜인으로 알았느냐?"라고 김구가 이화보에게 질문한 것 등 쓰치다가 조선말을 별 어려움 없이 사용하였다는 것을 부정하고 있다. 그리고 그 이유로 '통역'을 데리고 다닌 것을 들었다.

여기서 통역으로 지칭하는 사람은 '치하포사건' 발생시 쓰치다의 피고용인으로 이화보의 여점에 함께 들렸던 임학길(당20세, 용강출신)이다. 임학길에 대하여 '통역'이라 기록된 문서는 1896년 9월 31일 작성된 이화보의 '초초'로[218] 이 조서에 '통사아(通辭兒: 통역하는 아이)'라고 기록되어 있는 것이 전부이다. '통사아(通辭兒)'란 문구가 이화보의 입을 통해서 나왔는지 아니면 신문을 주재하고 조서를 작성하였던 인천항경무서 경무관 김순근이 일본관리들의 압력이나 사주를 받아 선택한 문구인지 알 수는 없지만 임학길의 주된 임무가 통역이라 단정 짓고 쓰치다가 조선말을 하지 못했을 것이라고 판단하는 것은 지나치다.

---

218 奎26048, 이화보 초초(보고서 제1호에 첨부), 1896. 8. 31.

당시의 일본정부부서간 내부문서에는[219] 임학길을 언급할 때, "쓰치다 조스케의 종복 한인(土田讓亮從僕韓人)"이라고 하여 임학길을 사내종이나 사내하인을 의미하는 '종복(從僕)'이라 기록하고 있다.

일본정부 문서에는 "쓰치다 조스케가 1895년 10월 진남포에 도착했다."고 기록하고[220] 있다. '치하포사건' 발생 5개월 전이다. 하지만 그 이전에 한성(서울)이나 인천 등 다른 지역에도 거주하였는지와[221] 이때가 조선을 첫 방문한 것인지 아니면 재방문이었는지에 대하여는 확인할 수 없다.

셋째, "백범은 쓰치다가 육군중위가 아니라는 사실을 알고 있었을 것이다. 그렇다면 왜 백범은 자신이 죽인 일본인을 한사코 '육군중위'라고 했을까? 조심스럽게 추론하자면, 아마도 의도된 기술이었을 가능성이 높다. 만약 자신이 죽인 일본인이 민비 시해와 아무런 관련이 없는 민간인(상인)이었다는 것을 인정하게 된다면 '민비 복수'라는 스스로 정당화시킨 대의명분이 성립되지 않기 때문이다. 그것은 백범이 목숨보다 더 소중히 여긴 평생 신념인 '의리'에도 위배되는 일이었다. 따라서 치하포 사건을 자신의 일생의 공적으로 『백범일지』에 자랑스럽게 서술하지도 않았을 것이다."라는 논지에 대한 것이다.

배경식부소장은 "쓰치다가 명성황후 시해와 관련이 없는 민간인(상인)이었음을 인정하게 되면 '민비 복수'라는 스스로 정당화시킨 대의명분이 성립되지 않기 때문이다."라고 함으로써 '정당화시킨 대의명분(국모보수) 성립'을 위하여 쓰치다가 상인이라는 것을 알고 있었으면서도 이를 인정하지

219 한국근대사자료집성 8권 국권회복, (2)히라하라경부 평양출장 시말보고건(공신 제90호), 1896. 4. 2.

220 재인천추원사무대리발신원외무차관완공신요지(在仁川萩原事務代理發信原外務次官宛公信要旨), 1896. 4. 6, 백범김구전집(3)

221 『백범일지』에 쓰치다가 황해도(장연) 사투리가 아닌 서울말을 했다고 한 기록을 보았을 때, 쓰치다가 이전에 서울이나 서울 인근에 거주하였음을 추정할 수 있다.

않고, 육군중위라고 거짓으로 기록했다(의도된 기술)는 논지를 펼치고 있다.

'육군중위' 여부는 뒤로하고 김구가 쓰치다의 신분을 '상인'으로 알고(인정하고) 있었다는 추론은 어떻게 가능한지 알 수가 없다.

앞서 언급한 대로 조선정부의 많은 문서들, 인천감리서에서의 김창수와 이화보의 조서 등 어디에도 쓰치다가 '상인'이라는 기록은 없다. 수사와 재판이 끝난 후인 1896년 9월 12일 하기와라 인천영사가 인천항재판소 판사 이재정에게 보낸 문서에[222] '아상(我商: 우리나라 상인)'이라고 조선정부에 공표한 것이 처음이다.

이때부터 조선정부의 문서와 신문 등에 쓰치다의 신분을 '상인'이라 기록하기 시작했다. 세 차례에 걸친 조서에도 쓰치다의 신분으로 '상인'이 언급되지 않았으니 김구가 쓰치다를 상인이라고 한 기록을 처음 본 것은 1896년 11월 7일자 『독립신문』을[223] 통해서였을 것이다. 이때는 재판소의 설립 등 근대사법제도가 도입된 시기이긴 하지만 '피의자'나 '피고인'의 알 권리 등 인권에 대한 의식이 없던 시기이기도 하다.

이 신문에는 법부에서 임금에서 김창수를 비롯한 11명의 사형수에 대한 사형집행을 주청하는 '상주안건' 내용이 보도가 되었는데, 김창수 관련 내용은 다음과 같다. "그 전 인천재판소에서 잡은 강도 김창수는 자칭 좌통령이라고 하고 일상 토전양량을 때려죽여 강에 던지고 재물을 탈취한 죄로 교에 처하기로 하고", 이와 같이 쓰치다 조스케(土田讓亮)의 신분을 일상(日商)이라고 기록하고 있다. 『백범일지』에는 이 보도를 보았다고 했으니 분명 '일상'이라는 기록도 보았을 것이다.

『독립신문』에서 쓰치다를 상인이라고 보도한 것은 이것이 처음은 아

---

222 奎26048, 仁府 제150호, 보고서 제1호(9.13)에 첨부, 1896. 9. 12.(하기와라 슈이치가 이재정에게)
223 『독립신문』 '잡보', 1896년 11월 7일자

니다. 1896년 9월 22일자에는 "9월 16일 인천감리 이재정이 법부에 보고하였는데, 해주 김창수가 안악군 치하포에서 일본장사(꾼) 토전양량을 때려죽여 강물 속에 던지고 환도와 은전을 많이 뺏었기에 잡아서 공초를 받아 올리니 조율처판하여 달라고 하였더라."라는 기사가 실렸는데, 이 기사도 하기와라영사가 쓰치다가 '상인'이라고 통보한 이후의 기사이다. 하지만 『백범일지』에는 이 날자 신문을 보았다는 기록이 없다. 11월 7일자 신문기사는 김창수를 포함한 사형수 11명에 대한 기사이나 9월 22일자 기사는 김창수 단독에 대한 기사이다. 더구나 인천감리 이재정이 김창수가 강도행위(환도와 은전 많이 뺏었다.)를 했다고 보고한 것으로 기사화되었으니, 이재정이 이 신문을 김창수가 보게 되는 것을 철저히 막았던 것이거나 『독립신문』이 창간된 시기가 1896년 4월 7일로 아직 인천감리서까지 보급 확대가 안 되었기 때문일 수도 있다.

여하튼 신문보도 등을 통하여 쓰치다를 '상인'이라고 한다는 것을 알았겠지만 김구는 쓰치다가 '상인'이었다고 인정한 적이 없다.

진술내용 기록에 많은 변수가 작용하였던 인천감리서에의 조서와는 달리 김창수의 의사가 대부분 그대로 담겨있다고 볼 수 있는 문서가 있다. 그것은 1898년도와 1899년도에 올린 청원서와 소장들이다 이 청원서와 소장에는 쓰치다의 신분과 관련된 내용들이 포함되어 있는데, 쓰치다가 칼을 차고 변복을 하고 있었으며, 수상한 행동을 하였음을 끊임없이 주장하고 있다.

『백범일지』에는 쓰치다의 신분과 관련된 내용들이 다음과 같이 기록되어 있다.

"성은 정(鄭)이라하고 거주하는 곳은 장연이라 한다, 말투는 장연말이 아니고 서울말인데, 촌옹(村翁: 촌노인)들은 그를 진짜 조선인으로 알고 이야기를 나누고 있었으나, 내가 말을 듣기에는 분명 왜놈이었다. 자세히 살펴보니 흰 두루마기 밑으로 칼집이 보였다. 가는 길을 물어보니 진남포로 간다고 했다.

나는 그놈의 행색에 대해 곰곰이 생각해 보았다. 이곳 치하포는 진남포 맞은편 기슭이므로 매일매일 평범한 일본상인(商倭)이나 일본기술자(工倭) 등 여러 명의 왜인들이 자기들의 본래 행색대로 통행하는 곳이다. 그러므로 왜인이 조선인으로 위장한 것은 지금 서울에서 일어난 분란으로 인하여 민후(閔后: 명성황후)를 살해한 미우라 고로나 그의 일당이 몰래 도주코자함이 아닌가 하는 의심이 들었다."

이 『백범일지』 기록처럼 '청원서'와 '소장'에도 대부분의 내용이 똑같이 기록되어 있다. 인천감리서에서의 수감생활 중 또는 탈옥 직후에 작성된 '청원서'와 '소장' 기록이 30여 년이 흘러 집필한 『백범일지(상권)』 기록과 동일한 것은 우연의 일치라 할 수 없다.

요약하면 김구는 쓰치다를 "평범한 일본상인(商倭)이나 일본기술자(工倭)"로 본 것이 아니고 '변복을 하고 칼을 찬 수상한 일본인'으로 국가와 민족에 해를 끼치는 '독균' 같은 존재로 보았던 것이다.

그러므로 김구가 마음속으로는 쓰치다의 신분을 상인이라 인정하고 있었음에도 육군중위라고 했다는 취지의 글은 이해하기 어렵다.

마찬가지로 "백범은 쓰치다가 육군중위가 아니라는 사실을 알고 있었을 것이다."라는 추론도 근거가 없다. 이것은 김구가 쓰치다를 '육군중위'라고 믿거나 추측하게 된 어떠한 사유도 없었을 것이라는 전제가 필요한 추론이다.

'육군중위 여부'에 관하여는 본서 241쪽에서 다뤘다.

또한 '국모보수'란 대의명분의 대상이 된 일본인을 명성황후 시해에 가담한 일본인으로 한정 짓는 듯한 설명도 지나치다. 『백범일지』에는 다음과 같이 기록되어 있다.

> "하여튼지 칼을 차고 밀행하는 왜인이라면 우리 국가와 민족에게 독균(毒菌) 같은 존재임이 명백(明白)하다, '저놈 한 명을 죽여서라도 국가에 대한 치욕을 씻으리라'"

여기서 '국가와 민족에 유해한 독균 같은 존재'에는 물론 명성황후시해에 가담한 자들도 포함되겠지만, 명성황후 시해와 관계가 없는, 조선에서 적대적인 활동을 하던 일본군인, 일본경찰, 일본첩자, 일본낭인 등이 포함되는 설명이다.

김구도 『백범일지』에 살해 후에 일본인의 소지품을 통하여 일본인의 이름이 '쓰치다'임을 확인했다고 기록하고 있다. 명성황후 시해를 주도한 '미우라'라거나 그 일당이라고 한 것은 아니다.

또한 "치하포 사건을 일생의 공적으로 『백범일지』에 자랑스럽게 저술"이라 하였는데, 『백범일지(상권)』를 집필한 동기를 살펴보아야 한다. 김구는 『백범일지(상권)』 집필을 마치고, 어린 자녀들이 성장한 후에 유서처럼 전달되기를 바랐고, 일반인들에게 공개되는 것을 꺼렸다.[224]

'치하포사건' 당시 김구는 어린 나이에 역사의 소용돌이 한 가운데로 뛰어들어 죽을 고비도 수차례 넘기는 등 보통사람들이 상상 못할 고초를 겪었고, 자살(自殺)을 시도하기까지 했다. '치하포사건'에 대한 미화나 포장은 김구에게는 어울리지 않는다.

---

224 중국이나 해외동포들의 지원을 받기 위한 공개 또는 번역이나 각색(『도왜실기』)은 나중에 이뤄진 일이다.

제2절 쓰치다와 육군중위

쓰치다의 신분에 대하여 공신력 있는 기관에서는 어떻게 보고 있는지를 살펴보았다.

먼저 '국사편찬위원회'의 '고종시대사(4집)'에 실려 있는 내용이다.

"앞서 지난 3月 9日에 김창수(金九)가 대동강 하류 治下浦(鴟河浦)에서 日本人 陸軍中尉 土田讓亮을 殺害하였던 바....."라고 하였고 '출전'으로 『백범일지』 등을 들었다.

다음은 '한국학중앙연구원'의 '한국민족문화대백과'에서 '치하포사건' 관련 언급한 내용이다.

"김구는 1896년 3월 8일 평남 용강군(龍岡郡)에서 배를 타고 인접한 황해도 안악군(安岳郡) 치하포(鴟河浦)로 가서 이화보(李化甫)가 운용하는 여점(旅店)에 머물게 되었다. 그는 마침 같은 여점에 있던 일본인 쓰치다 조스케를 다음 날인 3월 9일 새벽 3시 경에 살해하였는데, 이것이 치하포사건이다. 무역상인 또는 약장사(賣藥商人)로도 언급되는 쓰치다를 조선인으로 위장한 일본 육군중위로 판단한 김구는 그를 타살했다는 포고문과 함께 자신의 거주지와 성명을 써 놓고 고향으로 돌아왔다."

위와 같이 기록하면서 '참고문헌'으로 도진순 교수의 저서와 논문 등을 언급하고 있다.

그리고 '백범김구기념관'에서는 '국가의 치욕을 갚기 위한 치하포 의거(鴟河浦義擧)' 제하에 다음과 같이 기록하고 있다.

"1896년 3월 황해도 안악군 치하포의 주막에서 김구는 변장한 일본군 육군중위 쓰치다 조스케(土田讓亮)를 발견하였다. 김구는 그가 명성황후를 시해한 미우라(三浦)이거나 공범(共犯)일 것 같다는 생각이 들자, 명성황후를 시해한 원수를 갚고 나라의 수치를 씻는다는 우국의 일념으로 그를 처단하였다."

앞의 내용들을 살펴보면 쓰치다의 신분이 '육군중위'였음을 명시하고 있다. 다만 '한국민족문화대백과'에는 "무역상인 또는 약장사(賣藥商人)로도 언급되는 쓰치다를 조선인으로 위장한 일본 육군중위로 판단한 김구"라고 하여 상인이냐 육군중위냐에 대한 확답을 내림이 없이 유보적인 설명을 하고 있다.

이와 달리 쓰치다의 신분이 상인(매약상인)임을 주장하는 학자들이 있다.

대표적인 학자들로는『백범일지』연구의 권위자인 도진순교수,『이승만과 김구』의[225] 저자 손세일선생,『올바르게 풀어 쓴 백범일지』의 저자 배경식부소장 등이 있다.

이 분들은 쓰치다의 신분이 '상인'이나 '매약상인'이라고 기록된 일본 측 문서 등을 근거로 쓰치다의 신분이 상인이었음에 무게를 두고 있다.

이와 관련하여 간혹 듣는 이야기가 있다. "과거에는 '치하포사건'에서 김구가 살해한 쓰치다를 명성황후 시해에 가담한 육군중위로 알고 있었는데, 확인해 보니 '평범한 상인'이어서 매우 실망했다. 지금은 '치하포사건'을 김구의 부끄러운 역사라고 생각한다." 참으로 안타까운 마음이 드는 대목이다.

그러나 필자는 표면상 쓰치다의 신분이 '상인(매약상인)'이었다 하더라도 '치하포사건' 당시 여러 정황들을 종합적으로 검토하면 쓰치다는 '매약상

---

225 손세일,『이승만과 김구』, 조선뉴스프레스, 2015.

인'이라는 신분을 내걸고 일본정부(군부, 공사관, 영사관 등)가 부여한 '임무'에 따라 활동 중인 첩자이거나 또는 일본극우의 지원을 받고 정탐활동 중이던 자생적 첩자나 낭인일 것이라는 점에 중점을 두고 있다.

쓰치다가 '육군장교'였다는 앞서의 주장들은 오래전부터 이어져오고 있다.

『백범일지』에는 김구가 쓰치다의 소지품을 통하여 '육군중위'임을 확인한 것으로 기록되어 있고, 『도왜실기(屠倭實記, 中文)』에도[226] "지안악군치하포 ㅇ우일편의지왜정 ㅇ즉친수시아국모지왜상위토전야 ㅇ선생견지 ㅇ분불가알 ㅇ즉탈토전패도 ㅇ격살토전(至安岳郡鴟河浦 ㅇ遇一便衣之倭偵 ㅇ 卽親手弑我國母之倭上尉土田也 ㅇ先生見之 ㅇ憤不可遏 ㅇ卽奪土田佩刀 ㅇ格殺土田)"이라고 하여 쓰치다(토전)의 신분을 '왜상위(倭上尉)' 즉 일본군장교임을 기록하고 있다. 하지만 학자들에 의해 쓰치다의 신분을 '상인' 또는 '매약상인'이라고 하는 일본정부의 문서들이 밝혀짐에 따라 논란의 중심에 서게 되었다. 이렇게 기록된 문서들은 일본정부기관간에 주고받은 비밀문서로서 허위일 가능성이 적은 문서들이다.

그러므로 쓰치다의 신분이 '육군중위'라는 결론에서 벗어나 정체나 신분이 다를 수 있다는 점에 가능성을 열고 심층 깊은 고찰이 필요한 때이다. 앞의 『도왜실기』에도 '왜정(倭偵)'이라 하여 쓰치다를 '일본첩자'로 기록하고 있다.

김구가 쓰치다를 일본군장교로 인식한 것에는 나름대로의 상황판단이 있었을 것이다. 쓰치다의 칼 등 소지품 중에서 무언가 일본군과 관련된 물품이나 글귀를 보았을 수도 있다.

---

226 『도왜실기』는 백범이 윤봉길의사 홍구공원 의거 직후 중문(中文)으로 저술한 후, 1932년 12월 1일 한인애국단에서 간행하였으며, 국내판 『도왜실기』는 1946년 3월 1일 임시정부 선전부장 엄항섭이 국역하여 간행하였다.

이화보의 '초초'에[227] 이런 기록이 있다.

"그런데 조금 뒤 통사아(通辭兒)가 급히 달려와 '방금 일본인과 비도(匪徒) 간에 싸움(鬪鬨: 투홍)이 벌어져 매우 위급하니 속히 와서 도와달라(救護)'고 하였습니다.". 여기서 '통사아'는 쓰치다의 피고용인 임학길을 말한다. 즉 임학길이 이화보에게 김창수와 쓰치다 간에 싸움이 벌어졌으니 도와 달라고 했다는 것이다. 김창수 관련 조서와 많은 문서들에는 김창수가 쓰치다를 일방적으로 타격하여 살해한 것으로 기록하고 있고, 『백범일지』에도 쓰치다를 공격하자 쓰치다가 칼을 들고 달려들었다는 내용이 기록되어 있긴 하지만 전체적으로는 일방적으로 공격하여 제압하였다는 요지의 기록을 남겼다. 그런데 임학길은 쓰치다가 일방적으로 폭행을 당하고 있다고 알린 것이 아닌 싸움이 벌어졌다고 알린 것이다. 이것은 많이 알려진 것과 달리 김구와 쓰치다 간에 상당한 격투(激鬪)과정이 있었음을 의미한다. 이 때 쓰치다가 차고 있던 칼을 빼어 들고 달려드는 모습과 격투를 벌이는 과정에서 쓰치다의 행동이 군인 같이 잘 훈련되어 있어 평범한 사람이 아니라고 확신했을 수 있다.

이처럼 쓰치다가 일본군인이 아니었다고 하더라도 일본군으로 오인할 수 있는 요소들이 존재한다.

그렇지만 『백범일지』 기록 그대로 쓰치다가 '육군장교'임이 확실하다는 주장을 하고자 한다면 이를 입증할 수 있는 자료들을 발굴해야한다. 쓰치다가 '행상인(매약상)'임이 허구인 것과 '육군장교'가 진실임을 입증하거나 추정할 수 있는 자료들이 필요하다.[228]

---

227 奎26048, 이화보 초초(보고서 제1호에 첨부), 1896.8.31

228 일제가 조선에 간첩을 집중 파견한 것은 강화도조약 직후부터였다. 특히 일제는 간첩대(間諜隊), '육지측량부' 등의 부서를 운용하여 조선반도를 측량하고 정보를 수집했다. 이들 부서에서 간첩활동을 하던 사람들은 대부분 군인신분이었음은 분명하나

또한 '육군중위'라고 단정을 짓는 것은 필자와 같이 쓰치다가 신분이 표면상 '상인(매약상인)'이었다고 하더라도 당시에 '첩자' 등 특수한 임무를 수행중인 일본인으로 보는 시각과도 불가피하게 대척점에 서게 된다.

오늘날 쓰치다의 신분이 '치하포사건'에 있어 김구의 행위에 대한 정당성 여부를 판단하는 척도로 거론되기도 한다. 그러나 쓰치다의 신분이 육군중위가 아닐 것이라는 점에 깊이 매몰되어 쓰치다가 순수한 민간인(상인)이었다고 쉽게 판단하여서는 안될 것이다.

군속이나 민간인(화공 등)들도 편입하여 활용하였다. 아쉽게도 이에 대한 세세한 기록을 찾기 어렵다. 또한 쓰치다의 행적과 족보 등을 추적하는 등 쓰치다의 가계(家系)와 환경을 살펴보고 그 신분을 확인할 수 있는 여러 요소들을 심도 깊게 연구한 자료도 찾을 수 없다.

제6장
백범(白凡) 김구(金九)를 구한 전화 개통시기

제1절 백범 김구를 구한 전화 개통시기

『백범일지』의 기록에 의하면 사형선고를 받고 인천옥에 수감 중이던 김구를 구한 한성과 인천 간 전화가 개설된 시기는 1896년 8월 26일(양력: 1896년 10월 2일)이다.

통신역사를 연구하는 사람으로서 전화개설시기에 관심을 갖는 가장 큰 이유는 1896년 10월 2일에 한성과 인천 간에 전화가 개통되어 사용되었다는 『백범일지』 기록이 어떠한 전화개설이나 사용기록보다 시기적으로 앞서 있어 공적기록이 아닌 개인기록을 바탕으로 이때를 우리나라의 최초 전화 개통시기로 정립할 수 있느냐는 문제가 대두되었기 때문이다.

이를 검토하기 앞서 먼저 김창수(金昌洙)의 '치하포사건' 관련 사법절차 등 일련의 과정들을 시기별로 확인해 보았다.

- ■ 1895년 10월 8일 일본 미우라공사의 지휘로 명성황후 시해(을미사변)
- ■ 1896년 3월 9일 새벽, 일본인 쓰치다 조스케(土田讓亮) 살해
- ■ 1896년 4월 1일 '법률 제2호 「적도처단례(賊盜處斷例)」'와 '법률 제3호 「형률 명례(刑律名例)」' 반포[229], 1896년 6월 17일 「형률명례」 개정[230]
- ■ 1896년 6월 21일(음력 5월 11일) 김창수 체포되어 해주옥 수감[231]
- ■ 1896년 8월 7일 인천부윤 이재정 인천감리겸인천부윤 임명[232]
  ※ 1896년 8월 10일 인천항경무서 설치[233]

---

[229] 『고종실록』 34권
[230] 한국근대사기초자료집, 6 개화기의 사법(형벌제도의 개혁), 법률 제5호 「형률명례」 개정, 1896. 6. 17.
[231] 『백범일지』
[232] 『고종실록』 34권.
[233] 『고종실록』 34권, 칙령 제52호.

※ 1896년 8월 15일 인천항재판소 설치[234]

※ 1896년 8월 26일 인천감리 이재정 겸임인천항재판소판사 임명[235]

- 1896년 8월 13일 김창수 인천옥으로 이감[236]

- 1896년 8월 26일 인천영사관 영사 하기와라 슈이치(萩原守一)가 김창수
와 이화보에 대하여 일본관리들이 직접 심문하겠다고 통보(회심권)[237]

- 1896년 8월 31일 경무관 김순근 주재 김창수와 이화보 초초(初招)[238]

- 1896년 9월 5일 경무관 김순근 주재 김창수와 이화보 재초(再招)[239]

- 1896년 9월 10일 판사 이재정 주재 김창수 삼초(三招)[240] 작성(경부 카미
야 키요시 회심)

- 1896년 9월 12일 인천영사관 영사 하기와라 슈이치(萩原守一)는 인천감리
이재정에게 대명률 형률 인명 '모살인조(謀殺人條)'를 적용하여 김창수를 참
(斬)하라는 '적용법조'와 '형량' 제시(大明律人名謀殺人ノ條凡謀殺人造意者斬)[241]

- 1896년 9월 13일 인천항재판소 판사 이재정이 법부대신 한규설에게
"일인(日人) 쓰치다(土田)를 장살(戕殺: 상해를 입혀 죽임)했다고 자복한 김창
수"에 대하여 '조율재처(照律裁處)' 바란다는 보고[242]

※ 김창수 관련 법부에 보고한 문서(奎26048)에는 ①김창수 공안(6.27), ②해주부관찰사서리
김효익의 보고서(6.30), ③김창수에 대한 초초(8.31)·재초(9.5)·삼초(9.10) 등 조서, ④치하포 점
주 이화보에 대한 초초(8.31)·재초(9.5) 등 조서, ⑤ 적용법조와 형량을 제시한 인천영사 하기
와라 슈이치(萩原守一)의 조회(9.12), ⑥인천항재판소 판사 이재정의 보고서(9.13), ⑦인천감리
와 법부 사이의 전보와 답전(10.2) 등이 편철되어 있다.

---

234 『고종실록』 34권, 칙령 제55호

235 고종시대사 4집

236 주한일본공사관기록10권, 인천항 정황보고(京第37號), 1896.8.25., "위 金昌洙 및 관
계자 李化濟는 이달 13일 仁川에 도착했다."

237 奎17863-2, 인천항안 제2책, 보고서 제10호, 1896.9.12

238 奎26048, 보고서 제1호에 첨부, 1896.9.13(이재정이 한규설에게)

239 奎26048, 보고서 제1호에 첨부, 1896.9.13(이재정이 한규설에게)

240 奎26048, 보고서 제1호에 첨부, 1896.9.13(이재정이 한규설에게)

241 奎26048, 仁府 제150호, 보고서 제1호(9.13)에 첨부, 1896.9.12.(하기와라 슈이치가 이
재정에게)

242 奎26048, 보고서 제1호, 1896.9.13(이재정이 한규설에게)

- 1896년 9월 22일자 『독립신문』은 "9월 16일 인천감리 이재정이 김창수의 "일본 장사 토전양량 살해와 재물탈취 등"에 대하여 '조율처판'을 청하는 보고서를 법부에 제출했다."고 보도

- 1896년 10월 2일 인천감리 이재정은 전보(電報)로 "김창수 안건에 대하여는 속판(速辦)하고, 이화보는 즉시 석방함이 타당하다."고 법부에 건의하였고, 동일 법부에서 "김창수 안건은 마땅히 임금에게 상주하여 지침(칙명)을 받아야 할 사안이고, 이화보는 무죄석방하라."고 답전[243]

- 1896년 10월 22일(시행일 10월 28일) 법부대신이 '쓰치다 조스케 살해와 재물탈취'한 인천재판소의 김창수 등 각 재판소 총 11명에 대하여 교수형(絞) 상주[244]

- 1896년 11월 7일자 『독립신문』은 "토전양량 살해와 재물을 탈취한 인천재판소의 김창수 등 각 재판소 총 11명에 대하여 교수형(絞)에 처하기로 선고(사형선고)했다."고 보도

- 1896년 12월 31일 법부대신이 김창수가 제외된 총 46명 교수형(絞) 상주[245]

- 1897년 1월 22일 법부대신이 김창수가 제외된 총 35명 교수형(絞) 상주[246]

- 1897년 1월 22일 사형집행명령: 한성재판소와 충청남도, 전라북도, 인천의 각 재판소에 강도죄인 장명숙 등과 살옥정범죄인 김세종 등 35인을 교형에 처하라고 명하였다. 법부에서 조율하여 상주하였기 때문이다.[247]

- 1897년 1월 22일 사형집행 재가: "강도죄인 등 35명에 대하여 교형에

243 奎26048, 인천감리와 법부 간 전보와 답전, 1896.10.2
244 奎17277-2, 법부(형사국) 『기안』 제11책, 상주안건(안제7호), 1896.10.22
245 奎17277-2, 법부(형사국) 『기안』 제13책, 상주안건(안제32호 및 안제33호), 1896.12.31
246 奎17277-2, 법부(형사국) 『기안』 제14책, 상주안건(안제15호), 1897.1.22
247 『고종실록』 35권, 1897.1.22

처하겠습니다. '원년 법률 제3호 형률명례 제9조'에 의거하여 삼가 아룁니다." 하였는데 아뢴 대로 하라는 칙지를 받들었다.[248]

■ 1897년 1월 22일: 법부대신이 인천재판소판사 이재정에게 한상근, 조수명, 강만석, 김백원 등 4명 즉시 교수형 집행토록 지령(훈령)[249]

■ 1897년 1월 24일: 법부대신이 인천재판소판사 이재정에게 이창익, 나춘국 등 2명 즉시 교수형 집행토록 지령(훈령)[250]

■ 1898년 2월 15일자 「독립신문(외방통신)」은 "인천항 감옥에서 20세의 김창수가 다른 죄인들을 공부시키는 노력 등으로 인천옥이 감옥이 아니라 학교라 한다."고 보도

■ 1898년 3월 20일 인천옥 탈옥[251] [252] [253] [254]

1. 김구가 사형을 면하게 되는 과정

전술한 일련의 과정들을 살펴보면 김구는 일본인 쓰치다 조스케(土田讓亮) 살해로 체포되어 해주옥에 수감 중 인천옥으로 이감되었고, 인천항재판소에서 재판을 받았다. 이후 김창수(김구) 등 사형수들에 대한 처리과정은 크게 3단계 절차로 나누어 볼 수 있는데, 인천재판소 등 각 재판소에서

---

248 승정원일기 제139책, 1897. 1. 22.

249 奎17277-2, 법부(형사국) 『기안』 제14책, 안제4호(훈령), 1897. 1. 22.

250 奎17277-2, 법부(형사국) 『기안』 제14책, 안제5호(훈령), 1897. 1. 24.

251 奎17278, 사법품보(갑) 31책, 보고서 제3호, 인천항재판소판사 서상교가 법부대신 이규인에게, 1898. 3. 21.

252 奎17278, 사법품보(갑) 32책, 보고서 제5호, 인천항재판소판사 서상교가 법부대신 이규인에게, 1898. 4. 3.

253 奎17277의2, 기안(起案) 33책, 훈령 제17호(訓令仁港所), 법부대신이 인천항재판소판사 서상교에게, 1898. 8. 23.

254 奎17278, 사법품보(갑) 37책, 보고서 제9호, 인천항재판소판사 서상교가 법부대신 이규인에게, 1898. 9. 3.

사형수들에 대하여 조율재처(조율처판)할 것을 법부에 보고하는[255] 단계, 법부에서 '사형수'들에 대한 '개인별 안건'을 취합한 '상주안건'을 작성하여 사형집행을 재가할 것을 임금에게 상주하는 단계, 그리고 임금이 교수형을 재가(사형집행명령)하는 단계 등이다.

공적기록과 백범일지 기록 비교

일별	공적 기록	『백범일지』 기록
1896. 9. 10	인천항재판소 판사 이재정 등 '삼초'시 살해동기를 '國母之讐'라고 밝힘.	제3차 신문은 감리서에서 하는데 그날도 항내 거주자는 다 모인 것 같더라. 그날은 감리사 이재정이가 친문을 하는데(후략)
1896. 9. 12	인천영사관 영사 하기와라 슈이치(萩原守一)가 대명률 형률 인명 '모살인조(謀殺人條)'를 적용하여 김창수를 참(斬)하라는 '적용법조'와 '형량' 제시	
1896. 9. 13	인천항재판소판사 이재정이 법부에 김창수에 대하여 '조율재처'하라고 보고(질품) ※『독립신문』은 9.16. 보고한 것으로 보도	
1896. 10. 2	인천감리 이재정이 법부에 전보로 김창수에 대한 속판(速辦: 조속한 조율처판) 건의	
1896. 10. 22 (10. 28 시행)	법부에서 김창수 포함 11명 교수형 '상주안건' 보고	
1896. 11. 7	『독립신문』은 인천재판소 등 6개소 재판소에서 김창수 포함 총 11명에 대하여 재판하여 교형을 선고(사형선고)하였다고 보도	하루는 아침에 『황성신문』을 읽는데 경성 대구 평양 인천에서 아무날(지금까지 기억되기는 7월 27일로 생각한다) 강도 누구 누구, 살인 누구 누구, 인천에는 살인강도 김창수를 교수형에 처한다는 기사가 실렸다.(중략) 이 신문이 배포된 후로 감리서가 술렁술렁하고 항내 인사들의 산 제문이 옥문에 답지한다. (7월 27일은 양력 9월 4일)
1896. 12. 31	법부에서 김창수 제외 46명 교형 '상주안건' 보고(1896.10.22 상주안건 11명중 김창수 제외한 10명 모두 포함됨)	그때 입시(入侍)하였던 승지 중 누군가가 각 사형수의 '공건'을 뒤적여보다가 '국모보수(國母報讐)' 넉 자가 눈에 이상하게 보여서, 재가수속을 거친 '안건'을 다시 빼어다가 임금에게 뵈인즉, 대군주가 즉시 어전회의를 열고 의결한 결과, "국제관계이니 일단 생명이나 살리고 보자" 하여 전화로 친칙하였다고 한다.
1897. 1. 22	법부에서 김창수 제외 35명 교형 '상주안건' 보고	
1897. 1. 22 (음력1896년 12월 20일)	한성재판소와 충청남도, 전라북도, 인천의 각 재판소에 강도죄인 장명숙 등과 살옥정범죄인 김세종 등 35인을 교형에 처하라고 명하였다. 법부에서 조율하여 상주하였기 때문이다	"김창수의 사형을 정지하라신 친칙(중략) 인천까지의 전화가설공사가 완준된지 3일째 되는 병신 8월 26일 날이라." (병신년 8월 26일은 양력 1896년 10월 2일)

---

255 각 재판소에서는 재판이 끝난 후 법부에 범죄사실, 적용법조(율), 형량(사형)을 기재한 문서를 작성하여 보고하였는데, 이 문서들은 '보고서(報告書)' 또는 '질품서(質稟書)'라는 제목으로 작성되었다.

이러한 절차에 관해서는 1896년 4월 1일 반포되어 동년 6월 17일 개정된 '법률 제3호 형률 명례(刑律名例)'에 규정(동법 제7조 및 제9조)되어 있다.

'법률 제3호 형률명례(刑律名例)' 관련규정

제7조 사형에 처할 만한 자는 선고한 후에 임금에게 상주하여 재가를 받아 집행하여야 한다.

[第七條 死刑에 處홀만흔 者는 宣告흔 後에 上奏ᄒ야 裁可ᄒ심을 經ᄒ야 執行홈이 可홈]

제9조 한성 및 각 지방 각 항장재판소의 인명 및 강도옥안에 사형에 처할 만한 자는 법부에서 상주하여 재가를 받은 후에 처형함을 허한다.

(第九條 漢城 及 各 地方 各 港場裁判所의 人命 及 强盜獄案에 死刑에 處홀 만흔 者는 法部로서 上奏ᄒ야 裁可ᄒ시믈 經흔 後에 其 處刑ᄒ믈 許홈이 可홈)

먼저 인천재판소 등 각 재판소에서 법부에 사형수들에 대한 '공건(供件)'을 보고하는 단계로, 1896년 9월 12일 인천영사관 영사 하기와라 슈이치(萩原守一)가 인천감리 이재정에게 대명률 형률 인명 '모살인조(謀殺人條)'를 적용하여 김창수를 참(斬: 참수형)하라(大明律人名謀殺人ノ條凡謀殺人造意者斬)는 '적용법조'와 '형량'을 제시하였고,[256] 이에 따라 다음날인 9월 13일 인천항재판소판사 이재정은 법부대신 한규설에게 '조율재처(照律裁處)' 바란다는 보고를[257] 하였다. 이와 관련된 기사가 1896년 9월 22일자『독립신문』에 실렸고[258], 1896년 10월 2일에는 인천감리겸 인천항재판소판사 이재정이

256 奎26048, 仁府 제150호, 보고서 제1호(9.13)에 첨부, 1896. 9. 12(하기와라 슈이치가 이재정에게)

257 奎26048, 보고서 제1호, 1896. 9. 13(이재정이 한규설에게)

258 1896년 9월 22일자 독립신문, '잡보' 원문: 구월 십륙일 인천 감리 리지정씨가 법부에 보고 ᄒ엿는ᄃᆡ 히쥬 김챵슈가 안악군 치하포에서 일본쟝ᄉ 토면양량을 려 죽여 강물 속에 던지고 환도와 은젼 만히 쎗셧기로 잡아셔 공쵸를 밧아 올이니죠률쳐판 ᄒ여 달나고 ᄒ엿더라.

전보로 법부에 속판(速辦: 조속한 조율처판) 건의를 했다.[259]

다음은 법부에서 사형수들에 대한 '개인별 안건'을 취합한 '상주안건'을 작성하여 사형집행을 재가할 것을 임금에게 상주하는 단계로, 이와 관련된 문서가 '상주안건(上奏案件)'인데 김창수와 관련된 '상주안건'은 한번이 아닌 3차례(건수 기준으론 4건)나 작성되었다.

처음의 '상주안건'은 1896년 10월 22일 법부대신이 인천재판소의 김창수가 포함된 각 재판소의 사형수 총 11명에 대하여 교형(絞)을 상주[260] 한 것으로, 이때 교수형 상주에 대한 고종의 재가는 이뤄지지 않았다.

두 번째 '상주안건'은 1896년 12월 31일에 법부대신이 사형수 4명과[261] 42명[262] 등 총 46명에 대하여 교형(絞)집행을 재가할 것을 상주한 것으로, 이때 첫 번째 '상주안건'과 달리 두 번째 '상주안건'에는 '김창수 안건'이 제외되어 있다. 그러나 첫 번째 '상주안건'에 포함되어 있던 11명 중 김창수를 제외한 10명(장명숙, 엄경필, 한만돌, 김세종, 박정식, 주은쇠, 이개불, 여상복, 최성근, 이덕일)은[263] 두 번째 '상주안건'에도 빠짐없이 포함되어 있다. 김창수로서는 구사일생으로 큰 고비를 넘긴 셈이었다.

하지만 첫 번째 '상주안건'과 마찬가지로 두 번째 '상주안건'에 대하여도 고종의 재가(사형집행명령)는 이뤄지지 않아 불안정한 상태가 지속되었다. 고종의 재가가 있기 전이므로 '상주안건'에 '김창수안건'을 다시 포함하여

259 奎26048, 인천감리와 법부 간 전보와 답전, 1896. 10. 2.
260 奎17277-2, 법부(형사국) 『기안』 제11책, 상주안건(안제7호), 1896. 10. 22(시행일 10.28)
261 奎17277-2, 법부(형사국) 『기안』 제13책, 상주안건(안제32호), 1896.12.31
262 奎17277-2, 법부(형사국) 『기안』 제13책, 상주안건(안제33호), 1896.12.31
263 2차 상주안건에도 포함되어있던 한만돌, 박정식, 이덕일은 1897년 1월 22일 3차 상주안건이 보고되기 직전에 사형수에서 종신징역수(무기징역)로 감일등(減一等)되어 3차 상주안건에서 제외된 11명에 포함되었다[奎17280-v, 1-14, 사법조첩 7책, 023a면(보고서 제29호, 한만돌) 그리고 奎17278-v, 1-128, 사법품보(갑) 17책, 050a면(보고서 제17호, 이덕일), 052a면(보고서 제18호, 박정식)].

상주하는 등 여러 변수가 발생할 수도 있는 상황이었기 때문이다.

두 번째 '상주안건'이 있고 22일이 경과한 1897년 1월 22일 법부대신이 두 번째 '상주안건'에 포함되었던 46명 중 11명을 제외한 35명의 사형수들에 대한 교형(絞)을 재가할 것을 청하는 세 번째 '상주안건'이[264] 보고되었고, 드디어 이날 고종의 재가[고종실록 35권(원문:첨부1), 승정원일기 3078책(원문: 첨부2)]가 이뤄졌다. 첫 번째와 두 번째 '상주안건'에 대하여 이뤄지지 않았던 고종의 재가가 세 번째 '상주안건'에 대하여 이뤄진 것이다.

이로써 김창수는 사형수의 신분을 벗어난 것은 아니지만 세 번째 상주안건과 이에 따른 고종의 재가에 '김창수 안건'이 포함되지 않음으로써 일단 목숨을 보전 할 수 있게 되었다.

2. "사형을 정지하라는 전화친칙"으로 사형을 면한 시기

『백범일지』에 "지금 대군주 폐하께옵서 대청(大廳)에서 감리영감을 부르시고, '김창수의 사형은 정지하라'시는 친칙(親勅)을 내리셨다오.(중략) 하여튼지 대군주(李太皇)가 친히 전화한 것만은 사실이었다. 이상(異常)하게 생각되는 것은, 그때 경성부 안에는 이미 전화가 가설된 지 오래였으나, 경성 이외에는 장도(長途)전화는 인천까지가 처음이오. 인천까지의 전화가설공사가 완공된 지 삼 일째 되는 날, 병신(丙申: 1896년) 8월 26일이라. 만일 전화 준공이 못 되었다면 사형이 집행되었겠다고 한다(『백범일지(친필본)』: 첨부3)."라고 하여 "김창수의 사형을 정지하라는 고종의 전화친칙"이 있었던 때를 1896년 8월 26일이라 하였다. 이날은 양력으로 1896년 10월 2일이다. 1896년 10월 2일이라는 전화가설 시기(전화친칙 시기)의 신뢰성 여부

---

264 奎17277-2, 법부(형사국) 『기안』 제14책, 상주안건(안제15호), 1897.1.22

를 확인하기 위하여 먼저 김창수의 사형선고 관련 『독립신문』 기사와 『백범일지』의 기록을 비교하면 다음 표와 같다.

김창수 사형선고 관련 『독립신문』 기사와 『백범일지』 기록 비교

1896년 11월 7일자 『독립신문』 '잡보'(현대문)	『백범일지』
○ 이번에 각 재판소에서 중한 죄인 여섯을 명백히 재판하여 교에 처하기로 선고하였는데, 장명숙, 엄경필, 한만돌이가 무리들을 체결하여 가지고 각각 몽치와 칼을 가지고 각 처로 다니면서 재물을 탈취한 죄로 한성 재판소에서 교에 처하기로 하고, ○ 그 전 인천 재판소에서 잡은 강도 김창수는 자칭 좌통령이라 하고 일상 토전양양을 때려죽여 강에 던지고 재물을 탈취한 죄로 교에 처하기로 하고, ○ 자산군 김세종이가 황금천의 처에게 무례한 일을 하다가 무례한 뜻이 미흡하여 그 사내 황금천과 함께 술을 마시다가 흉한 마음을 가만히 품고 옛 빚을 억지로 독촉 하다가 낫으로 황금천을 찔러 죽인 죄로 교에 처하기로 하고, ○ 강원도 재판소에서 심리한 지평군 포군 박정식이가 작년 섣달에 그 고을 원 맹영재씨를 향하여 세 번 총을 놓은 죄로 교에 처하기로 하고, ○ 강화부에서 심리한 강도 주은쇠, 이개불, 여상복, 최성근이가 무리를 체결하여 강화부 지경에서 총을 놓고 불을 지르며 여리에 횡행하여 인민을 살해하고 재물을 뺏은 죄로 교에 처하기로 하고, ○ 강원도 재판소에서 심리한 비도 이덕일이가 전 춘천부 관찰사 조인승씨 부임 할 때에 머리 깎은 관찰사라고 후욕하고 동리 백성들을 지휘하여 집유하였다가 그 이튿날 비도들이 잡아다 포살한 까닭으로 교에 처하기로 한다더라.	하루는 아침에 『황성신문』을 읽는데 경성 대구 평양 인천에서 아무날(지금까지 기억되기는 7월 27일로 생각한다) 강도 누구 누구, 살인 누구 누구. 인천에는 살인강도 김창수를 교수형에 처한다는 기사가 실렸다.(중략) 이 신문이 배포된 후로 감리서가 술렁술렁하고 항내 인사들의 산제문이 옥문에 답지한다. (7월 27일은 양력 9월 4일)

"하루는 아침에 황성신문을 읽는데 경성, 대구, 평양, 인천에서 아무날(지금까지 기억되기는 7월 27일로 생각한다) 강도 누구 누구, 살인 누구 누구, 인천에는 살인강도[265] 김창수를 교수형에 처한다는 기사가 실렸다." 고 한

---

265 '살인강도'라는 죄명은 없다. 김구가 『독립신문』을 보고 함축적으로 표현한 것뿐이다.

『백범일지』 기록은[266] 위의 도표에서 보듯 1896년 11월 7일자『독립신문』'잡보'에 실린 6개소 재판소 등에서 사형선고를 받은 11명에 대한 기사를 본 기억을 더듬어 30여 년 후에 대략적으로 표현한 것임을 알 수 있다.

앞의 독립신문 기사에는 "중한 죄인 여섯을 명백히 재판하여"라고 하여 사형수가 6명인 것으로 기록하였으나, 동기사 내용을 살펴보면 6개소 재판소에서 사형수(중한 죄인)가 11명임을 확인 할 수 있다.

특히 1896년 11월 7일자『독립신문』'잡보'기사는 1896년 10월 22일 법부에서 김창수 포함 사형수 11명에 대한 사형집행을 주청하는 '상주안건'[267] 보고시 '상주안건'에 기록된 사형수 11명의 '안건'과 완벽히 일치한다. 즉 1896년 11월 7일자『독립신문』'잡보' 기사는 법부에서 고종에게 '상주안건'을 보고함에 따른 후속 보도의 성격을 띠고 있다.

이처럼 김구는『독립신문』1896일 11월 7일자에 실린 사형선고 관련 기사를 황성신문[268] 1896년 9월 4일(음력: 1896년 7월 27일)자에 실린 것으로 신문사명과 보도일자를 잘못 기억하고 있다. 당시에는 신문이라곤『독립신문』밖에 없었다.[269]

그러므로 신문사명칭과 시기에 대한 착오가 있었을지라도『독립신문』에 실린 김창수 포함 11명에 대한 사형선고 기사를 직접 보았던 기억이 없

『백범일지』의 "이화보의 집 벽 위에 포고문은 왜놈이 가서 조사할 제 떼어 감추고, 순전히 살인강도로 교섭(交涉)한 것이었다."란 기록의 '살인강도'도 '살인과 강도'의 죄를 지은 것으로 꾸며놓고 있음을 기록한 것이다.

266 『백범일지(친필본)』: 一日은 아츰에『皇城新聞』을 閱覽한즉, "京城, 大邱, 平壤, 仁川에서 아모 날(지금까지 記憶되기는 七月 二十七日노 생각한다) 强盜 누구 누구, 殺人 누구 누구, 仁川에는 殺人强盜 金昌洙를 處絞한다."고 記載되엿다.(중략) 그 新聞이 配布된 後로 監理署가 술넝술넝하고, 港內 人士들의 산(生)弔問이 獄門에 遝至한다.

267 奎17277-2, 법부(형사국)『기안』제11책, 상주안건(안제7호), 1896.10.22

268 『황성신문』은 1898년 9월 5일에 창간되어, 이 당시에 존재하지 않는 신문이다.

269 전국(全國)을 대상으로 하는 신문을 말하여, 일본인이 1895년 창간한『한성신보』제외함.

고서는 대략적이나마 그러한 기록을 『백범일지』에 남기기가 불가능하다는 점에 유의하여야 한다.

다음은 "사형을 정지하라는 전화친칙이 있었던 날이 1896년 10월 2일이었다."는 『백범일지』에 기록된 전화가설시기에 대한 신뢰성 여부이다.

김구는 1896일 11월 7일자 『독립신문』에서 김창수 등을 교형에 처한다는 기사를 보았고 "이 신문이 배포된 후로 감리서가 술렁술렁하고 항내 인사들의 산제문이 옥문에 답지한다."고 하였다. 즉 김창수 등이 사형선고를 받았다는 사실이 신문에 보도됨에 따라 곧 사형집행이 이뤄질 것이라는 소문이 돌았던 것이고, 이에 따라 감리서가 술렁술렁하고 항내 인사들의 '산제문'도 이어졌다. 이를 보더라도 "사형을 정지하라는 전화친칙"은 최소한 『독립신문』의 보도가 이뤄진 1896년 11월 7일 이후여야 한다. 그러므로 "전화친칙일이 1896년 10월 2일(음력 8월 26일)이었다."는 기억은 착오인 것이다.

『백범일지』에는 신문에서 사형선고기사를 열람한 시기를 1896년 7월 27일(음력)이라 기록하였고, '산제문' 등 여러 가지 사연들과 사형집행이 임박했음을 알려주는 정황들을 기록한 후 "고종의 사형을 정지라는 전화친칙"으로 목숨을 구한 날이 1896년 8월 26일(음력)이었다고 기록되어 있다. 즉 『독립신문』의 사형선고기사를 열람한 후부터 "사형정지 전화친칙"까지는 한 달 가량 소요된 것으로 기록하고 있다. 그러나 실지로 『독립신문』에 사형선고 관련 기사가 실린 시기가 1896년 11월 7일이었으므로 "사형정지 전화친칙"은 그로부터 한 달 후인 1896년 12월부터나 가능하다는 점을 추정할 수 있다.

그렇다면 "사형을 정지하라는 전화친칙"은 언제 있었던 것인가를 공적기록 등을 통하여 확인하면 다음과 같다.

법부에서 사형수들에 대한 사형을 건의하는 세 차례의 '상주안건'과 한 차례의 고종의 재가(사형집행명령)가 있었다. 처음의 '상주안건'은 1896년

10월 22일(동월 28일 시행) 법부대신이 "쓰치다 조스케 살해와 재물탈취죄"를 범한 김창수 등 총 11명에 대한 교형(絞)집행을 재가할 것을 상주한[270] 것으로 이때 고종의 재가는 다행스럽게도 이뤄지지 않았다.

인천감리서 전경

김구가 인천옥에서 수감생활 중이던 1896년도의 인천감리서는 인천항의 통상사무, 외국인의 입출국, 인천항의 내·외국인 문제 등을 관장·감독하던 행정기관으로, 인천감리서 구역내에 '인천항재판소'와 '인천항경무서'가 설치되었고, '인천옥'도 있었다. 당시 인천감리 이재정은 인천부윤과 인천항재판소 판사까지 겸임하였다.

인천감리서의 모습에 대하여는 『백범일지』에도 기록되어 있는데, "내리(內里) 마루에 감리서가 있고 왼편으로 경무청, 오른편으로 순검청이 있었다. 순검청 앞에는 감옥이 있고 그 앞에 노상(路上)을 통제하는 이층 문루가 있다. 옥은 바깥 둘레에 담장을 높이 쌓고 담 안에 평옥(平屋) 몇 칸이 있는데, 반으로 나누어 한편에는 징역죄수와 강도, 절도, 살인 등의 죄수를 수용하고 다른 편에는 소위 잡범 즉 민사소송과 위경범(경범죄수)들을 수용하였다."라고 하였다.

---

270 奎17277-2, 법부(형사국) 『기안』 제11책, 상주안건(안제7호), 1896.10.22

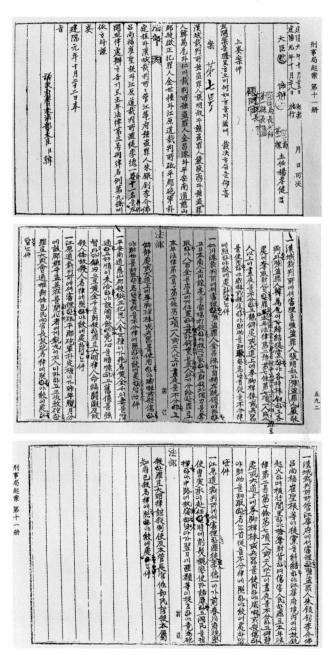

1896년 10월 22일 상주안건(案 제7호)

두 번째 '상주안건'은 1896년 12월 31일에 법부대신이 '案 제32호'의 4명과 '案 제33호'의 42명 등 총 46명의 사형수들에 대한 교수형(絞)을 상주한[271] 것으로, 이때 첫 번째 '상주안건'에 포함되어 있던 사형수 11명[272] 중 10명은 모두 두 번째 '상주안건'에도 포함되어 있었으나 극적으로 김창수란 이름 석 자는 홀로 빠져있다.

하지만 어찌된 사연인지 첫 번째 '상주안건'과 마찬가지로 두 번째 '상주안건'에 대하여도 고종의 재가(사형집행명령)는 이뤄지지 않았다.

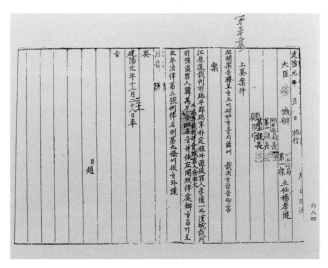

1896년 12월 31일 상주안건(案 제32호), 개인별 안건 미첨

---

271 奎17277-2, 법부(형사국) 『기안』 제13책, 상주안건(안 제32호 및 안 제33호), 1896.12.31

272 김창수, 장명숙, 엄경필, 한만돌, 김세종, 박정식, 주은쇠, 이개불, 여상복, 최성근, 이덕일

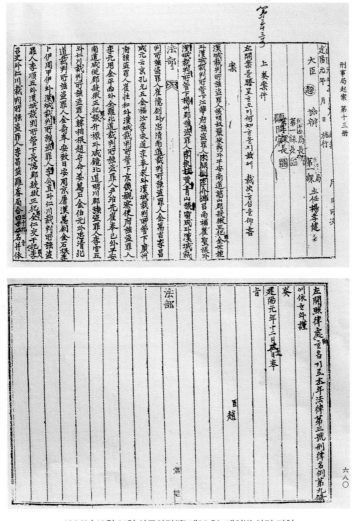

1896년 12월 31일 상주안건(案 제33호), 개인별 안건 미첨

두 번째 '상주안건' 이후 22일 후인 1897년 1월 22일에 세 번째 '상주안건'이 보고되는데, 법부대신이 두 번째 '상주안건'에 포함되었던 46명 중

11명을 제외한 35명에 대하여 교수형(絞)을 상주한[273] 것으로 드디어 고종의 재가(사형집행명령)가 같은 날 이뤄졌다(고종실록 35권 원문: 첨부 1, 승정원일기 3078책 원문: 첨부 2)

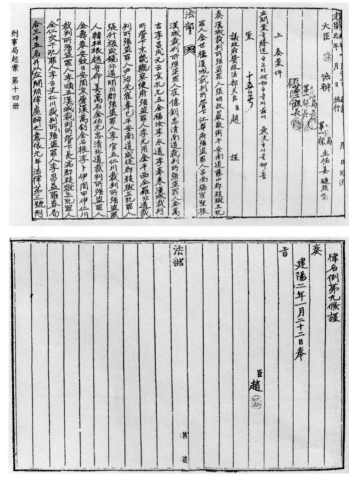

1897년 1월 22일 상주안건(案 제15호), 개인별 안건 미첨

273 奎17277-2, 법부(형사국)『기안』제14책, 상주안건(안제15호), 1897.1.22

이처럼 첫 번째 '상주안건'에는 김창수가 포함되어 있었으니 죽음의 문 턱까지 간 상황이었고. 두 번째 '상주안건'에는 김창수가 빠져 있긴 하였으 나 고종의 재가가 이뤄지지 않은 상태로 어떠한 변화가 있을지 장담할 수 없어 이 또한 안심할 수 있는 상황이 아니었다. 이후 김창수가 포함되어 있지 않은 세 번째 '상주안건'에 이르러서야 고종의 재가가 이뤄짐에 따라 김창수는 사형수의 신분을 벗어난 것은 아니지만 일단 목숨을 보전할 수 있음이 결정되었다.

첫 번째 상주안건에 포함되었던 김창수가 두 번째 상주안건에서 제외 된 경위, 첫 번째 상주안건과 두 번째 상주안건에 대하여 고종의 재가가 이뤄지지 않다가 세 번째 상주안건에 대하여 재가가 이뤄진 경위에 대하 여 자세한 내막은 알 수 없지만 『백범일지』에 기록된 "재가수속을 마친 안 건을 다시 빼서 임금에게 보인 결과 김창수의 목숨이나 살리고 보자 하 였다."는 내용과 밀접한 관계가 있다는 것을 미루어 짐작 할 수 있다.

1897년 1월 22일의 세 번째 '상주안건'을 보고한 날과 같은 날 고종의 재가가 바로 이뤄짐에 따라 사형집행을 피할 수 없게 된 35인의 사형수 중 에 인천재판소 관할 사형수로는 모두 7명이[274] 있었다.

고종의 재가(사형집행명령) 후 이들에 대하여 사형을 즉시 집행할 것을 법부대신이 인천재판소판사 이재정에게 지시하는 공문이 두 차례에 걸쳐 있었는데, 1897년 1월 22일의 훈령(지령)과[275] 1897년 1월 24일의 훈령(지령) 이[276] 그것들이다.

---

274 한상근, 조수명, 강만석, 김백원, 이순오, 이창익, 나춘국

275 奎17277-2, 법부(형사국)『기안』 제14책, 안제4호(훈령), 1897.1.22

276 奎17277-2, 법부(형사국)『기안』 제14책, 안제5호(훈령), 1897.1.24

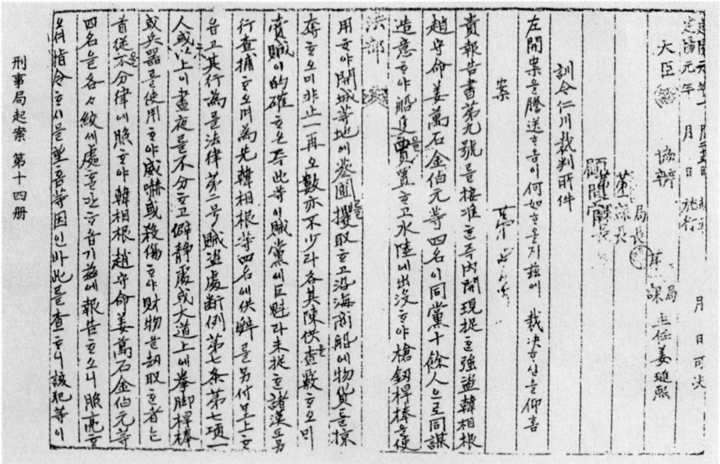

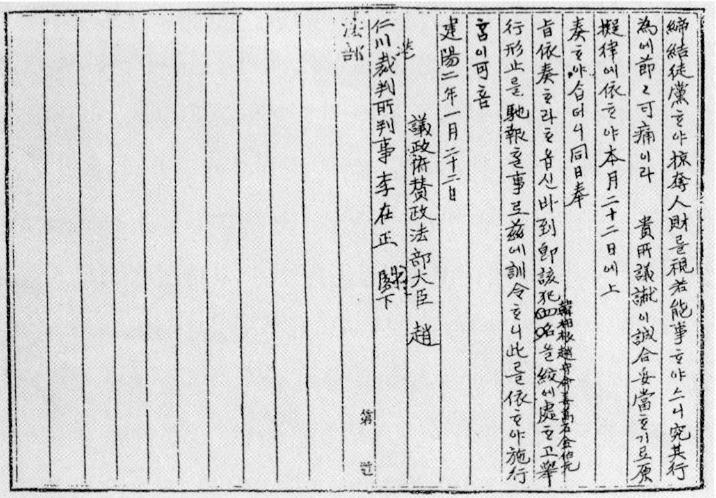

인천재판소 소관 사형집행 훈령(1897년 1월 22일, 案 제4호)

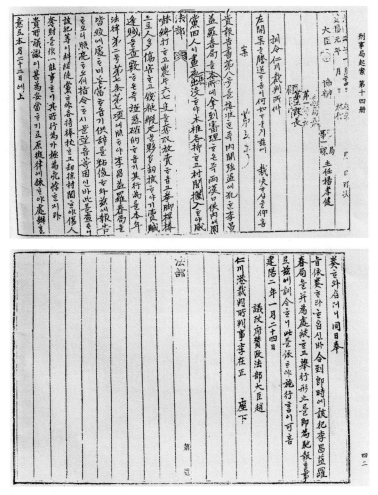

인천재판소 소관 사형집행 훈령(1897년 1월 24일, 案 제5호)

결과적으로 "사형을 정지하라는 전화친칙"이 가능한 시기(전화개통 시기)
는 『독립신문』이 배포된 1896년 11월 7일 이후부터 고종의 재가가 이루어
져 사형집행명령이 훈령을 통하여 인천재판소에 내려진 1897년 1월 22일
까지이다.

그러나 1896년 12월 31일의 두 번째 '상주안건'에서 김창수가 제외되었

긴 했지만 고종의 재가가 없었으므로 "사형을 정지하라는 전화친칙"을 거론 할 수 없는 상황이었다. 또한 1897년 1월 22일에 김창수가 제외된 세 번째 '상주안건'이 보고되고 어전회의 시행과 고종의 재가가 이뤄지기도 전에 "고종이 인천감리에게 김창수의 사형을 정지하라는 전화친칙"을 하였다는 것도 시기 등 정황상 이치에 맞지 않다.

그러므로 "사형을 정지하라는 전화친칙" 시기(전화개통 시기)는 고종의 최종 재가가 이루어져 김창수가 일단 사형집행을 면할 수 있게 된 1897년 1월 22일로 보아야 한다.

'전화개통일' 관련 공적기록과 『백범일지』 기록 비교

고종실록 35권, 승정원일기 3078책 1897년 1월 22일	1897년 1월 22일의 훈령(案 제4호)과 1897년 1월 24일 훈령(案 제5호)	『백범일지』 전화친칙일 1896년 10월 2일(양력)
한성재판소와 충청남도, 전라북도, 인천의 각 재판소에 강도죄인 장명숙 등과 살옥정범죄인 김세종 등 35인을 교형에 처하라고 명하였다. 법부에서 조율하여 상주하였기 때문이다.	상주에 대한 재가가 이뤄졌으니 한상근, 조수명, 강만석, 김백원(案 제4호)과 이창익, 나춘국(案 제5호) 등에 대한 교형을 즉시 시행하라고 법부대신이 인천재판소판사 이재정에게 훈령	김창수의 사형을 정지하라신 친칙(중략) 인천까지의 전화가 설공사가 완준된지 3일째 되는 병신 8월 26일 날이라.'

특히 『백범일지』에 인천옥에 수감되어있던 다른 사형수의 사형집행정황을 아래와 같이 기록한 것으로 보아 "전화친칙"은 1897년 1월 22일과 동월 24일의 사형집행 훈령(공문)이 인천항재판소 판사 이재정에게 전달되어 실지로 사형집행이 이뤄졌던 시기로도 볼 수 있어 "전화친칙"은 며칠 늦어질 수는 있다.

『백범일지(현대문)』

인천옥에서 사형수 집행은 늘 오후에 끌고 나가서 우각동(牛角洞)에서 교살

(絞殺)하던 터이므로, 아침밥과 점심밥도 잘 먹었고, 죽을 때에 어떻게 할까하는 준비를 하고 싶은 마음도 없이 있었으나, 옥중 동료죄수들의 정상(情狀)이 차마 보기 싫었다.

법부에서 인천재판소 판사 이재정에게 보낸 '사형집행 훈령(제4호와 제5호)'과 관련되었음이 짐작되는 내용이 『백범일지』에도 기록되어 있다.

『백범일지(친필본)』

그씨의 官廳 手續이 엇더튼 것은 모르나, 내의 料量으로는 李在正이 그 公文을 밧고 上部 即 法部에 電話로 交涉한 것 같으나, 그 後에 大廳에서 나오는 消息을 드르면 死刑은 形式으로라도 임금에 裁可를 밧아 執行하는 법인데,(후략)

이는 "사형을 정지하라는 친칙"이 있기까지의 경위를 설명한 것으로 "그 때의 관청수속이 어떻게 이루어지는지 모르겠으나, 내 생각으로는 이재정이 그 공문을 받고 상부 즉 법부에 전화로 교섭한 것 같다."고 하였는데, 이 때의 '공문(公文)'은 사형집행 '훈령(제4호와 제5호)'을 지칭하는 것일 가능성도 있다.

전술한 대로 인천감리겸 인천재판소 판사 이재정은 일본정부의 김창수에 대한 처단압력에 따라 여러 차례 신속한 처리(속판 등)를 법부에 독촉하였고, 그 결과 김창수에 대한 사형집행명령(재가)이 떨어질 것을 확신하고 있었을 것이다. 그런데 사형집행 대상자에 김창수가 제외된 칙명 또는 훈령(공문)이 알려짐에 따라 법부에 부랴부랴 그 경위를 전화로 확인했었음을 『백범일지』를 통해 짐작할 수 있다.

여기서 한 가지 짚고 넘어갈 것은 『백범일지』에 김구는 "고종의 사형을 정지하라는 친칙"이 있었던 해를 '병신년(丙申年)'이었다고 기록하고 있다는 점이다. 오랜 세월이 흘러 일자의 착오는 있었을망정 사형을 면한 해가 '병신년'이었다는 기억은 평생 잊지 못할 기억일 것이다. 그럼에도 1896년인 '병신년'이 최종 '상주안건'과 고종의 재가에서 제외되어 사형을 면한 해인 1897년 1월 22일 즉 '정유년(丁酉年)'과 차이를 보이는 이유는 무엇인가?

이는 고종의 재가가 있었던 1897년 1월 22일을 당시 김구가 사용하던 음력을 기준으로 보면 1896년 12월 20일이었다. 일자에 착오가 있었을망정 사형을 면한 해가 음력을 기준으로 '병신년'이었다는 김구의 기억은 틀림이 없다.

3. 『백범일지(상권)』의 시기적 착오에 대한 이해

『백범일지』에 "그때가 건양 2년쯤이고 『황성신문』이 창간된 때였다. 어느 날 신문을 보니 나의 사건을 간략히 게재하고, 김창수가 들어온 후로는 인천감옥이 감옥이 아니라 학교라고 한 기사가 보았다."고 기록하였는데[277] 1898년 2월 15일자 『독립신문』 '외방통신(현대문)'에는 "ㅇ 인천항 감옥서 죄수 중에 해주 김창수는 나이 이십 세에 일본 사람과 상관된 일이 있어 갇힌지가 지금 삼년인데 옥 속에서 주야로 학문을 독실히 하며 또한 다른 죄인들을 권면하여 공부들을 시키는데 그 중에 양봉구는 공부가 거의 성가가 되고 그 외 여러 죄인들도 김창수와 양봉구를 본받아 학문 공부를 근실히 하니 감옥 순검의 말이 인천 감옥서는 옥이 아니요 인천 감리서 학교라고들 한다니 인천항 경무관과 총순은 죄수들을 우례로 대지하여 학문을 힘쓰게 하는 그 개명한 마음을 우리는 깊이 치사 하노라."라고 기록되어 있다.

---

277 『백범일지(친필본)』: 當時 建陽 二年쯤이라, 『皇城新聞』이 創刊된 찌라. 어느날 新聞을 본즉 내의 事件을 略猲하고, "金昌洙가 仁川獄에 드러운 後는 獄이 아니라 學校"라고 한 記事를 보앗다.

이렇듯 김구는『황성신문』에 앞의 기사가 실린 시기를 '건양 2년쯤' 즉 1897년으로 기억하고 있으나 사실은『독립신문』1898년 2월 15일자 기사이다.

이처럼『백범일지(상)』는 30여 년 후에 기억을 더듬어 작성한 글로 일자 및 신문사명 등 기억에 많은 착오가 있음을 확인할 수 있다. 이러한 시기적 착오는 실질적(공적)인 일자와 2~3개월 정도의 차이를 보이고 있고, 시기적 착오는 실지보다 빠르거나 늦거나 하여 뒤죽박죽 섞인 것이 아닌 실지보다 빠른 것으로 일관성을 보이고 있다.

여기에는 김구가『독립신문』에 김창수(김구) 등에 대한 사형선고 관련기사가 보도된 시기를 1896년 9월 4일(음력 1896년 7월 27일)로 실지로 기사가 실린 1896년 11월 7일보다 2개월 쯤 빠른 것으로 잘못 기억함에 따라 그 후에 연관된 '전화친칙일' 등 다른 사안도 시기가 실지보다 순차적으로 당겨져 기록된 듯 보인다.

4. 결어

김구는『백범일지』에서 사형을 면하게 된 경위를 기록하였는데, 이를 (현대문) 살펴보면 "그러나 그 후에 대청에서 나오는 소식을 들으면, 사형은 형식으로라도 임금의 재가를 받아 집행하는 법인데, 법부대신이 사형수 각자의 '공건(供件)'을 가지고 조회에 들어가서 상감 앞에 놓고 친감(親監)을 거친다고 한다. 그때 입시(入侍)하였던 승지 중 누군가 각 죄수의 '공건'을 뒤적여보다가 '국모보수(國母報讐)' 넉 자가 눈에 이상하게 보여서, 재가수속을 거친 '안건(案件)'을 다시 빼어다가 임금에게 뵈인즉, 대군주가 즉시 어전회의를 열고 의결한 결과, 국제관계니 일단 생명이나 살리고 보자 하여 전화로 친칙하였다 한다. 하여튼지 대군주(李太皇)가 친히 전화한 것만은 사실이었다."라고(백범일지 친필본: 첨부3) 당시의 긴박했던 순간들을 세세히 서술하였다.

여기에는 「형률명례」에 규정된 것처럼 사형집행은 임금의 재가(사형집행명령)가 있어야 한다는 점, '사형수 각자의 공건'이라고 한 것으로 보아 사형수에는 김창수 단독이 아닌 복수의 사형수들이 사형집행 대상이었다는 점, 법부대신이 교수형을 상주하였다는 점, 1896년 8월 31일 인천항경무관 김순근이 작성한 제1차 조서(초초)에서[278] 살해동기를 '불공대천지수(不共戴天之讐)'로, 인천항재판소 판사이재정이 인천영사관 경부 카미야 키요시(神谷淸) 참석 하에 1896년 9월 10일 작성한 제3차 조서(삼초)에서는[279] 살해동기를 '신위국민함원어 국모지수유 차거야(身爲國民含寃扵 國母之讐有 此擧也: 국민 된 몸으로써 원통함을 품고, 국모의 원수를 갚기 위하여 이 거사를 하였노라.)'고 하는 등 살해동기(대의명분)가 국모의 원수를 갚기 위한 것(國母報讐)임을 분명히 밝힌 점,

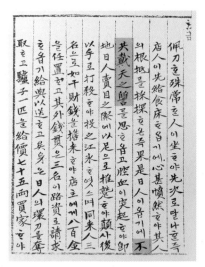

김창수 1차 조서(初招)

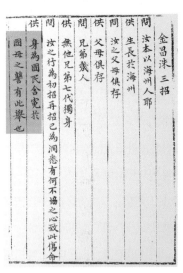

김창수 3차 조서(三招)

278 奎26048, 김창수 초초(보고서 제1호에 첨부), 1896.8.31
279 奎26048, 김창수 삼초(보고서 제1호에 첨부), 1896.9.10

"어전회의에서 일단 목숨이나 살리고보자 하였다."고 하였는데, 김창수에 대한 3차 심문(삼초)이 끝난 이틀 후인 1896년 9월 12일 하기와라 슈이치 인천영사가 "김창수를 대명률 형률 인명 모살인조(大明律 人命謀殺人條)에 의해서 참(斬: 목을 벰, 참수형)으로 처단하는 것이 마땅하다."는 문서(照會)를[280] 인천항재판소판사 이재정에게 제출하는 등 일본정부의 끈질긴 처단압력을 고려하면서(국제관계) 사형선고를 받은 김창수를 살릴 수 있는 방법을 찾던 중, 임시방편으로 김창수가 포함된 첫 번째 '상주안건'에 재가를 하지 않았고, 김창수가 제외된 세 번째 '상주안건'에 재가를 함으로써 다른 사형수들과 달리 사형집행을 일단 면할 수 있었다는 점 등이 공적기록 등 객관적 사실과 일치한다.

그러므로 사형수의 신분인 김창수가 사형을 일시적으로 면한 이유를 임금의 '특사(特赦: 특별사면)' 또는 '감일등(減一等)'이 있었기 때문이라는 일부의 해석에는 오류가 있다. 특사에 따라 형집행 면제로 석방(방면)이 되었다거나 또는 감형된 사실이 없고, 형벌을 사형, 유형, 역형(징역형), 태형으로 규정한 「형률명례」를 보았을 때 사형에서 '감일등(減一等)'하여 유배(유형)되었다거나, 「적도처단례」에 규정된 형벌인 교형(絞刑), 태형(笞刑) 후 역형(役刑), 역형(役刑), 태형(笞刑)에 따라 교형(사형)에서 '감일등'이나 '감이등' 되어 역형(징역형)을 받은 사실도 없기 때문이다.

『백범일지(친필본)』에는 사형장에 끌려나갈 시간이 임박하였다고 생각하고 있을 때, 인천감리서 누군가가 인천옥에 와서는 "至今에 大君主 陛下끠압서 大廳에서 監理令監을 불너겝시고, '金昌洙 死刑은 停止하라'신 「親勅」을 밧고 '밤이라도 獄에 나려가 昌洙의게 傳旨하여 주라'는 分付을 듯고 왓소. 오늘 하로 얼마나 傷心 하엿소?"라고 한 것으로 기록되어 있고, "사형을 정지하라는 고종의 전화친칙" 관련 『백범일지』 친필본에는 '대군주친전정형(大君主親電停刑)'이라는 부제가 추가되어 있다. '대군주친전정형'은 고종의 전화에 의한 명령에 따라 사형집행이 정지되었다는 의미로 이해 할 수 있다. 이러한 기록을 바탕으로 "고종이 전화로 사형을 멈추게 한 조치"를 '사면'이나 '특사' 또는 '감일등'이나 '형집행정지' 등이 있었기 때문이라는 여러 해석들을 내어놓고 있는 것으로 보인다.

당시에도 국가적으로 경축할 큰 행사 등이 있을 경우 현재의 사면조치에 해당하는 '대사령'으로 죄인들을 풀어주거나 감형하는 사례가 있었다.

고종은 1897년 10월 12일 국호를 '대한제국'으로 선포하였고, 다음날인 10월 13일 '대사령(大赦令)'을 내렸는데, 그 내용은 "모반(謀叛), 강도, 살인, 간통, 편재(騙財: 사기, 횡령 등), 절도 등 여섯 가지 범죄를 제외하고는 각각 한 등급을 감하라(減一等)."고[281] 한 것으로 죄수들에 대하여 '감형'하라는 사면령을 내렸던 것이다.

1898년 2월 들어 전국의 많은 죄수들에게 '감일등'의 조치가 이뤄졌는데, 이 사면령(대사령)의 결과로 보인다. 이때 인천감리서의 죄수들에게도 감형(減一等) 조치가 이뤄졌는데,[282] 3월 20일 김창수와 함께 탈옥하는 양봉구, 조덕근, 황순용, 강백석(『백범일지』에는 김백석으로 기록)이도 혜택을 받았다. 그러나 김창수에 대한 감형은 이때에도 이뤄지지 않았다.

그러므로 '대군주친전정형'은 김구가 "고종의 전화명령으로 사형집행이 정지되었다."는 것을 나름대로 함축적 의미로 표현한 것으로 보아야 하며, 이를 감일등(減一等) 등과 같은 '특사(特赦)' 또는 '형집행정지'와 같은 법률용

281 고종실록 36권, 1897년 10월 13일
282 奎17289-v.1-180, 22a면, 『관보』 32권. 제 874호, 1898.2.16.

어로 설명하는 것은 무리가 있다.

따라서 『백범일지』의 "사형을 정지하라는 친칙" 내용은 김창수는 사형 집행대상이 아니므로 사형을 시켜서는 안 된다는(김창수에 대하여는 사형집행 명령을 내리지 않았으므로 사형집행을 정지하라는) 고종의 지시가 있었다는 의미 로 이해함이 타당할 것이다. 또한 사형(집행)이 보류되었다거나 연기되었다 는 설명도 김창수가 사형집행명령(재가)을 받았던 상황으로 오해의 소지가 있으므로 명확히 하여야한다.[283]

특히 그 동안 밝혀진 전화가설이나 사용관련 공적기록들이 1898년에 집중되어 1898년를 최초 전화 가설시기로 거론하기도 했으나 이보다 앞선 1897년도의 전화 가설이나 사용에 관한 공적 기록들이 새롭게 발견됨에 따라 『백범일지』의 1897년 전화개통 정황은 더욱 설득력을 갖게 되었다.[284]

1897년 무렵 전화관련 기록들을 살펴서 요약하면, 11월 29일 명성황후 국상일에 전어기(傳語機: 전화기)관련 업무를 수행한 사람들에게 포상한 기록이[285] 있고, 12월 24일 "궁내부에서 농상공부의 전화관련 기술자를 동원 하여 서울 각 마을에 8대의 전화기를 이미 설치하였다."는 내용의 신문기 사가[286] 실린 것과 1898년 1월 8일 "대궐 안에서 각 부로 전어기(전화기)를

283 사형집행일, 사형정지, 사형연기, 사형보류 모두 일반적으로 사형선고가 아닌 사형집 행명령(고종의 재가)이 있은 후에야 발생할 수 있는 상황들이다.『도왜실기(屠倭實記)』에 는 "특지로 사형집행을 3년 연기하라." 했다고 기록되어 있다. 『백범일지』에는 '사형정 지', 『도왜실기』에는 '사형연기'라고 한 것은 김구 본인도 사형집행을 면하게 된 사법상 절차와 그 결과의 의미를 정확하게 파악하지 못했음을 말한다. 이 시기는 사형선고를 했다는 사실도 신문보도를 보고 알게 되는 등 근대 사법적 절차가 확고히 자리 잡지 못했던 시기로, 구시대 사법제도 및 관례와 새로 도입한 근대사법제도가 혼존하던 시 기이기도 했다. 이러한 때 김구에게 사법적절차가 진행되는 과정과 결과(문서 포함)를 일일이 알려주지 않았을 것이다.

284 이봉재, 『문헌에 따른 근대통신역사』, 진한 M&B, 2019, 제4장 궁중용 전용전화의 가 설, 제8장 전화기의 옛 명칭 어화통, 덕률풍, 전어기 참조

285 승정원일기 3090책, 인산시별단(因山時別單), 1897.11.29

286 『독립신문』「각 부 신문」, 1897.12.14

연결하였는데 아이들이 종이연을 날리다가 매양 연줄이 전어기줄에 얽히어…"라는 신문기사[287] 등 전화를 사용하였거나 가설한 기록들이 있다.

특히 인천감리서와 한성(외부)간 전화를 통화한 내용을 기록한 문헌(外記)들은 1898년 1월부터 발견된다.

1898년 1월 24일 "영국군함 5척, 러시아군함 1척, 미국군함 1척이 닻을 내리고 머물러 있었는데, 육지에 상륙하였던 영국 병사가 금일 오전 10시에 승선하여 되돌아갔다."고 인천감리서 (주사)조광희가 외부(外部)에 전화로 보고한 기록과[288] 1898년 1월 25일 "영국군함 한 척이 입항하였다."고 인천감리가 외부에 전화로 보고한 기록[289], 그리고 1898년 1월 28일 "대궐에서 전화로 오후 5시에 외부협판이 대령할 것을 지시하였다."는[290] 내용과 "금일 오후 3시에 세 개의 돛을 단 영국군함 한 척이 입항하였다."는[291] 내용으로 인천감리서에서 외부에 전화로 보고한 기록 등이 있다.

이 기록들로 근거로 그동안 전화개통시기가 1898년 1월이라는 주장이 정설처럼 거론되어 왔다.

그러나 앞서 설명한 대로 이미 1897년도에 전화를 가설하고 사용한 기록들이 새롭게 발굴되었고, 또한 1898년 1월의 인천감리서와 외부 간 전화사용기록들은 이 시기에 이미 인천감리서에서의 전화사용이 상용화되는 등 전화사용이 정착되고 외부에서 인천감리서와의 전화통화 내용을 기록할 수 있을 만큼 전화운용에 대하여 기술적으로 큰 진전을 이룬 시기임을

287 『독립신문』 '잡보', 1898.1.8

288 奎17840, 外記(외부 교섭국일기) 12권, 仁監署趙光熙 德律風傳語 英艦五 俄艦一 美艦一 尙今留碇而下陸英兵 本日上午十點還爲上船, 1898.1.24

289 奎17840, 『外記(외부 교섭국일기)』 12권, 仁署電話 英艦一隻入來事, 1898.1.25

290 奎17840, 『外記(외부 교섭국일기)』 12권, 闕內電話 下午五時有外部大臣待令處分, 1898.1.28

291 奎17840, 『外記(외부 교섭국일기)』 12권, 仁署電話 本日下五三時 英三帆艦一隻入來, 1898.1.28

알 수 있다. 즉 외부의 기록들은 인천감리서와의 전화사용기록들이지 불안정하고 실험적인 요소가 강했을 인천감리서의 최초 전화개통기록이 아님에 유의하여야 한다.

그러므로 이러한 기록들은 1897년 1월 22일의 인천감리서의 전화개통과 사용을 직접적으로 증명하는 것은 아니지만 개연성이 충분함을 알려주고 있다.

다음은 근대 궁중용(행정용) 전화사업(도입,가설,사용)을 정리한 연표이다.

근대 궁중용(행정용) 전화사업(도입, 가설, 사용) 연표

연도 구분	형태	내용	관련문헌	비고
1882.3.22(음)	전화기 도입	상운, 덕률풍 2대 등	『음청사(김윤식)』 '한국사료총서'	최초 전화기 도입
1893.1.27(음)	전화기 도입	일본에서 도입하는 궁중용전화기 면세조치	『총관공문 7책』 '각사등록 근대편'	
1894.1.16(음)	전화기 도입	일본에서 도입하는 궁중용전화기 면세조치	『총관공문 8책』 '각사등록 근대편'	
1894.2.30(음)	전화기 실험	화전국에서 방판 등 초청	『통리교섭통상사무아문일기』 39책, 奎17836	
1895.3.25(음)	전화관할부서 신설	농상공부 '통신국' 신설	『고종실록』 33권, (칙령 제48호)	
1897.1.22	전화기 가설·사용	한성과 인천감리서 간 개통	『백범일지』 『고종실록』 35권 『승정원일기』 3078책	고종의 사형집행 칙명관련 전화 사용
1897.11.22	전화기 가설·사용	명성황후 인산일 전어기거행	『승정원일기』 3090책	1897.11.29. 포상
1897.12.14	전화기 가설	서울 각 마을에 전화기 8대 가설	『독립신문』 '각 부 신문'	
1897.12.30	전화기 도입	청국에서 도입하는 궁중용전화기 면세조치	『탁지부각부원등공문래거문』 19책, 奎17877	
1898.1.8	전화 사용	대궐과 각 부 전화사용	『독립신문』 '잡보'	전화선에 연줄이 걸려 전화고장
1898.1.24. ~1898.1.28	전화 사용	외부와 인천감리서 간 통화 내용 기록	『외기(외부교섭국일기)』 奎17840	동월 24일,25일, 28일 연속기록
1898.7.10	전화 사용	궁내부에서 각 부처 전화사용료 징수	『궁내부래문』19책, '각사등록근대편'	전화사용기관 명시
1898.11.20. ~1899.1.25	전화 사용	외부와 타 부처 간 통화내용 기록	『전화』 奎20043	대청, 궁내부, 의정부, 인천감리서

특히 1895년 3월 25일 최초로 전화사무가 관청(농상공부 통신국)의 관할 사무로 규정되었다는 것은[292] 이 시기에 전화가설이 본격적으로 추진되었음을 알려주는 결정적 징표이다.

1896년 10월 2일 인천감리서와 법부 간 전보사용기록은[293] 전신선이 한성과 인천감리서 간에 연결되어 있었다는 것을 재확인시켜주고 있고, 초장기에는 전신선을 전화선으로도 활용(전신전화쌍신법)하던 시기여서 전신선은 전화의 기반시설도 됨에 따라 『백범일지』의 1897년도 한성과 인천 간 전화개설 기록의 신뢰성을 더욱 높혀주고 있다.

전신(전보) 관련 통신역사를 살펴보면 1885년 9월 28일 우리나라에서 한성과 인천 간 전신선이 처음으로 완공되었고,[294] 동년 10월 3일에 인천분국이 설치되어 경인간 전신업무가 시작되었다.

1896년 7월 23일에는 '전보사 관제'가 반포됨으로써[295] 처음으로 전보사(電報司)를 각 지역에 설립하기 시작하였는데, 이때 인천지역에도 전보사설립을 서둘렀음을 알려주는 1897년 1월 12일자 『독립신문』기사가 있다.

『독립신문』(1897년 1월 12일자 '잡보'난)

원문: ㅇ인천항에 전보샤를 금방 셜시 ㅎ랴ᄂᆞᆫ딕 전보샤 관원 둘을 쑵을 ᄎᆞ로 쟉년 십이월 이십 구일 농상 공부 대신 리윤용씨와 뎜말국 교ᄉᆞ 미륜 ᄉᆞ씨가 통신국에 모화 긔계를 버려 놋코 이왕 전보샤 관원 다니던 사ᄅᆞᆷ과 전보 공부 ᄒᆞ던 학도 합 이십명을 불너 직죠 우열을 시험 ᄒᆞ엿다더라

---

292 『고종실록』33권, 칙령 제48호(1895.4.25 음)
293 奎26048, 인천감리와 법부 간 전보와 답전, 1896.10.2
294 1885년 9월 28일은 '한성전보총국' 개국과 같은 날(음력 8월 19일)로서 한성과 인천 간에 전신선이 처음 개통되었다. 이후 한성과 의주를 연결하는 전신선이 완공됨으로서. 이른바 '서로전선'이 되었다.
295 『고종실록』34권, 칙령 제24호.1896.7.23

현대문: ㅇ인천항에 전보사를 금방 설시(設始) 하려는데, 전보사 관원 두 명을 뽑기 위해 작년 십이월 이십구일(1896년 12월 29일) 농상공부 대신 이윤용씨와 덴마크(丁抹國) 교사 미륜사씨가 통신국에 모여 기계를 벌려 놓고 전보사 관원으로 있던 사람들과 전보공부를 한 학도 등 총 이십 명을 불러 제조우열을 시험하였다고 한다.

앞의 『독립신문』에 의하며 "1896년 12월 29일 인천항에 전보사를 설립하려는 계획에 따라 전보사 관원 2명을 뽑기 위해 농상공부 통신국에서 채용시험(제조우열시험: 기능시험)을 시행하였다."는 것이다.

그런데 이때 채용시험에 등장했던 '기계'는 '전신기'와 '전화기'였을 가능성이 높다. 당시 현업부서인 전보사는 1902년도에 '전화소' 등이 설립되기 이전에는 전신업무 외에 전화업무도 전담하였기 때문이다.[296] 이 때 설립된 인천전보사는 인천감리서와 인접한 곳에 설립됨에 따라 한성과 인천감리서 간 전화가설과 사용에 있어 많은 역할을 하였음을 미루어 짐작할 수 있다.

여러 가지 사안들을 종합적으로 판단하면 1897년도(음력 1896년)에 한성과 인천 간에 전화가 개통되어 사용되었다는 『백범일지』 기록은 전기통신 역사학적으로도 신뢰할 수 있다.

『백범일지(친필본)』에는 "至今에 大君主 陛下끠압서 大廳에서 監理令監을 불너겝시고 '金昌洙 死刑을 停止하라'신 親勅을 밧고 '밤이라도 獄에 나려가 昌洙의게 傳旨하여 주라'는 分付을 듯고 왓소. 오늘 하로 얼마나 傷心하엿소?"라고 기록되어 있다.

---

296 1898년 1월 18일 농상공부에서 의정부에 보낸 청의서(電報司官制中改正請議書 第二十二號, 農商工部去牒存案 제3책)에 기록된 "전화가 가설됨에 따라 한성전보사에서 전화사무까지 겸임하고 있어 업무가 폭증하고 있다."는 내용을 보더라도 전보사에서 전화사무(전화가설과 점검)를 담당하고 있었음을 알 수 있다.

이는 인천감리 이재정이 '김창수의 사형을 정지하라'는 고종의 '전화친
칙'을 직접 받고는 이재정이 인천감리서 누군가에게 "밤이라도 옥에 내려
가 김창수에게 전달하여주라"고 하였다는 내용이다.

　　이에 대하여 일부에서 고종의 전화사용 자체에 대하여 의구심을 표하
기도 한다.

　　그러나 당시 고종은 전화 사용에 있어 주저함이 없었음이 여러 문헌에
나타나고 있다.

고종과 신하의 전화통화 모습을 재현한 상상도(홍석창, 이경수 작-홍익대 /고증-진용옥)

　　1898년 9월 17일자 『독립신문』에는[297] "본월 십사 일에 고종이 전어통
(전화기)으로 경무사 민영기씨에게 '하교'한 것을 두고 '칙령'이라 하였으나
이는 전어통으로 '하교'한 것일 뿐이다."라는 요지의 기사와 『개화백경』에
[298] 1896년에서 1900년 사이에 외부(外部)에서 교섭국주사(交涉局主事)로 근

297 『독립신문』, 각국명담, 군명을 욕되게 말 일, 1898.9.17.
298 이규태, 『개화백경』 제3권, 신태양사, 1969.

무하였다는 황우찬의 증언내용이 실려 있는데 "황우찬이 국장을 대신하여 궁내부의 교환대를 통하여 고종에게 보고하려고 전화를 걸었는데, 고종이 내시를 거치지 않고 전화를 직접 받았다."는 요지의 기록에서 대신(장관)이 아닌 그 아래 신하들도 고종과의 통화가 가능했었음을 알 수 있고, 전화를 직접 받는 모습에서 고종이 전화 사용에 주저함이 없었음도 알 수 있다.

이외에도 고종이 1900년 3월 14일에 봉심(奉審)을 위하여 함흥과 영흥의 본궁으로 떠나는 신하들을 소견할 때에 신하들이 고종에게 수시로 보고하기가 어려운 점을 토로하자 고종이 "마땅히 전화과주사(電話課主事)가 기계를 가지고 동행하여야 할 것이니, 전화로 먼저 아뢰면 필경 빠를 것이다." 라고[299] 한 것에서도 전화사용의 편리함과 전화의 가설 등 기술적인 문제(기 설치된 전신선의 활용)에까지 깊은 이해를 하고 있었음을 알 수 있다.

종합해 보면, 인천옥에서 수감생활 중이던 김구의 사형집행을 면하게 한 가장 최종적이고 결정적인 조치는 김구를 제외하고 고종이 내린 1897년 1월 22일의 사형집행명령(재가)이다. 이로써 김구선생은 사형수로서의 신분을 벗어난 것은 아니지만 일시적이나마 사형집행을 면할 수 있었다. 그러므로 "인천감리에게 김창수의 사형을 정지하라"고 하였다는 『백범일지』의 기록은 1897년 1월 22일의 고종의 칙명(재가) 직후의 정황으로 보아야 한다. 즉 고종의 사형집행 칙명 문서나 법부의 사형집행훈령 문서가 인천감리서에 도달하는 데는 많은 시간이 걸리므로 이를 우려한 고종이 막 가설된 전화를 사용하였음을 『백범일지』를 통해 짐작할 수 있다.

전화개통시기 관련하여서는 여러 공적사료들을 발굴함으로써 최초 전화개통시기가 기존에 알려진 1898년도가 아닌 1897년도임이 확인되었고, 『백범일지』에 기록된 전화개통 시기("김창수의 사형을 정지하라"는 전화친칙 시

---

299 『고종실록』 40권, 1900.3.14.

기)도 1896년도가 아닌 1897년도(음력기준 1896년)임이 확인되었다.

　다만『백범일지』와 공적기록 등을 통하여 확인된 1897년 1월 22일의 한성과 인천감리서 간 전화개설사실을 좀 더 명확하게 밝혀줄 직접적인 공적문헌은 발견되지 않고 있으나 1897년도를 중심으로 한, 전후의 전화관할 부서의 신설, 전화도입과 실험, 전화사용기록 등의 정황을 종합적으로 살펴보았을 때,『백범일지』의 한성과 인천감리서 간 전화개통기록은 신뢰할 수 있다고 판단된다.

　『백범일지』의 전화개통기록은 분명 공적기록이 아닌 개인기록이다. 그러나 개인기록이라고 하더라도 정황을 파악할 수 있는 여러 공적기록들에 의하여 전화개통에 대한 개연성이 충분히 인정되므로 이를 공식적인 통신역사자료로 삼아야한다고 믿는다.

　1897년 1월 22일의 한성과 인천감리서간 전화개설사실을 더욱 명확히 밝혀줄 문헌 발굴노력[300] 등은 저자를 비롯한 근대통신역사를 연구하는 사람들과 사학자들의 몫일 것이다.

---

300 현재까지 확인된 인천감리서의 전화 통화기록은 외부문서(『외기』,『전화』 등)에 집중되어 있다. 외부문서뿐만 아니라 이외의 타 부처와 인천감리서 간에 전화 관련된 문헌들의 발굴과 고찰이 필요하다.

《첨부 1》 [1897년 1월 22일, 고종실록 35권]

命漢城裁判所及忠南·全北·仁川各裁判所强盜罪人張明叔等、殺獄正犯罪人
金世種等，竝三十五人處絞。因法部照律上奏也。

(국역문: 한성·충남·전북·인천 각 재판소 강도죄인 장명숙 등과 살옥정범죄인 김세
종 등, 총 35인에 대하여 사형에 처하라 명하였다. 법부에서 조율하여 상주하였기 때문
이다.)

《첨부 2》 [1897년 1월 22일(음력 1896년 12월 20일), 승정원일기 3078책]

〈○〉又奏，漢城裁判所强盜罪人張明叔·嚴敬弼，平安南道慈山郡殺獄正犯
罪人金世種，漢城裁判所管下江華府强盜罪人呂尙福·崔聖根，漢城裁判所
强盜罪人崔億釗，忠淸南道裁判所强盜罪人金萬吉·李昌成·元云景·孔允
五·金福汝·李永道·李奉來，漢城裁判所管下京畿觀察使府强盜罪人李元
用·金平西，全羅北道裁判所强盜罪人尹治先·崔奉已，平安南道咸從郡殺
獄正犯罪人張升祿，咸鏡北道明川郡强盜罪人李官五，仁川裁判所强盜罪
人韓相根·趙守命·姜萬石·金伯元，忠淸北道裁判所强盜罪人金壽奉·安致
日·安周京，屠漢萬釗·金石根·李卜伊·周甲伊，仁川裁判所强盜罪人李順
五，漢城裁判所管下長湍郡殺獄正犯罪人全仁交，干犯罪人李召史，仁川裁
判所强盜罪人李昌益，羅春局合三十五名，竝以左開照律處絞之意，依元年
法律第三號刑律名例第九條，謹奏，奉旨依奏

(국역문: 또 아뢰기를, "한성재판소의 강도죄인 장명숙, 엄경필과 평안남도 자산군의 살
옥정범죄인 김세종과 한성재판소 관할 강화부의 강도죄인 여상복, 최성근과 한성재판소
의 강도죄인 최억쇠와 충청남도재판소의 강도죄인 김만길, 이창성, 원운경, 공윤오, 김
복녀, 이영도, 이봉래와 한성재판소 관할 경기관찰사부의 강도죄인 이원용, 김평서와
전라북도재판소의 강도죄인 윤치선, 최봉기와 평안남도 함종군의 살옥정범죄인 장승록
과 함경북도 명천군의 강도죄인 이관오와 인천재판소의 강도죄인 한상근, 조수명, 강만
석, 김백원과 충청북도재판소의 강도죄인 김수봉, 안치일, 안주경, 거한만쇠, 김석근,
이복이, 주갑이와 인천재판소의 강도죄인 이순오와 한성재판소 관할 장단군의 살옥정범

죄인 전인교, 간범죄인 이조이와 인천재판소의 강도죄인 이창익, 나춘국 등 도합 35명에 대해서는 모두 아래에 개록한 죄목에 따라 조율하여 교형에 처하겠습니다. '원년 법률 제3호 형률명례 제9조'에 의거하여 삼가 아룁니다."하였는데, 아뢴 대로 하라는 칙지를 받들었다.)

《첨부 3》『백범일지(친필본)』

"至今에 大君主 陛下끠압서 大廳에서 監理令監을 불너겝시고 '金昌洙 死刑을 停止하라'신 「親勅」을 밧고 '밤이라도 獄에 나려가 昌洙의게 傳旨하여 주라'는 分付을 듯고 왓소. 오늘 하로 얼마나 傷心 하엿소?

그씩의 官廳 手續이 엇더튼 것은 모로나, 내의 料量으로서는 李在正이가 그 公文을 밧고 上部 즉 法部에 電話로 交涉한 것 갓흐나, 그 後에 大廳에서 나오는 消息을 드르면 死刑은 形式으로라도 임금에 裁可를 밧아 執行하는 법인데, 法部 大臣이 死刑囚 各人 供件을 가지고 朝會에 들어가서 上監 앞에 노흐고 親監을 經한다고 한다. 그씩 入侍하엿든 承旨 中 뉘가 各囚 供件을 飜過할 제 '國母報讐' 四字가 눈에 異常히 보여서 裁可手續을 經過한 案件을 다시 쎄여다가 임금에게 뵈인즉, 大君主가 卽時 御前會議를 열고 議決한 結果, 國際關係니 아즉 生命이나 살니고 보자하여 電話로 親勅하엿다 한다.

何如하엿든지 大君主(李太皇)가 親電한 것만은 事實이다. 異常하게는 생각되는 것은 其時 京城府 內는 旣爲 電話 架設이 된지 오랫으나, 京城 以外에는 長途 電話가 仁川까지가 처음이오. 仁川까지의 電話 架設 工事가 完竣된 지 三日째 되는 丙申 八月 二十六日 날이라.

萬一 電話 竣工이 못 되엿어도 死刑 執行되엿겟다고 한다.

제2절 사형절차 등 근대 사법절차에 대한 이해

김창수의 '치하포사건' 관련 사법처리 과정은 근대적 사법제도가 처음 도입된 후 변혁기이자 과도기에 사형절차 등 형사사법절차가 어떻게 변화되고 적용되었는가를 확인 할 수 있는 실사례로서 이와 관련된 문헌 등 기록들은 근대사법제도를 살펴볼 수 있는 귀중한 사료들이다.

먼저 김창수의 사형관련 사법적절차를 이해하기 위해서는 1894년 7월 초부터 1896년 2월초까지 3차례에 걸쳐 추진된 갑오개혁(갑오경장)시 사법 관련 제도의 변천과정을 살펴보아야 한다.

이때 이뤄진 근대적 사법개혁의 중점은 사법권을 관찰사와 수령 등 지방관에서 재판소로 이전함으로써 사법권을 행정기구에서 분리한 것이었다.

1895년 3월 25일(양력 4월 19일)에 「재판소구성법(裁判所構成法)」을[301] 반포하면서, 재판소를 지방재판소, 한성과 개항장재판소, 고등재판소, 순회재판소, 특별법원으로 구분하였는데, 지방재판소와 한성·개항장(인천,부산,원산)재판소는 1심재판소로 하고, 고등재판소와 순회재판소는 2심재판소로 하는 등 2심제(二審制)를 채택하였고, 특별법원은 '왕족(王族)의 범죄에 관한 형사 사건'을 관할로 하며 단심제(單審制)를 채택하였다. 이때 한성 및 인천재판소 판결에 대한 상소를 고등재판소에서 담당하게 하였는데[302], 어찌된 사연인지 당시 김창수는 인천재판소에서 재판을 받은 후 고등재판소에 상소하여 재판을 받았다는 기록은 백범일지는 물론 공적기록에서도 발

301 「고종실록」33권, '법률 제1호「재판소구성법(裁判所構成法)」반포', 1895.3.25
302 재판소구성법 제23조: 고등재판소는 합의재판이라 한성재판소 및 인천재판소에서 행한 판결에 불복하는 상소를 재판함

견할 수 없다.

　김창수에 대한 사법적 처리에 있어 근간이 되었던 근대적 형사법인「형률명례(刑律名例)」는 1896년 4월 1일 반포된 후 1896년 6월 17일 개정절차를 밟았다.

　김창수를 조사하고 재판하였던 기관들도 잇달아 설치가 되었는데, 1896년 8월 10일 인천항경무서가 설치되었고,[303] 동월 15일에는 인천항재판소가 설치되었으며,[304] 동월 26일에는 인천감리 이재정이 겸임인천항재판소 판사에 임명되었다.[305]

　김구는『백범일지(친필본)』에 '수사형선고(受死刑宣告)'라고 기록하여 이때 사형선고를 받았음을 분명히 하고 있다. 하지만 인천감리서에서 수감생활 중 언제 사형선고를 받았는지에 대한 정확한 기록이 없다.

　다만 1896년 11월 7일자『독립신문』에 "인천재판소 등 각 재판소에서 중한 죄인(김창수 등 11명)을 명백히 재판하여 교에 처하기로 선고하였다."고[306] 하였는데, 여기서 '선고'라는 법률용어가 발견된다. 즉 김창수에 대하여 인천재판소에서 판결(사형선고)을 내렸다는 기사이다.

　재판소에서는 사형선고를 한 후에 법부를 거쳐 임금에게 사형집행을 재가할 것을 주청한다는 절차는 '법률 제3호「형률명례」'에 규정되어 있는데, 이 법은 1896년 4월 1일 반포된 후 1896년 6월 17일 개정이 이루어졌다.

법률 제3호「형률명례(刑律名例)」관련규정

　제7조 사형에 처할 만한 자는 선고한 후에 임금에게 상주하여 재가를 받아

---

303 『고종실록』 34권, 칙령 제52호, 1896.8.10.
304 『고종실록』 34권, 칙령 제55호, 1896.8.15.
305 고종시대사 4집, 1896.8.26.
306 『독립신문』 '잡보', 1896년 11월 7일자

집행하여야 한다.

(第七條 死刑에 處홀만흔 者는 宣告흔 後에 上奏ㅎ야 裁可ㅎ심을 經ㅎ야 執行홈이 可홈)

제9조 한성 및 각 지방 각 항장재판소의 인명 및 강도옥안에 사형에 처할 만한 자는 법부에서 상주하여 재가를 받은 후에 처형함을 허한다.

(第九條 漢城 及 各 地方 各 港場裁判所의 人命 及 强盜獄案에 死刑에 處홀 만흔 者는 法部로셔 上奏ㅎ야 裁可ㅎ시믈 經흔 後에 其 處刑ㅎ믈 許홈이 可홈)

제17조 각 재판소에 있는 징역형 종신(무기형) 이상의 율(律)에 해당할 만한 죄인은 반드시 법부대신의 지령(指令)을 기다려 선고하여야 한다.

(第十七條 各 裁判所에 在 흔 役刑 終身 以上律에 該當 흘 만 흔 罪人은 반다시 法部大臣의 指令을 待 ㅎ야 宣告 홈이 可홈)

그런데 재판소에서 사형선고를 하기 전에 법부대신의 지령을 기다려야 한다는 것이 「형률명례(刑律名例)」 제17조에 규정되어 있다. 재판소에서 사형이나 무기형 등 중형을 선고함에는 억울한 피해자가 없도록 하는 등 신중을 기하거나 행정(법부)에서 재판절차를 통제하려는 조문으로, 전통적 사법제도에서 근대적 사법제도로 넘어가는 과도기적 조문으로 볼 수 있다.

이 조문은 각 재판소에서는 '사형에 처할 만한 자'들에 대하여 '범죄사실' 그리고 '적용법조'와 '형량(교형)' 등을 적시한 '보고서'나 '질품서(質稟書)'를[307] 작성하여 법부에 보고하면 법부에서는 재판소에 지령을 내려야 한다는 내용이다.

즉 각 재판소의 '보고서'나 '질품서(質稟書)'를 바탕으로 취합한 '상주안건'을 법부에서 작성하여 임금에게 보고하기 전에 법부의 지령과 각 재판

---

[307] '보고서' 또는 '질품서(質稟書)'에는 '사형에 처할 만한 자'들의 죄책에 대한 적용법조와 형량을 적시한 후 사형(교형)에 처함이 타당하니 지령(조율처판, 조율재처)해 달라는 내용이 주류를 이루고 있다.

소의 '사형선고'가 있어야 한다는 것이 「형률명례(刑律名例)」 제17조의 취지이다.

1896년 10월 22일 '상주안건'에[308] 포함된 사형수는 김창수, 장명숙, 엄경필, 한만돌, 김세종, 박정식, 주은쇠, 이개불, 여상복, 최성근, 이덕일 등 11명이다.

이들 사형수(사형에 처할 만한 자)에 대한 '보고서' 또는 '질품서'를 각 재판소 등에서 법부대신에게 보고한 기록들은 모두 빠짐없이 발견된다.

김창수에 대한 문서는 1896년 9월 13일의 보고서가[309] 있고, 장명숙[310], 한만돌에[311] 대한 문서는 1896년 10월 22일의 질품서가 있으며, 엄경필에 대한 문서는 1896년 10월 22일의 질품서[312], 주은쇠, 이개불, 여상복, 최성근에 대한 문서는 1896년 10월 20일의 질품서가[313] 있다. 김세종에 대해서는 보고서(제4호)에[314] 평양부관찰사의 질품서(제5호)를 접했다는 기록이 있고 박정식과 이덕일에 대해서는 법부대신 조병식의 계에[315] 강원도재판소(江原道裁判所)의 박정식과 이덕일에 관한 질품서를 보았다는 기록이 있다.

이처럼 '사형에 처할 만한 죄'를 지었다고 판단되는 중죄인에 대하여는

---

308 奎17277-2, 법부(형사국) 『기안』 제11책, 상주안건(안제7호), 1896.10.22

309 奎26048, 보고서 제1호, 1896.9.13(판사 이재정이 법부대신 한규설에게)

310 奎17280, 사법조첩(司法照牒) 4책, 질품서 제664호, 1896.8.17(한성재판사판사 윤경규가 법부대신 한규설에게)

311 奎17280, 사법조첩(司法照牒) 5책, 질품서 제842호, 1896.10.22(한성재판사판사 홍종억이 법부대신 한규설에게)

312 奎17280, 사법조첩(司法照牒) 5책, 질품서 제843호, 1896.10.22(한성재판사판사 홍종억이 법부대신 한규설에게)

313 奎17280, 사법조첩(司法照牒) 5책, 질품서 제832호, 1896.10.20(한성재판사판사 홍종억이 법부대신 한규설에게)

314 奎17278, 사법품보(司法照牒) 갑 18책, 보고서 제4호, 1897.2.14(평안남도재판사판사 이근명이 법부대신 한규설에게)

315 승정원일기 3078책, 1897.1.9, 조병식의 계에는 한말돌, 박정식, 이덕일을 감일등한다는 내용이 기록되어 있다.

각 재판소에서 재판 결과를 '보고서'나 '질품서'라는 문서형식으로 법부에 보고하는 것은 철저히 이뤄졌음을 알 수 있다.

이후 법부에서는 '지령'을 각 재판소에 하여야 하고, 각 재판소에서는 사형선고를 하여야 한다. 그러나 김창수를 포함한 11명의 '사형에 처할 만한 자'들에 대하여 법부에서 지령을 각 재판소에 내렸다는 기록은 발견할 수가 없다.

다만 사형선고를 하였다는 기록은 일부 발견된다.

1896년 10월 22일 한성재판소에서 법부에 '질품서'를 통하여 보고한 장명숙, 엄경필, 한만돌에 대한 것으로, 1896년 10월 26일 보고서(제857호)에 [316] 강도죄인 장명숙·엄경필·한만돌 등에 대하여 '사형선고'를 하였다는 기록이 있다.

그러나 11명 중 이들을 제외한 김창수 등 나머지 8명에 대하여는 사형선고를 하였다는 기록을 당시 '공문서'에서는 발견 할 수가 없다. 그러나 분명 「형률명례」에는 임금에게 사형집행에 대한 재가를 주청하는 경우에는 재판소에서 사형선고를 해야 한다고 명시하고 있다. 즉 재판소의 사형선고 없이 법부에서 임금에게 재가를 주청할 수는 없는 것이다.

1896년 10월 22일 김창수를 포함한 11명에 대한 '상주안건'이[317] 작성되었다. 이 문서는 시행일을 10월 28일로 기록해 놓았다. 문서기안일 10월 22일(또는 10월 23일)은 시행일과는 6일이라는 차이가 난다. 어떠한 이유로 기안일과 시행일에 차이가 발생하였는지는 정확히 알 수는 없지만 한성재판소에서 장명숙·엄경필·한만돌 등에 대하여 사형선고를 한 날이 1896년

---

316 奎17280, 사법조첩(司法照牒) 5책, 보고서 제857호, 1896.10.26.(한성재판소 판사 홍종억이 법부대신 한규설에게), 強盜罪人 張明叔 嚴敬弼 韓萬乭 等을 死刑에 處홈으로 本日에 宣告ᄒ 고 玆에 報告ᄒ오니 査照ᄒ심을 望홈
317 奎17277-2, 법부(형사국) 『기안』 제11책, 상주안건(안제7호), 1896.10.22

10월 26일이었다. 사형선고를 기다렸다가 시행을 했던 것이 아니었나 하는 추정을 할 수 있다.

앞서 언급한 대로 사형선고 관련하여서는『독립신문』1896년 11월 7일자에 각 재판소에서 김창수 등 11명에 대하여 사형선고를 했다는 기사가 있다. 이 사실(10월 22일의 상주안건)을 일시에『독립신문』에 제공할 수 있는 곳은 법부 밖에 없다고 보아야 한다. 법부는「형률명례」등에 따라 재판소에서의 절차 등에 상당한 영향력을 갖고 있었다고 하더라도 판결(사형선고)를 할 수 있는 곳은 재판소라는 점과 이들 재판소에서 사형선고를 했음을 확인 또는 승인(추인)했음을 분명히 했던 것으로 보인다.

1896년 8월 31일 '초초(初招)', 1896년 9월 5일 '재초(再招)', 1896년 9월 10일 '삼초(三招)'라 기록된 김창수를 대상으로 한 조서가 있는데,[318] 조서의 작성명의를 보면 '초초(初招)'와 '재초(再招)'는 인천항경무서의 '경무관김순근(警務官金順根)'이었고, '삼초(三招)'는 인천항재판소의 '판사이재정(判事李在正)'이었다.

'초초'와 '재초'는 현재 수사기관에서 행하는 '피의자신문조서(被疑者訊問調書)'와 같은 성격을 갖고 있었다면 판사이재정이 인천영사관 경부 카미야키요시(神谷淸)와 함께 회동심리한 삼초(三招)는 현재 공판기일에 법정에서 작성되는 '공판조서(公判調書)'와 같은 성격을 갖고 있다.

1896년 9월 10일 인천항재판소에서의 재판 이후 판사 이재정이 '보고서'를 법부에 제출함에 따라 법부에서는 '상주안건'을 세 차례(1896년 10월 22일, 1896년 12월 31일, 1897년 1월 22일)에 걸쳐 보고하였고, 1897년 1월 22일 고종의 재가(사형집행명령)가 이뤄졌다.

---

318 奎26048, 보고서 1호(9.13)에 첨부

그런데 이들 상주안건과 고종의 재가문서에 "원년법률(元年法律)319 제
3호 형률명례(刑律名例) 제9조에 의한다."는 기록이 발견된다. 사형집행을
상주하거나 사형집행을 재가할 때에 그 근거로 삼았던 법률이다. 「형률명
례」 제9조 조문에 '한성 및 각 지방 각 항장재판소의 인명 및 강도옥안에
사형에 처할 만한 자는 법부에서 상주하여 재가를 받은 후에 처형함을 허
한다.'고 규정되어 있다. 특히 「형률명례」는 '치하포사건' 발생 후 김창수가
사형을 면하기까지의 과정에 대한 사법적 절차를 이해하는데 필요한 핵심
적 내용들이 규정되어 있다.

「형률명례」 제9조의 '사형에 처할 만한 자는 법부에서 상주하여 재가를
받아 처형한다.' 고 한 조문과 오늘날 「형사소송법」 제463조의 '사형은 법
무부장관의 명령에 의하여 집행한다.'는 조문을 비교해보았을 때 현재는
사형집행명령권자가 법무부장관이지만 당시는 사형집행 최종 명령권자(결
재권자, 허가권자)가 임금이었다는데 차이가 있다.

또 1896년 10월 22일의 '상주안건'의 '김창수 안건'에는 '본년법률 제
2호, 제7조 제7항에 의하여 교에 처한다.'는 기록이 있다. '본년법률 제2호'
는 「적도처단례(賊盜處斷例)」를 말하며, 이 법 '제7조 제7항'은 '강도죄'에 관
한 항목이다. 이는 「적도처단례」 제7조 제7항을 적용하여 '강도죄'로 사형
에 처한다는 것으로, 소위 '적용법조(律)'를 의미한다. 즉 '절차법(節次法)'으
로는 「형률명례」, '실체법(實體法)'으로는 「적도처단례」를 적용하였다.

'법률불소급의 원칙(法律不遡及의 原則)'이라는 것이 있다. 모든 법률은
행위시의 법률을 적용하고, 사후입법으로 소급해서 적용할 수 없다는 원
칙을 말하는데, 김창수가 일본인 쓰치다 조스케(土田讓亮)를 살해한 것이

---

319 해당법률이 반포된 해를 기준으로 같은 해 작성된 문서는 '本年法律'으로 기록하고 이
후 연도에 작성된 문서에는 '元年法律'로 기록

1896년 3월 9일이므로, 「형률명례」가 처음 반포된 1896년 4월 1일 보다 앞서 있다. '법률불소급의 원칙'에 따른다면 이 법률을 적용할 수 없으나 당시에는 이 원칙을 적용한 흔적을 찾아 볼 수 없다.

김구는 『백범일지』에 "고종의 사형을 정지하라는 전화친칙으로 목숨을 구했다."는 기록에 앞서 여기에 이르기까지의 과정을 소상히 기록하였는데 "1896년 7월 27일자 황성신문(사실은 1896년 11월 7일자 『독립신문』)에 전국 각지의 여러 사람들과 함께 교형에 처한다는 기사를 열람하였다."고 하였고, 이어서 기술한 내용들을 살펴보면 이 신문기사를 본 후에 자신과 어머니의 태도, 그리고 인천항 사람들의 여러 모습들이 그려져 있다. 그리고 그러한 많은 일들이 일어난 후 어느 날에 발생하였을 "교수대로 갈 시간이 한나절 남았다."거나 "끌려나갈 시간이 되었다."는 등 교수형이 임박하였음을 알려주는 정황 등을 기록(현대문 첨부1, 현대문 첨부2)하였는데, 이를 살펴보면 사형선고기사가 실린 신문이 배포된 후의 정황과 교수형이 임박하였음을 알려주는 정황, 두 가지 정황들이 순차적으로 기록되어 있지 않고 혼재되어 기록되어 있음을 확인 할 수 있다.

이처럼 기록들이 혼재되어 있음에 따라 신문에 실린 "교수형에 처한다 (사형선고)"는 기사를 보자마자 시기적 차이나 다른 필요한 절차 없이 곧 바로 사형집행절차가 진행된 것으로 잘못 이해하기 쉽게 되어 있다(백범일지에는 사형선고기사를 열람한 후부터 "사형을 정지하라는 전화친칙"이 있기까지는 한 달가량 소요된 것으로 기록하고 있다.).

그러나 전술한 대로 김창수는 교수형 집행에 대한 고종의 재가를 받은 사실이 없다. 재판소에서 사형선고를 받았다하더라도 바로 사형이 집행되는 것이 아니라 각 재판소에서 법부에 사형에 처할 만한 자들에 대한 '조율처판'을 건의하고, 법부에서는 각 사형수들의 '안건(案件)'을 취합한 '상주안건'을 작성하여 임금에게 보고한 후, 최종적으로 임금의 재가(사형집행명령)

를 받아야 사형집행이 가능했다.

『백범일지』에도 그러한 절차가 다음과 같이 기록되어 있다.

"그 후에 대청에서 나오는 소식을 들으면 사형은 형식으로라도 임금의 재가를 받아 집행하는 법인데……"라고 하였던 것이다.

종합해보면 『백범일지』 기록(첨부 1,2)은 『독립신문』에 사형선고기사가 난 후 사형선고를 받고 수감 중인 사형수들에 대하여 고종의 재가(칙명)가 곧 떨어질 것이며, 이에 따라 사형집행이 이뤄지리라는 것 등 여러 소문에 따른 정황과 고종의 재가가 실지 이루어져 인천감리서에도 사형집행을 즉시 시행하라는 훈령(지령)이 내려와 사형집행이 시작됨에 따른 정황 등을 설명한 것으로 보아야한다.

1897년 1월 22일 법부대신이 인천재판소판사 이재정에게 훈령(지령)을 내려 인천재판소 소관 한상근, 조수명, 강만석, 김백원 등에 대하여 고종의 재가를 근거로 교수형에 처하라고 하였으며[320], 1897년 1월 24일에도 훈령도착 즉시 이창익, 나춘국을 교수형에 처하라고 하였던[321] 이때가 실지로 사형집행이 시작되었던 긴박한 시기이다.

그런데, "백범일지에 기록된 1896년 10월 2일에 사형을 정지하라는 고종의 전화친칙은 착오로서 이것은 고종이 아닌 법부에서 전보로 판결을 지연시킨 것이다."라는 주장이 일부 있다.

이 주장에서 문제가 되는 부분을 나누어 살펴보면 다음과 같다.

첫째, "10월 2일 인천감리서는 전보로 이화보의 무죄 방면과 김창수에 대한 조속한 판결을 법부에 요청했고, 고종이 사형을 중지시킨 것이 아니라 법부에서는 고종의 재가를 명분으로 판결을 지연시킨 것이다."라고 주

---

320 奎17277-2, 법부(형사국) 『기안』 제14책, 안제4호(훈령), 1897.1.22

321 奎17277-2, 법부(형사국) 『기안』 제14책, 안제5호(훈령), 1897.1.24

장하였으나 법부를 판결을 하거나 지연(보류)시키는 등 판결 권한이 있는 재판기관으로 설명한 것은 오류이다. 당시 이재정은 인천감리뿐만 아니라 인천항재판소 판사까지 겸임하고 있어 판결 권한이 있었다. 그러나 법부는 인천재판소 등 각 재판소의 살인, 강도 등 중요한 재판에 있어 「형률명례」에 따라 절차에[322] 관여하기는 했지만 엄연히 재판기관은 인천항 재판소 등 각 재판소였다. 즉 법부는 판결을 하거나 지연시키는 재판기관이 아니라 각 재판소에서 올라오는 사형수들에 대한 공건을 검토(조율처판, 조율재치)하여 임금에게 상주하는 역할이었다.

둘째, "법부가 답전을 보낸 10월 2일은 음력으로 8월 26일이다. 8월 26일 고종이 전화로 사형을 중지시켰다는 유명한 이야기는 이 전보를 의미한다."고 주장하였다. 그러나 "사형을 정지하라는 전화친칙"이 있었던 날이 1896년 10월 2일이라는 김구의 기억은 시기에 대한 착오로 "사형을 정지하라"는 그 날은 상주안건에 대한 고종의 재가(사형집행명령)가 있었던 1897년 1월 22일(음력 1896년 12월 20일)로 보아야 하며, 1897년도의 전화가설이나 사용기록들이 발견된 것과 1897년 전후의 전화관련 문헌들을 고찰해 보았을 때 『백범일지』의 1897년 1월 22일로 확인되는 한성과 인천 간의 전화개통 기록은 신뢰할 수 있다고 전술하였다.

즉 1896년 10월 2일은 법부에서 사형선고를 받은 김창수 등에 대한 사형집행을 재가할 것을 주청하는 '상주안건'이 고종에게 보고되기 전이며, 당연히 고종의 재가(사형집행명령)도 있기 전이므로 시기적으로 "사형을 정지하라는 전화친칙" 등을 거론 할 수 있는 단계가 아니었으며, 「형률명례」에 따르더라도 더욱 이치에 맞지 않다.

---

322 「형률명례(刑律名例)」제17조: 각 재판소에 있는 노역형 종신 이상의 율(律)에 해당될 만한 죄인은 반드시 법부 대신의 지령을 기다려 선고할 일.

셋째, "법부에서 김창수의 사형을 건의하는 것은 재판 종결일로부터 한 달 반이 지난 10월 23일이었다. 法部大臣·協辦·刑事局 局長 代辦 第一課長·第二課長, 刑事局 第一課 主任 楊孝健 등이 연명 날인한 〈上奏案件〉을 통해 법부는 强盜罪人 金昌洙 등 11명에 대한 絞刑을 왕에게 건의하였다. 그러나 법부의 건의에도 불구하고 고종이 재가하지 않아 김창수의 최종형은 확정되지 않았다. 이리하여 김창수는 미결수로서 감옥 생활을 시작하게 되었다."고[323] 하여 법부의 상주안건(上奏案件)에도 불구하고 고종이 재가를 하지 않아 김창수의 최종형은 확정되지 않았다고 주장하였다.

이와 관련된 과정을 살펴보면 1896년 9월 13일 인천항재판소판사(인천감리) 이재정이 법부에 김창수에 대한 '조율재처(照律裁處)'를, 1896년 10월 2일에도 이재정이 전보로 법부에 다시 김창수에 대한 '속판(速辦)'을 건의하였고, 법부에서는 이로부터 불과 20일 후인 1896년 10월 22일 김창수가 포함된 11명의 사형수에 대한 '상주안건'을 작성하여 보고(시행일 10월 28일) 하였으나 고종의 재가는 이뤄지지 않았고, 1896년 12월 31일에는 김창수가 제외된 '상주안건'을 보고하였으나 이도 마찬가지로 재가는 이뤄지지 않았다. 그로부터 22일 후인 1897년 1월 22일 김창수가 제외된 세 번째 '상주안건'이 보고되었고 드디어 이날 35명 사형수의 교수형 집행에 대한 재가(사형집행명령)가 이뤄졌다.

이처럼 '상주안건'에 대한 고종의 재가는 1896년 10월 22일과 1896년 12월 31일의 '상주안건'에 대하여는 이뤄지지 않았지만 1897년 1월 22일의 최종 '상주안건'에 대하여는 고종의 재가가 이뤄짐으로써 김창수는 일단

---

323 김창수는 '체포장'에 의하여 해주옥에 투옥될 때부터 이미 미결수(未決囚)였다. 징역형인 경우 미결수들은 유죄판결을 받으면 기결수(既決囚)가 되지만 사형수들은 그대로 미결수이다. 그러므로 사형수(사형에 처할 만한 자)는 살아있는 한 기결수가 될 수 없고, 사형집행에 의해서 기결처리가 된다.

사형집행을 면할 수 있게 됨이 결정되었다. 그러므로 "법부의 상주안건에도 불구하고 고종이 재가를 하지 않아 최종형은 확정되지 않았다."는 설명은 1896년 12월 31일과 1897년 1월 22일의 '상주안건'과 이에 따른 고종의 재가(칙명)가 있었음을 간과한 것이다.

넷째, "법부는 당일 答電으로 이화보의 무죄방면을 허락하면서도 김창수 件은 王이 결정할 것이라며 유보하였다. 법부가 답전을 보낸 10월 2일은 음력으로 8월 26일이다. 『백범일지』(121쪽)에서 8월 26일 고종이 전화로 사형을 중지시켰다는 유명한 이야기는 이 전보를 의미하는데, 약간의 착오가 있다. 즉 전화가 아니라 전보이며, 고종이 아니라 法部이고, 사형을 중지시킨 것이 아니라 고종의 재가를 명분으로 판결을 지연시킨 것이다."라고 주장하였다.

먼저 인천감리의 전보와 법부의 답전 과정과 내용을 살펴보면 다음과 같다.

전보와 답전이 오가기 전인 1896년 9월 13일 인천항재판소판사 이재정이 법부대신 한규설에게 보낸 보고서에는[324] 김창수와 이화보에 대한 심리과정 등을 기록한 말미에 "조량하오셔 김창수에 소범행위를 조율재처하시고 이화보는 방환본적함이 공합타당하오니 발하 지령하시기 바랍니다."라고 함으로써, 김창수는 '조율재처'하고 이화보는 석방함이 타당하다고 건의하였다.

이 보고가 있은 후인 1896년 10월 2일 인천감리 이재정이 전보(電報)로 재차 "법부에서는 김창수 안건에 대하여는 속판(速辦)하시고, 이화보에 대

---

[324] 奎26048, 보고서 제1호, 1896.9.13.(이재정이 한규설에게), 照亮하오셔 金昌洙에 所犯行爲를 照律裁處하시고 李化甫는 放還本籍하오미 恐合妥當하오니 發下 指令하시길 바랍니다.

하여는 즉시 석방함이 타당합니다."라고 건의하였고,[325] 동일 법부에서 답전(答電)하기를 "김창수 안건은 마땅히 임금에게 아뢰어 지침(칙명)을 받아야할 사안이고, 이화보는 무죄석방하라."고 하였다.[326]

인천감리의 보고서(報告書 제1호)와 전보를 비교하면 같은 내용으로, 다만 전보는 김창수 안건에 대하여 신속한 처리(속판)를 독촉하는 내용이 강조된 것임을 알 수 있다.

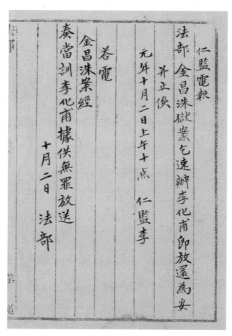

인천감리 이재정의 전보와 법부 답전

전술한 대로 김창수 안건에 대한 인천감리의 전보를 접한 법부는 김창

---

325 이화보는 9월 5일 신문이 끝나고 이미 보방(保放: 보석)으로 풀려나 있었다. 여기서의 방환(放還)이나 방송(放送)은 완전한 석방을 의미한다.

326 奎26048, 인천감리와 법부 간 전보와 답전.

수 관련하여 '주당훈(奏當訓)'이라는 세 글자의 답전을 보냈는데 마땅히 임금에게 상주하여 지침(칙명)을 받아야할 사안이라는 내용이다. 즉 절차(법률)에 따라 임금에게 상주하여 재가를 받아 처리할 사안이라는 내용인데, 이런 절차와 관련하여서는 「형률명례」 제9조에 '한성 및 각 지방 각 항장재판소의 인명 및 강도옥안에 사형에 처할 만한 자는 법부에서 상주하여 재가를 받은 후에 처형함을 허한다.'고 하여 사형수들에 대해서는 법부에서 임금에게 상주(上奏)하여 재가를 받은 후에 사형집행을 할 수 있다고 규정하였다.

그러므로 인천감리가 법부에 보낸 전보의 내용 중 '속판(速辦)'의 의미는 사형선고를 받은 김창수에 대하여 법부에서 조속히 판별(照律處辦)한 후 임금에서 상주하여 사형집행에 대한 임금의 재가(집행명령)를 받게 해달라는 의미로 보아야 하며, 이에 대한 법부의 답전(奏當訓)은 「형률명례」 등 사법적 절차에 따를 것임을 강조한 것으로 보아야 한다.

이에 따라 법부에서는 이 전보와 답전을 주고받은 후인 1896년 10월 22일 김창수가 포함된 11명의 사형수에 대하여 사형집행재가를 청하는 '상주안건'을[327] 작성하여 고종에게 보고(시행일 10월 28일)하였다.

이러한 사실에 대하여 "법부는 당일 答電으로 김창수 件은 王이 결정할 것이라며 유보하였다."거나 "사형을 중지시킨 것이 아니라 고종의 재가를 명분으로 판결을 지연시킨 것이다."라는 해석은 어울리지 않는다.

특히 안타깝고 의아하게 생각하는 것은 "大君主가 卽時 御前會議를 열고 議決한 結果, 國際關係니 아즉 生命이나 살니고 보자 하여 電話로 親勅하엿다 한다. 何如하엿든지 大君主(李太皇)가 親電한 것만은 事實이다. 異常하게는 생각되는 것은 其時 京城府 內는 旣爲 電話架設이 된 지 오랫으나, 京城 以外에는 長途電話가 仁川까지가 처음이오. 仁川까지의 電話架

327 奎17277-2, 법부(형사국) 『기안』 제11책, 상주안건(안제7호), 1896.10.22

設工事가 完竣된 지 三日째 되는 날이라(丙申 八月 二十六日). 萬一 電話竣工이 못 되엿어도 死刑執行되엿겟다고 한다."라는 『백범일지(친필본)』 기록이 있음에도 "고종의 전화가 아닌 법부의 전보"라고 단정 지을 수 있었느냐는 점이다.

물론 『백범일지』에 '전화친칙'이 있었다고 한 날이 1896년 10월 2일로 이 날은 인천감리와 법부 간에 전보를 주고받은 날과 같아 오해의 소지는 있으나 이는 전술한 대로 사실관계가 다르다.

또한 과거 밝혀진 전화사용 관련 공적기록의 시점이 1898년도였고 『백범일지』에 기록된 전화개통시기는 '병신년(1896년)'이었으니 의문을 가질 수는 있었다. 하지만 1898년도 공적기록(특히 인천감리서와 한성 간 통화기록)들은 전화사용기록들이었지 그 전화의 최초 개통기록이 아니었다는 점에 유의하여야 한다. 더욱이 상운(尙澐)이 청나라에서 덕률풍(전화기) 등 전기통신기기를 처음 이 땅에 들여온 1882년 이래 여러 차례 전화기기 도입이나 실험기록들이 있어 이후 어느 때건 전화가설이나 사용기록들이 새롭게 발견되었다고 해도 그다지 놀랄 일이 아니었다는 점에서 더욱 그러하다.

그리고 "전화가 아니고 전보"였다는 것은 김구가 자신과 관련된 사안에 대하여 이를 극대화시키기 위하여 『백범일지』에 전화개통 및 사용사실을 거짓으로 기록했거나 또는 전보를 전화로 착각했을 것이라는 전제가 뒤따를 수밖에 없다.

그러나 어쩌면 당시 전화기 실물을 한 번도 본 적이 없었을 뿐더러 통신역사에 깊은 지식도 없었을 김구가 인천과 한성 간에 최초로 장거리전화가 개통되었다는 증언으로도 부족하여 이 전화가 개통되기 오래전에 경성(서울)에는 이미 전화가 가설되어 있었다고까지 한 세세하고 구체적인 증언들은 김구가 그러한 얘기들을 직접 들을 사실도 없는 상태에서 쉽게 지어낼 수 있는 이야기가 아니다.

더욱이 김구가 사형집행명령에서 제외되었던 1897년도의 전화사용이나 가설에 대한 공적기록들이 최근에야 밝혀지고 있는데, 김구가 백범일지(상권)를 집필한 시기(1928~1929년)에 한성과 인천 간에 전화가 개통되어 통화가 이루어졌다고 가상의 이야기를 기록하는 것이 가능할 수 없다. 그것도 한성과 인천 간 최초의 전화개통사실을 언급한 것이기에 더욱 그러하다.

우리나라에서 육로에 최초로 전신선이 가설된 구간이 한성과 인천 간이었다. 1885년 9월 28일 개통된 이 전신선은 이후 한성과 의주를 연결하는 전신선이 완공됨으로써 인천, 한성, 의주를 연결하는 '서로전선'이 되었다.

당시 전화와 달리 오랫동안 사용되었던 전보(전신)의 존재에 대하여 모르는 사람은 거의 없었을 것이다. 그와 달리 인천감리서에 생소했을 전화를 전보와 구분하지 못하여, '전보칙명'을 "전화칙명"이라고 착각한 인천감리서 누군가가 김창수에게 전해주었다는 것은 이치에 맞지 않다.

더욱이 『백범일지』에는 "이재정이가 공문을 받고 상부 즉 법부에 전화로 교섭한 것 같으나"라거나 "대군주가 나를 죽일 놈이 아니라고 한다는 사실을 아는 것은 윤 8월 26일에 전칙(電勅: 전화칙명)한 사형정지의 한 가지 일로 족히 증명할 수 있다."라고 하는 등 '전화'란 명칭을 여러 차례 언급하였음을 보더라도 김구가 전보를 전화로 착각했다는 것도 상상할 수가 없다.

종합적으로 고찰하면 교수형 상주안건에 대한 고종의 재가로 인해 김창수가 사형집행 대상에서 제외되었음이 결정된 후 또는 법부에서 인천항재판소 판사(인천감리) 이재정에게 사형집행 대상인 인천항재판소 관할 사형수들에 대한 사형집행 지령(훈령)를 내리는 과정에서 고종이 인천감리에게 김창수는 사형집행대상이 아님을 전화로 강조했다고 보아야 한다.

인물에 대한 평가에 있어 공(功)과 과(過)는 분명 명확히 할 필요는 있다. 그렇지만 사실마저 왜곡한다면 그 인물에 대한 정당한 평가가 이루어질 수 없다.

영화 '대장 김창수' 포스터

2017년도에 방영된 '대장 김창수'란 영화가 있었다. 여기서는 김창수가 사형장에 끌려가서 교수대에 목을 매달기 직전에 고종의 '전보칙명'으로 사형을 면한 것으로 그리고 있다. 영화의 특성상 극적효과를 노린 것으로 이해할 수도 있겠지만 공적문서는 물론 백범일지에도 전혀 언급되지 않은 상황(김창수의 사형장 입장과 고종의 전보칙명)을 삽입함으로써 『백범일지』를 올바로 해석하고, 최초 전화개통시기 등 통신역사를 정립하는데 혼란을 줄 수도 있다는 점을 영화제작 관계자들은 미처 고려하지 못했을 것이다.

1897년 1월 22일 사형집행에 대한 고종의 재가가 이뤄진 다음날인 1897년 1월 23일 법부대신이 한성재판소판사에게 즉시 사형집행을 시행하라는 훈령이[328] 있었다.

---

328 奎17277-2, 법부(형사국) 『기안』 제14책, 상주안건(안제8호), 1897.1.22

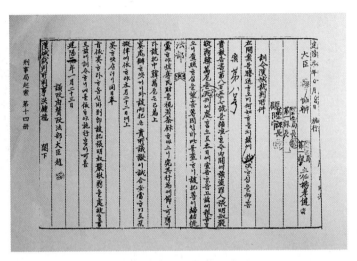

훈령 제8호(1897년 1월 22일)

이 훈령과 관련하여 1897년 1월 30일 독립신문 '잡보'난에 '한성재판소에 매혀 지금 갇힌 죄인수효가 사십여 명이라더라.' 제하의 기사(독립신문 현대문: 첨부3)가 실렸다.

이 기사에는 훈령이 있고 4일 만인 동년 1월 27일 한성재판소 소관 최억쇠, 장명숙, 엄경필 등에 대한 사형집행이 이뤄진 현장모습이 생생히 실려 있다. 하지만 전술한 대로 김창수(김구)는 사형집행명령을 받지 않았고, 더더욱 인천의 사형장에 끌려간 사실도 없다.

《첨부 1》[백범일지 현대문(전화친칙 전의 상황)] ※ 파란색 글씨는 사형임박상황 표시

하루는 아침에 『황성신문』을 열람한즉 "경성·대구·평양·인천에서 아무날 (지금에 기억되기는 칠월 이십칠일로 생각한다) 강도 누구 누구, 살인 누구 누구, 인천에서는 살인강도 김창수를 처교(處絞: 교수형에 처함)한다."고 기재되었다. 나는 그 기사를 보고 고의로라도 태연자약한 태도를 가지려고 할 터이지만, 어찌된 일인지 마음에 경동(驚動)이 생기지 않았다.

단명대(短命臺: 교수대)에 갈 시간이 반일(半日) 남았지만 음식과 독서며 사람들과 설화(說話)를 평상시처럼 하고 지냈다. 그것은 고 선생의 강설(講說) 중에, 박태보씨가 보습 단근질에도 "차철유냉갱자래(此鐵猶冷更煮來)"라고 했던 사적(事蹟)과 삼학사(三學士)의 역사를 가슴에 힘있게 들었던 효험으로 안다.

그 신문이 배포된 후로 감리서가 술렁술렁하고, 항내 인사들의 '산조문'이 옥문에 답지(遝至)한다. 오는 인사들은 나를 대면하고는 "막음 보려 왔소" 하고는 모두 눈물을 흘렸다. 나는 도리어 그 사람들을 위로하여 보내고 『대학』을 외우고 있노라면 "또 아무 나리가 오셨소", "아무 영감께서 오셨소" 하여 나가 본즉, 그 사람들도 역시 "우리는 김석사가 살아 나와서 상면할 줄 알았더니 이것이 웬일이오" 하고는 눈물이 비 오듯 한다.

그런데 어머님이 오셔서 음식을 손수 들여 주시면서 평시와 조금도 다름이 없었다. 주위에 있는 사람들이 모르게 한 것이다.

인천옥에서 사형수 집행은 매번 오후에 끌고 나가서 우각동(牛角洞)에서 교살(絞殺)하던 터이므로, 아침밥과 점심밥도 잘 먹었고, 죽을 때에 어떻게 할까하는 준비를 하고 싶은 마음도 없이 있었으나, 옥중 동료죄수들의 정상(情狀)이 차마 보기 싫었다.

나에게 음식을 얻어먹던 죄수들과 나에게 글을 배우던 옥제자(獄弟子)들과 나에게 소송에 대한 지도를 받던 잡범들이 평소 제 부모 죽는데 그렇게 애통해 하였을는지가 의문이더라. 그러자 끌려 나갈 시간이 되었다. 그때까지 성현(聖賢)의 말에 잠심(潛心)하다가 성현과 동행할 생각으로 『대학』만 읽고 앉아 있었으나 아무 소식이 없어 그럭저럭 저녁밥을 먹었다. 여러 사

람들이 창수는 특별한 죄인이어서 야간 집행을 하는 것으로 알고 있었다.

밤이 초경(初更)은 되어서 여러 사람들의 어수선한 발자국 소리가 들리더니 옥문 열리는 소리가 들렸다. "옳지 지금이 그 때로군" 하고 앉아 있었는데, 내 얼굴을 보는 동료 죄수들은 자기나 죽이려 오는 것처럼 벌벌 떤다.

《첨부 2》[백범일지(친필본), "사형정지 전화친칙" 전의 상황]

一日은 아츰에 『皇城新聞』을 閱覽한즉, '京城, 大邱, 平壤, 仁川에서 아모 날(지금까지 記憶되기는 七月 二十七日노 생각한다) 强盜 누구 누구, 殺人 누구 누구, 仁川에는 殺人强盜 金昌洙를 處絞한다.'고 記載되엿다. 나는 그 記事를 보고 故意로라도 自若한 態度를 가지려고 할 터이지만, 엇지된 일인지 마음에 驚動이 생기지 않는다. 斷命臺에 갈 時間이 半日이 隔하엿지만은 飮食과 讀書며 對人 說話를 平常하게 지낸다. 그난 高 先生의 講說 中에 朴泰輔 氏 보십 단근질에 '此鐵猶冷更煮來'의 事績과, 三學士의 歷史를 힘잇게 드럿든 效驗으로 안다.

그 新聞이 配布된 後로 監理署가 술넝술넝하고, 港內 人士들의 산 弔問이 獄門에 遝至한다. 오는 人士들이 나를 面對하고, "막음 보려왔소."하고는 無非落淚라, 나는 도로혀 그 사람들을 위로하여 보내고 『大學』을 외오고 잇노라면 " 쏘 아모 나리가 오섯소." "아모 영감 꾀서 오섯소" 하야 나가 본즉, 그 사람들도 赤是 "우리는 金 碩士가 사라나와서 相面할 줄 알엇드니 이것이 웬일이오." 하고는 눈물이 비 오듯 한다.

그런데 어머님이 오서서 飮食을 親手로 들여 주시면서 平時와 조곰도 달음이 업다. 周圍에 잇는 사람들이 모르게 한 것이다. 仁川獄에서 死刑囚 執行은 每每 午後에 끄을고 나가서 牛角洞에서 絞殺하든 터임으로 아츰밥 點心밥도 잘 먹고, 죽을 씨의 엇더케 할 준비도 하고 십흔 마음이 업이 잇으나 獄中 同囚들의 情狀이 참아 보기슬타.

내의게 飮食을 어더 먹든 同囚들과, 내의게 글을 배우든 獄弟子들과, 내에게 訴訟에 對한 指導를 밧든 雜囚들이 평소 제 父母 죽는데 그러케 哀

痛을 하엿슬넌지가 疑問이더라.

그리자 끄을려 나갈 時間은 되엿다. 그 時까지 聖賢에 말에 潛心하다가 聖賢과 同行할 생각으로 『大學』만 읽고 앉어스나 아모 消息이 없이 그럭 저럭 저녁밥을 먹엇다. 여러 사람들이 틈沸는 特囚인즉 夜間 執行을 하는 것으로 알고 잇다. 밤이 初更을 하여서 여러 사람의 雜踏하는 소리가 들니더니 獄門 열니는 소리가 들니인다. "올치 뭇슥이 그 씩로군"하고 앉엇는데, 내 얼골을 보는 同囚들은 自己나 죽이려는 것처럼 벌벌 션다.

《첨부 3》[『독립신문(현대문)』, 한성재판소 사형집행과정 보도]

1897년 1월 30일 『독립신문』 '잡보'난

'한성재판소에 매여 지금 갇힌 죄인 수효가 사십여 명이라더라'

ㅇ 강도죄인 최억쇠 장명숙 엄경필이를 분명히 죽일 죄가 있기로 일월 이십칠일 새로 네 시에 그 전 좌감옥서에서 교에 처하는데 한성재판소 검사와 경무청 총순과 감옥서 간수장과 여러 순검과 압뢰와 징역꾼이 좌우에 늘어섰는데, 한성재판소 검사가 죄인더러 묻기를 네가 무엇이 먹고 싶으며 네 일가 누가 있으며 무슨 하고 싶은 말이 있느냐고 한즉 죄인 대답이 일가들은 시골에 있고 할 말은 별로 없고 술이 먹고 싶다고 하기로 술을 사다가 먹이고 교에 처하려고 할 제 검사가 죄인을 대하여 고하여 들기를 나라에 법률이 있어 죽을죄를 범하면 죽이는 것은 다만 죄 지은 놈만 미워서 그런 것이 아니라 나라에 법률을 세워 다른 백성이라도 죄를 범하지 않게 함이거늘 너희들이 마땅히 죽을죄를 지은고로 **재판관들이 밝게 재판을 하여 법부 대신께 고하여서 법부대신이 대군주 폐하께 아뢰어 죽일 죄로 확정**이 되었으니 너희들은 조금도 원구 말고 죽을죄를 지었으니까 죽는가 보다 하고 교에 나아가라하니 죄인 중 최억쇠 장명숙의 말은 죽을죄를 지은 고로 조금도 섭섭하지 않다고 하고 죽고 엄경필의 말은 울면서 마우 원통하다고 하고 죽었는데 검사가 간수장을 시켜 저 죄인 시체를 잘 간수하였다가 저희 족속을 자세히 찾아주라고 하였다더라

참고문헌

1. 백범일지

김　구,『白凡逸志(한문 정본)』, 열화당, 2019.

_____, 도진순 주해, 『백범일지』, 돌베개, 1997(개정판: 2002).

_____, 도진순 탈초교감, 『정본 백범일지』, 돌베개, 2016.

_____, 배경식 풀고보탬, 『올바르게 풀어 쓴 백범일지』, 너머북스, 2008.

백범김구선생전집편찬위원회, 『백범김구전집』 1~13권, 대한매일신보사, 1999.

2. 논저

강창일, 『근대 일본의 조선침략과 대아시아주의』, 역사비평사, 2011.

김　구, 『도왜실기(中文)』, 1932년(『백범김구전집』에 수록)

남영우 편, 『구한말한반도지형도』, 성지문화사, 1997.

도진순, 「1895~96년 김구의 연중의병활동과 치하포 사건」, 1997.

손세일, 『이승만과 김구』, 조선뉴스프레스, 2015.

이규태, 『개화백경』 제3권, 신태양사, 1969.

이봉재, 『문헌에 따른 근대통신(우체·전신·전화)역사』, 진한 M&B, 2019.

이영학, 「개항 이후 일제의 어업 침투와 조선 어민의 대응」, 1995.

장수호, 『조선시대 말 일본의 어업 침탈사』, 블루엔노트, 2011.

체신부, 『전기통신사업팔십년사』, 1966.

최혜주, 『정탐(제국일본, 조선을 엿보다)』, 한양대학교 출판부, 2019.

최혜주 역주, 『조선잡기(朝鮮雜記)』, 저자 혼마 규스케(本間久介), 김영사, 2008.

한철호, 「갑오개혁·아관파천기(1894~1897) 일본의 치외법권 행사와 조선의 대응」,
　　　　2009.

_____, 「계림장업단(1896~1898)의 조직과 활동」, 사학연구, 1998.

_____, 「일본의 동해 침투와 죽변지역 일본인 살해사건」,동국사학 54집, 2013.

3. 공개 사료

국사편찬위원회 한국사데이터베이스 (db.history.go.kr)

서울대학교 규장각 한국학연구원(http://e-kyujanggak.snu.ac.kr)

찾아보기

저자 **이봉재**(李奉宰)

정보통신사료 수집 및 연구가
강원도 춘천거주

이십여년 간 정보통신기기와 통신관련 사료의 수집과 이와 관련된 통신역사 정립에도 많은 노력을 기울여 왔다.

정보통신역사 관련 학술활동으로는 2017년 12월 28일에 '한국어정보학회'에서 개최한 '한국어정보학회총회 및 남북국제대회준비동계학술대회'에서 「전화기의 옛명칭, 어화통·덕률풍·전어기」를 주제로 발표하였고, 2018년 1월 17일에는 '한국통신학회'에서 개최한 '동계종합학술발표회'에서 「우리나라 최초 전화 개통일에 관한 연구」를 주제로 발표하였다.

특히 2019년 2월에는 근대통신을 주제로 한 『문헌에 따른 근대통신(우체·전신·전화)역사』를 집필하여 출간하였고, 이 책은 2019년 11월 세종도서 '학술부문'에 선정되는 영광을 누리기도 했다.

『문헌에 따른 근대통신(우체·전신·전화)역사』를 집필할 당시 『백범일지』의 고종과 인천감리 사이에 최초로 전화통화가 있었다는 기록의 신뢰성을 연구하는 과정에서 전화통화의 계기가 된 '치하포사건'을 깊이 들여다보게 되었다. 이 과정에서 '치하포사건'에 대하여 잘못 알려진 사실들이 많음을 발견하고 이를 바로잡아야 한다는 소명의식에 『백범김구와 치하포 사건』을 집필하게 되었다. 본 저서가 '치하포사건'의 실체를 파악하는데 도움이 되기를 기대한다.
wkdbdls32@naver.com